아동학대
예방&대처
가이드

이 도서의 국립중앙도서관 출판예정도서목록(CIP)은 서지정보유통지원시스템 홈페이지(http://seoji. nl.go.kr)와 국가자료공동목록시스템(http://www.nl.go.kr/kolisnet)에서 이용하실 수 있습니다.(CIP 제어번호: CIP2018021556)

아동학대 예방&대처 가이드

초판 1쇄   2018년 7월 25일

지 은 이   이보람
펴 낸 이   이정원
책임편집.   이동하
디 자 인   김정호
마 케 팅   나다연 • 이광호
경영지원   김은주 • 장경선
제   작   구법모
관   리   엄철용

등록일자   1987년 12월 12일
등록번호   10-156
주   소   경기도 파주시 회동길 198번지
전   화   편집부 031-955-7385 마케팅 031-955-7378
팩시밀리   031-955-7393
홈페이지   www.ddd21.co.kr
페이스북   www.facebook.com/bluefield198
I S B N   979-11-5925-354-6 (13330)

교육 폴더
06

You know
there is child
abuse
happening
next door,
what do you
do?

폭력으로부터
아이들을
구하는 법法

아동학대
예방&대처
가이드

이보람 지음

푸른들녘

저는 어린 시절부터 누군가 장래에 하고 싶은 직업을 물으면 '교사'라고 말해왔습니다. 초등학생 때는 초등학교 선생님이, 중학생 때는 중학교 선생님이 꿈이었습니다. 고등학교에 진학해서는 여러 책을 읽으면서 법조인을 꿈꾸기도 했습니다. 하지만 결국 사범대학에 진학했고, 졸업 후 당연하다는 듯이 교편을 잡았습니다.

법과 사회, 정치, 경제와 같은 일반사회 과목을 가르치면서 1, 2, 3학년 담임을 순서대로 맡았습니다. 제가 예상했던 것보다 다수의 아이들이 폭력이나 여러 문제로 청소년기를 힘겹게 보내고 있었지요. 그리고 사회과목을 가르치던 젊은 교사인 저에게, 아이들은 예상외로 많은 답을 요구했습니다. 청소년의 권리와 폭력문제, 그리고 당시의 시사문제에 관한 여러 의견을 물어왔지요. 교실에는 명석한 아이들이 상당히 많았습니다. 아이들의 날카로운 질문에 당황한 적도 있었어요. 아이들과 이야기를 나누고, 때로는 토론을 하면서, 오히려 아이들보다 제가 많은 것을 배우고 깨달았습니다. 그때 학생들로부터 배운 것들이, 지금까지 제가 연구하고, 업무를 보는 중요한 기저의 자원이 되고 있습니다.

특히 폭력문제는 '힘'이라는 사회적 의제와 관련 있는 만큼, 국가형 벌권과 같은 개인과 국가, 개인과 조직 사이에서의 '힘의 관계'와도 맞닿아 있다고 생각합니다. 저는 오래전부터 이 주제에 관심이 높았어요. 그러나 아이들과 소통하면서, 이러한 큰 주제만이 아닌 개인적이고 미시적인 상호관계에 대해서도 돌아보기 시작했습니다.

변호사를 시작하면서도 교사 경력 때문인지 학교폭력 때문에 징계나 불리한 처분, 처벌을 받게 될 위기를 맞은 학생의 보호자들을 여럿 만났습니다. 학교에서는 마주친 적 없던 이른바 '소년범'이라고 불리는 아이들과도 마주했습니다. '아이들이 어린 시절부터 무슨 일을 겪었기에 이런 일을 벌이는 걸까?' 저는 의문이 생겼어요. 그렇게 폭력문제 전반을 연구하기 시작했습니다.

아이들에게 잔인한 폭력을 가한 가해자는 처벌받아야 마땅합니다. 하지만 가해자만 처벌한다고 해서 해결될 문제는 아닙니다. 아이들은 단순히 '보호받을 대상'이 아니라 '안전한 환경에서 자라날 권리'가 있는 존재입니다. 폭행이나 상해에 이르지 않더라도, 차가운 시선으로 냉대하는 것만으로도 아이들에게 평생의 상처가 될 기억을 심어줄 수 있습니다. 그만큼 어린 연령대이지요. 그런데 마구 폭행을 당하고, 치명적인 상해를 입은 아이들은 그 삶을 어떻게 버티며 살아갈까요? 그렇지 않아도 헤쳐 나가기가 만만치 않은 세상인데 말입니다. 심지어는 아동학대로 인해 어른이 되어 살아갈 기회를 박탈당하고 목숨마저 잃게 된 아이들도 많습니다.

이렇게 심각한 폭력문제는 일부의 노력만으론 해결될 수 있는 일이 아닙니다. 경찰관이나 공무원, 교사들이 먼저 살펴야 하는 일일 수 있지만, 그들의 노력만으로는 폭력이 사라지진 않습니다. 우리 모두가 이웃 아이들에게 벌어지고 있는 일에 관심을 가져야 하지요. 보호자가 극심한 가난이나 정신적인 고통, 질병으로 어려움을 겪는다면, 필요한 모든 수단을 강구하여 아이들을 보호하기 위한 도움을 주어야 합니다. 그것이 바로 법령에서 규정하고 있는 '사회적 책무'라고 생각합니다.

　이 책이 아이들을 교육하고 양육하는 모든 선생님과 부모님들이, 아이들을 지켜낼 수 있는 용기를 가지게 되는 데 조금이나마 기여할 수 있기를 바랍니다.

2018년 7월 14일
변호사 이보람

차 례

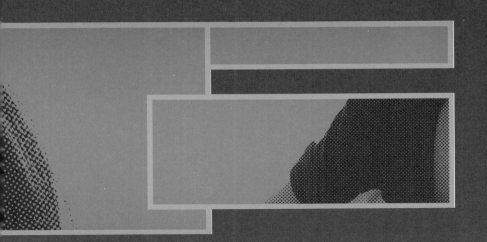

PART 1.
**아동·청소년
폭력 개괄하기**

1

우리 아이들이 겪을 수 있는 심각한 폭력

아동 청소년 대상 폭력 문제의 심각성을 중심으로

그 어느 때보다 안전사회에 대한 요구가 높아진 요즘입니다. 이 세상 각지에서 폭력이 횡행하고 있지요. 각계각층에서 이에 대한 해결을 촉구하는 목소리가 높아지고 있습니다. 하지만 '사회적 약자'인 청소년들에게 가해지는 폭력 문제도 활발히 논의 중일까요? 다행히 아동 청소년 폭력의 경우, 폭력을 미리 예방하자는 쪽으로 논의의 무게가 실리고 있다고 합니다. 급급히 사후 대책을 마련하기보다, 문제를 예방하는 법을 찾아야 한다는 것이지요. 하지만 이러한 논의가 현실에 얼마나 잘 반영되고 있을까요?

2017년 11월에는 학원이나 교습소에서 아동학대 범죄자를 고용하지 못하도록 하는 조례안이 대전시의회에서 통과되었습니다[1]. 즉, 성범죄자를 고용에 배제하였듯, 아동학대의 범죄를 저지른 사람들에게도 동

---

1 연합뉴스, http://www.yonhapnews.co.kr/bulletin/2017/11/30/0200000000AKR20171130175600063. HTML?input=1195m

일하게 적용한 것입니다. 아동학대범죄자에게도 아이들과 밀접하게 접촉할 수 있는 직업을 성범죄자처럼 재범 방지를 위한 제한을 뒀다는 의의가 있습니다.

또한, 2018년 2월 교육부에서는 초등학교 취학 대상 아동을 대상으로 소재와 안전에 관한 집중 점검을 실시하겠다고 밝혔습니다. 경찰청과 함께 초등학교 취학 대상 아동을 예비소집 단계부터 시·도교육청, 지자체 등과 합동으로 소재와 안전을 집중 점검한다는 것입니다[1]. 그러나 아이들이 학교에 갈 때서야 아동학대를 본격적으로 점검한다는 것은 다소 우려스러운 일입니다. 그 이전의 시기에서부터 취약한 환경에 처한 아동들에 대한 보호 정책이 논의될 때입니다.

아동과 청소년 대상의 폭력은 그 피해가 심각할 수밖에 없습니다. 신체학대·정서학대는 물론 성폭력도 간과할 수 없는 수준으로 일어나고 있다는 점을 유념해야 합니다. 때문에 아이들을 보호하고 양육하는 가정이나, 아이들을 가르치는 학교의 역할이 중요하지요. 폭력 피해를 막기 위해 신고, 보호 의무를 다하여야 하고요. 즉 폭력 예방 교육에서는 실제 사례와 폭력 대처방법을 학습하는 것이 무엇보다 중요합니다. 다음에서는 실제 사례를 바탕으로 우리가 해야 할 일을 논의해 보고자 합니다.

---

1 베이비뉴스, http://www.ibabynews.com/news/articleView.html?idxno=62598

— 부모의 화풀이, 그 폭행에 못 이겨 사망한 아이
(2015노743판결 참조)

아동과 청소년을 대상으로 한 폭력을 접한 사람이라면 누구나 분노하며 안타까워 할 것입니다. 그러나 폭력 문제는 특별한 경우, 정말 나쁜 의도를 가진 사람만이 일으키는 게 아니지요. 실제로 평범했던 사람이 폭행을 저지르는 경우도 있습니다. 이처럼 다양한 상황에서 발생하는 것이 폭력입니다.

특히, 가정에서 청소년 대상 폭력이 예상 외로 많이 발생합니다. 앞으로 소개할 사건에서 한 여성은 "아이가 말을 듣지 않는다"는 이유만으로 아이를 밤늦게 몇 시간을 폭행하여 결국 숨지게 했습니다. 알루미늄 봉으로 아직 어린 자녀를 수십 회 때려 죽음에 이르게 만든 극악한 범죄이지요.

그러나 사건을 살펴보다 보면, 여러 차례의 '기회'가 있었음을 알 수 있습니다. 누군가 아이를 구출해낼 수 있었다는 겁니다. 아이가 학대나 폭력피해의 징후를 보인다면, 즉시 신고하여 끔찍한 결과를 미리 방지하기 위해 노력해야 합니다.

어떤 폭력범죄들은 충분히 관심을 기울여 보호 절차를 통해 막을 수도 있습니다. 그러나 안타깝게도 그렇게 예방하지 못한 범죄들이 있지요. 혼자 무서움에 떨며 매서운 폭행을 당하다 결국 사망에 이르렀을 아이를 생각하면, 굳이 법과 도덕적 판단을 빌리지 않더라도, 인간이 해서는 안 될 극악한 행위라는 걸 알 수 있지요.

이런 취지를 전제로, 사건과 관련하여 눈여겨볼 점을 제시하면 다음과 같습니다.

- 학생이 '집에 가기 싫다'고 적극적으로 표명하는 경우에는 그 사정을 주의 깊게 듣고 관찰할 필요가 있다. 특히 이전에 부모로부터 경미하더라도 폭행을 당한 경험이 있는 경우 즉시 가정폭력 신고를 하여 학생을 보호하도록 해야 한다.
- 학생에게 폭력을 행사하는 사람들을 살펴보면, 자신이 부모라 할지라도 그 고통을 정확하게 알지 못하며 오히려 '의도가 없었다'거나 '자신의 불행을 감당하기 힘들었다'는 등의 생각을 하기도 한다. 학생을 직접 접하는 부모, 성인 등에 대한 교육이나 상담, 신고 등의 절차가 적정하게 진행되는 것이 중요하다.
- 보호의무 있는 사람이 그 의무를 다하지 않고 방조하였다면 그에 따른 법적 처벌을 받게 된다.

사건을 상세하게 살펴보면 더욱 아동, 청소년에 대한 폭력이 발생하게 되는 경위와 이를 방지할 수 있는 노력의 초점이 어디에 맞춰져야 할지를 잘 알 수 있습니다.

이 사건이 어떤 사건인지 자세히 살펴보도록 하지요. 아래는 사건의 요약과 경과입니다.

[사건의 요약]
▶ 아이의 어머니가 가해자
▶ 단지 '말을 듣지 않는다'는 이유로 아이를 알루미늄 봉으로 3시간 이상 폭행
▶ 아이의 아버지 또한 이를 방조하여 아이가 외상성 쇼크 등으로 사망한 사례

[사건의 경과]

▶ A(피해아동의 어머니)는 아들과 딸을 키우며 평소에도 술을 마신 후 상습적으로 자녀들을 폭행을 해왔다.

▶ 그러던 어느 날, A가 피해아동을 데리러 갔으나 피해아동이 엄마인 자신을 보고는 교실로 들어가서 '집에 가기 싫다'며 떼를 쓰고 말을 듣지 않은 일로 화가 났다.

▶ 이후 집까지 가는 길에 손으로 울고 있던 피해아동의 입 부위를 5회 가량, 손바닥으로 피해아동의 뒤통수를 2회 가량 때리고, 밀어 길바닥에 넘어뜨렸다.

▶ 마침 이를 목격한 행인이 A에게 "야, 너 애 때릴 거야? 당장 신고할 테니까 서라"라는 말을 하여 더 화가 난 상태에서 집에 도착했다.

▶ A는 같은 날 17:45경 집에 들어오자마자, 방 출입문 쪽에 서 있던 피해아동이 울려고 한다는 이유로 손바닥으로 피해아동의 입 부위를 다시 2회 가량 때렸고, 그 뒤 피해아동을 그 자리에 그대로 서 있게 하였으며 45분이 지나서야 위와 같이 같은 자리에 계속 서 있던 피해아동을 불러 자신의 오른쪽 앞에 앉게 한 뒤 피해아동에게 저녁 식사를 대신해서 구운 삼겹살을 먹게 했다.

▶ 그러나 아이가 울면서 먹지 않자, 또다시 격분하여 그곳 화장실에 있던 밀걸레 봉(알루미늄 재질, 전체 길이 90cm)을 무릎으로 부러뜨린 뒤, 걸레가 달려 있는 부분은 쓰레기봉투에 넣고 나머지 부분인 위험한 물건인 밀걸레 봉(길이 54cm, 두께 2cm가량)을 이용하여 피해아동의 머리 왼쪽 부위를 2회 가량 때리고, 약간 몸을 든 상태로 피해아동의 뒤통수를 1회 가량 때렸다.

▶ 다시 평소 피해아동이 잠을 자기 위하여 방바닥에 깔아 놓는 피해아동

의 공간으로 가게 하여 약 1시간 동안 피해아동을 벽을 향해 서 있게 하는 방법으로 벌을 세웠다.

▸ A는 같은 날 20:00경 위 주거지에서, 남편인 B가 퇴근 후 귀가하여 함께 술을 마시던 중 위와 같이 피해아동으로 인하여 화가 난 경위에 대하여 B와 대화를 나누다가 다시 화가 치밀어 오르자, 피해아동을 A의 오른쪽 앞에 앉게 한 다음 위와 같이 부러진 밀걸레 봉을 이용하여 피해아동의 머리 부위를 3~4회 가량 때리는 행동을 2~3회 반복했다.

▸ B는 피해아동의 친부로서 A의 폭행을 제지하고 피해아동을 보호하여야 함에도 불구하고 위와 같이 A가 위 밀걸레봉으로 피해아동의 머리 부위를 계속해서 폭행하는 것을 바로 옆에서 지켜보면서도 이를 제지하지 않았다.

▸ 오히려 위와 같은 A의 폭행을 견디지 못하고 아버지인 B에게로 다가온 피해아동에게 "네가 잘못했으니 맞아야 된다", "이 정도 맞아서 죽진 않아"라고 말하며 피해아동의 머리 부위를 손으로 5~6회가량 때리며 A가 있는 곳으로 밀쳤고, 그 뒤 A은 위 밀걸레 봉이 움푹 들어가고 휘어질 정도로 강한 힘으로 피해아동의 머리, 팔, 다리, 몸통 등 전신을 3~4회 가량 때리는 행동을 7~8회가량 더 반복했다.

▸ 밤늦은 시간인 20시부터 23시까지 약 3시간 동안 피해아동이 말을 잘 듣지 않고 고집을 부린다는 이유로, 위험한 물건인 위 밀걸레 봉을 이용하여 피해아동의 머리 전체 부위를 비롯한 팔, 다리, 몸통 등 전신을 30~40회가량 때렸다.

▸ 결국 당일 23:50경 부모인 A, B의 폭행으로 인해 ○○대학병원 응급실에서 피해아동은 '광범위한 피하출혈 및 다발성 타박상 등에 의한 외상성 쇼크'로 사망하게 되었다.

그렇다면, 피고인(학대 부모)들이 주장했던 이 사건의 배경은 무엇일까요?

[피고인(가해자)의 주장]

▶ A(피해아동의 어머니)는 큰딸(피해아동의 누나)을 출산한 후부터 우울증에 시달려 집안 문제나 자녀양육 문제로 화가 나서 술을 마시면 흥분의 정도가 심해져 스스로 주체하지 못할 뿐만 아니라 주위에서 말리면 더 흥분하며 시간이 지나고 술이 깬 후에 달래면 비로소 흥분이 가라앉는다.

▶ A는 자녀양육 문제로 화가 나서 술을 마시면 자녀들을 상대로 폭력을 행사하려 드는데 그때마다 B(피해아동의 아버지)가 A를 겨우겨우 달래고 맞춰 주어 이번 사건의 경우처럼 심하게 폭력을 행사하지는 않았다.

▶ 그런데 이 사건 당일에는 A가 B의 귀가 전부터 화가 치밀어 소주 2병을 마시고 위험한 물건인 밀걸레 봉으로 아들인 피해 아동을 폭행한 상태였으며, B의 귀가 후 추가로 마신 술로 인하여 재차 화가 치밀어 올라 밀걸레 봉으로 피해아동의 전신을 구타하였는데, 당시 B가 그와 같은 구타행위를 말리면 A가 더 흥분할 것 같았고 만일 A가 화를 이기지 못하여 가출이라도 하면 더 큰 문제가 생길 것 같아 A를 제지하지 못했다.

▶ B는 A의 우울증과 알코올 의존 및 충동조절장애 등으로 인하여 A와 지속적으로 다툼 내지 가정불화를 겪어 왔으나, 그때마다 가출로 갈등을 회피하여 여러 곳을 전전하면서 생활해오다가 지인의 소개로 취직하면서, 약 1년여 년 전부터 다시 A과 함께 생활하였고, 이 사건 발생 6개월 전에서야 부모님에게 맡겨 두었던 자녀들을 데려와 함께 생활하게 되었다.

▶ A는 수사를 받을 때부터 법정에 서기까지 지속적으로 살인의 고의를 부인하면서 아들이 죽기를 바라고 때린 것이 아니며 자신의 행위로 인

하여 아이가 사망하리라고는 생각지도 못했다는 취지로 진술했다.

학대부모의 주장을 들으면 분노와 안타까운 마음은 더욱 커질 것입니다. 이 사건의 재판부 또한 같은 마음으로 판결문을 작성한 것으로 보입니다. 그 내용을 발췌해 보면 다음과 같습니다.

[법원의 판단]

▸ 사망한 아이의 어머니이자 가해자인 A는 징역 20년 형을, 이를 방조한 아버지를 징역 6년에 각 처한다.

이 사건에서 재판부는, "가해자의 불우한 성장 환경과 출산 후부터 겪게 된 우울증, 알코올 의존 및 충동조절장애 등의 정신질환을 감안한다 하더라도, 도저히 정상적인 훈육이나 체벌 및 그 과정에서 생겨난 사고라고는 볼 수 없을 정도로 잔인하고 무자비하게 이루어진 것으로, 나이 어린 자녀들을 자신의 분노와 울분 및 스트레스를 해소하는 방편으로 삼은 것이라고 볼 수밖에 없다"고 판결문에 명시하고 있습니다. 어머니가 자신의 아이를 분노와 스트레스 해소의 방편으로 삼아 결국은 살인을 저지른 것으로 판단한 것입니다.

앞서 살펴본 사실관계에서 알 수 있듯, 재판부는 가해자의 주장을 모두 인정하지 않습니다. 오히려 가해자가 어린 아이의 머리, 팔, 다리, 몸통 등 전신을 가격하면 피해자가 사망에 이를 수 있다는 것을 충분히 인식했기에 살인의 '고의'를 인정했습니다. 이는 '상해'의 고의를 인정하고 이로 인해 사망을 한 경우의 '상해치사죄'보다 훨씬 무거운 죄책을 인정한 것입니다.

나아가, 아이의 아버지에 대하여도, 재판부는 아내의 구타행위로 인하여 아이가 사망할 가능성 내지 위험이 있다는 것을 충분히 예견했다는 점에 주목했습니다. 그럼에도 불구하고 아내에 의하여 학대당하는 아이를 보호·양육할 의무를 다하지 않았지요. 아내의 구타행위를 제지하지 않고 이를 용인했다는 판단 하에, 남편은 '살인방조죄'의 형벌을 받았습니다.

— 아동학대 발생 통계로 알아보는
   아동청소년 대상 폭력의 심각성

교육통계서비스 홈페이지[1]에서는 연도별 아동학대 발생 사례를 게시하고 있습니다. 다음의 표와 같이 해마다 신고와 학대사례가 증가하고 있습니다.

중앙아동보호전문기관에서는 홈페이지를 통해 해마다 발생하는 아동학대현황보고서[2]를 발간합니다. 이에 따르면 학교에 다니는 학령기의 아이들이 전체 피해아동의 59.8%를 차지하고 있지요.

이는 두 가지의 의미를 내포하고 있어요. 위 기관의 해석대로 외부기관의 노출이 많아 그만큼 신고도 많이 되고 있는 한편, 학생들의 연령이 유아기보다 높다고 하여 폭력으로부터 안전한 것은 아니라는 점이지요. 다음의 표와 같이 성인에 준하는 신장과 체력을 갖게 되는 만

---

1 교육통계서비스, '아동학대 현황에 관한 통계', http://kess.kedi.re.kr/post/6654430?itemCode=03&menuId=m_02_03_02
2 2015 전국아동학대현황보고서(2016.10.27 수정),107쪽, http://korea1391.go.kr/new/bbs/board.php?bo_table=report&wr_id=9866

연도별 아동학대 사례2001~2015

학대유형		건수(비율)
신체학대		1,884(16.1)
정서학대		2,046(17.5)
성학대		428(3.7)
방임		2,010(17.2)
중복 학대	신체학대-정서학대	4,009(34.2)
	신체학대-성학대	20(0.2)
	신체학대-방임	167(1.4)
	정서학대-성학대	65(0.6)
	정서학대-방임	495(4.2)
	성학대-방임	8(0.1)
	신체학대-정서학대-성학대	88(0.8)
	신체학대-정서학대-방임	475(4.1)
	신체학대-성학대-방임	1(0.0)
	정서학대-성학대-방임	2(0.0)
	신체학대-정서학대-성학대-방임	17(0.1)
	소계	5,347(45.6)
계		11,715(100.0)

(단위: 건, %)

아동학대사례 유형

연령(만)	건수(비율)
1세 미만	344(2.9)
1세	312(2.7)
2세	457(3.9)
3세	543(4.6)
소 계	1,312(11.2)
4세	570(4.9)
5세	485(4.1)
6세	628(5.4)
소 계	1,683(14.4)
7세	696(5.9)
8세	700(6.0)
9세	727(6.1)
10세	717(6.1)
11세	859(7.3)
12세	713(6.1)
소 계	2,289(19.5)
13세	827(7.1)
14세	920(7.9)
15세	853(7.3)
소 계	2,600(22.2)
16세	760(6.5)
17세	604(5.2)
소 계	1,364(11.6)
계	11,715(100.0)

(단위: 건, %)

피해아동 연령

16-17세의 학생들 또한 피해아동 중 11.6%를 차지하고 있습니다.

또한, 위 기관의 보고서[1]에 따르면, 만성적인 학대를 경험한 아동은 공격성과 반항, 충동과 같은 적응·행동 장애와 우울, 불안 등의 정서·정신건강 장애가 나타났지요. 아이들을 지도할 때에 유의 깊게 살펴보아야 할 점입니다.

마지막으로, 아동학대사례 유형을 살펴보지요. 중복학대가 45.6%를 차지했으며, 이 중에서도 신체학대·정서학대가 34.2%의 비중을 차지합니다. 아동 청소년에 대한 폭력은 두 가지 이상의 학대 유형이 복합적으로 나타나는 경우가 많다는 것입니다. 또한 연간 성학대 발생 건수가 428건으로, 그 특성상 신고가 되지 않는 사건도 있지요. 이 점을 고려하면 매우 심각한 수준이라 할 수 있지요.

나아가, 언론보도[2]에 따르면 한 번 학대를 당했다가 아동학대의 신고가 되어서 이미 조치를 받은 상황에서도, 이후 재학대를 당하는 아동들이 크게 늘고 있다고 합니다. 재학대 사건의 가해자는 94.5%가 부모입니다. 부모가 자식에게 따뜻하게 대할 거라는 통념을 뒤엎는 통계이지요.

다른 언론[3]에 소개된 아동 학대의 사례를 몇 가지 더 짚어보도록 하지요. 자녀에게 수년간 욕을 하며 손찌검을 해온 한 부모가 법원에서 자녀에 대한 접근 금지 명령을 받은 사례도 있습니다. 한편 초등학교에 다니던 학생이 1주일간이나 결석을 한 사건도 있습니다. 이 학생은 자전거를 타다가 넘어져 다쳤다고 했는데, 이상한 생각이 든 담임교사가

---

1 위 보고서, 181쪽
2 한국일보, http://www.hankookilbo.com/v/93d5b6b8f3bf40458dd792daa5b42110
3 연합뉴스 http://www.yonhapnews.co.kr/bulletin/2017/11/13/0200000000AKR20171113171300064.HTML?input=1195m

보건교사와 함께 직접 이 학생의 집을 방문했고, 아이의 몸 상태를 살펴보니 구타 때문에 온통 멍이 들어 있었지요. 이렇게 아동학대가 적발이 된 사건입니다.

요즘 한 언론[1]에서 교직원과 복지시설 종사자, 의료인 등 신고의무자가 아닌 주변 이웃이나 단순 관찰자 등 '비신고의무자'의 신고건수가 급증하고 있다는 보도가 된 바가 있습니다. 매우 고무적인 일이라고 평가할 수 있습니다. 아동을 보호하기 위한 노력은 부모나 보호자, 교사에게만 주어진 일이 아니라는 인식이 중요하기 때문입니다.

---

1   연합뉴스TV, http://www.yonhapnewstv.co.kr/MYH20170930006400038/?did=1825m

2

폭력에 둔감한 사회가 아이들을 아프게 한다
사소한 부분이라도 폭력의 징후가 보이는 경우 초기에 대처해야

우리 사회에는 폭력이 만연해 있습니다. 그리고 폭력을 감지하는 사회적 민감성 또한 점점 감소하고 있지요. 이는 비단 몇몇 소수의 주장이라 볼 수 없을 정도로 설득력이 있습니다. 점점 잔인해지고 교묘해지는 폭력적인 범죄 수법에 각종 정책과 제안이 쏟아지지만 큰 실효성이 없다는 의견에 무게가 실리고 있지요.

이러한 상황에서 아동·청소년에 대한 폭력, 또는 학생들과 관련이 있는 폭력 문제가 해결되지 않거나 오히려 심각해지는 경향은 어찌 보면 위와 같은 상황과 맥락이 다르지 않습니다. 사회적으로 폭력에 대한 경각심을 높이는 과제와 더불어 약자에 대한 배려나 타인에 대한 공감, 이를 아우르는 법치주의의 공감대가 형성되지 않는 한 쉽사리 해결될 문제가 아니지요.

한편, 이러한 폭력문제가 사회적인 문제가 되자 검찰이 강력하게 구속수사를 하겠다고 밝힌 바가 있습니다.[2] 이에 따르면, 아동과 여성 등 사

---

2   파이낸셜 뉴스, http://www.fnnews.com/news/201702281457561307

회적 약자를 상대로 소위 '묻지마' 폭행 등으로 전치 4주 이상의 상해를 가한 폭력사범은 초범이거나 피해자와 합의를 했더라도 구속 수사가 진행됩니다. 또한, 사회적인 우려를 반영하여 검찰은 '폭력사범 삼진아웃제'라고 명명한 방침을 예전보다 엄격하게 적용하기로 했습니다. 즉, 일반적으로 큰 문제가 아니라고 여겨졌던 경미한 상해라도 그 가해자가 3년 내 2회 이상 폭력 처벌 전력이 있는 경우, 정식재판에 회부하겠다는 것입니다. 뿐만 아니라, 여성과 장애인, 아동 등 사회적 약자에 대한 폭력이나 고용관계, 또는 사회적 지위를 이용하여 폭력 범죄를 저지른 경우 가중 처벌하기로 결정했지요.

이렇게 검찰이 따로 해결책을 고심하여 발표할 정도로, 우리 사회는 폭력문제에 대하여 둔감해왔던 것입니다. 그 심각성을 통계와 사례를 통하여 살펴보도록 하지요.

— 연간 폭력범죄 24만여 건 발생

한국형사정책연구원과 검찰은 분기별 범죄동향 리포트[1](이하 '위 통계자료'라 함)를 발간하고 있습니다. 이 통계는 전국 각급 수사기관(검찰, 경찰, 특별사법경찰)에서 범죄사건을 수사하면서 작성·전산입력한 각 범죄통계원표(발생통계원표, 피의자통계원표)를 토대로 작성되었습니다.

여기에서 주목하여 볼 부분은 강력범죄와 성폭력범죄, 그리고 폭력범죄입니다. 각 세부 항목을 살펴볼까요? 강력범죄는 살인, 강도, 방화,

---

1 http://www.spo.go.kr/spo/info/stats/quarterly_report.jsp?mode=view&article_no=646499&pager.offset=0&board_no=691&stype=

성폭력범죄를 집계한 것이며 성폭력범죄는 형법상 강간과 강제추행 이외에 "성폭력 범죄의 처벌 등에 관한 특례법"과 "아동청소년의 성보호에 관한 법률", "아동학대 범죄의 처벌 등에 관한 특례법" 중 강간 등에 해당되는 범죄가 포함되어 있습니다. 또한 폭력범죄는 형법상 폭행, 상해, 공갈, 협박, 약취와 유인, 체포와 감금죄 이외에 "폭력행위 등 처벌에 관한 법률", "아동학대 범죄의 처벌 등에 관한 특례법", "특정 범죄 가중처벌 등에 관한 법률" 중 해당조항이 포함되어 있지요.

이 통계자료에 따르면 강력범죄는 연간 32,000건에서 35,000건, 폭력범죄는 24만 건에서 25만 건이 일어나고 있습니다. 또한 성폭력범죄는 29,000건에서 31,000건이 연간 발생하고 있지요.

여기에서 만 13세 미만의 아동 피해자 발생건수에 대한 자료도 위 통계에 포함[2]되어 있습니다. 구체적으로는 연간 13000건에 이릅니다. 학령기에 있는 만 18~19세까지의 자료가 아닌, 13세까지의 통계라는 점에서 그 발생 건수가 결코 적지 않음을 알 수 있습니다.

자료출처 : 대검찰청, 발생통계원표 원자료   (단위: 건, %)

구분	2015년	2016년	증감건수	증감률
연간	13,136	13,371	235	1.79%
1분기	2,331	2,442	111	4.76%
2분기	3,636	3,776	140	3.85%
3분기	3,797	3,721	−76	−2.00%
4분기	3,372	3,432	60	1.78%

아동피해자 발생건수의 분기별 증감률(전년 동기 대비)

---

2   위 통계 자료, 55면.

— 경찰 신고에도 불구하고
다시 폭력을 행사한 사례(2017노5 판결)

지인이나 연인 사이에서 폭력이 자행되기도 합니다. 그런 관계로 인해 피해가 지속되는 경우가 많지요. 아래에서 설명할 사례 또한 폭행을 당하여 피해자가 경찰서에 신고를 했음에도 불구하고 다시 가해자가 피해자를 위협하고 폭행을 한 사례입니다.

[사건의 요약]

▶ 폭행을 당하여 피해자가 경찰서에 신고

▶ 가해자는 피해자를 쫓아다니며 위협

▶ 피해자 보호용 스마트워치를 빼앗고 폭행을 했음에도 처벌을 받는 것이 부당하다는 가해자

[사건의 경위]

▶ 피해자는 ○○경찰서에 112로 "누군가 나를 쫓아온다. 호감을 갖던 사이인데 만나주지 않자 남자가 위협을 한다"라는 내용의 신고를 했고, 당일 바로 ○○경찰서에 가서 참고인조사를 받으면서 "피고인(가해자)이 제가 운영하는 업소로 찾아와 저에게 얘기 좀 하자고 하여 제가 나중에 하자고 했더니 저의 멱살을 잡아 밖으로 끌고 나갔고, 건물 벽에 저의 머리를 찧었으며, 자기 차량에 저를 강제로 태운 후 차량을 운행해 숙박업소로 데리고 갔다가 아침 6시쯤 되어서 저를 자기 차에 태워 집에 데려다줬다. 나중에 피고인이 전화를 걸어오기에 동사무소에서 볼일을 보고 있다고 말을 하였는데, 피고인이 왜 거짓말을 하냐고 하면서 계

속 전화를 했고, 제가 관공서에 볼일이 있어서 그 건물 주차장에 주차를 하자마자 피고인이 저의 차량 운전석 문을 열고 양손으로 저의 목을 졸랐다'라는 내용의 진술했다.

▸ 위 조사가 끝난 후 경찰관이 피해자에게 신변보호제도에 관한 안내를 했고, 피해자가 신변보호요청을 하자 경찰관은 피해자에게 '여성 범죄 피해자 보호를 위한 위치확인 장치'(일명 스마트워치)를 배부하면서 긴급상황이 발생한 경우 간편한 조작을 통해 112상황실로 긴급신고가 이루어지는 장치임을 설명해주었다.

▸ 피해자는 ○○경찰서에서 나와 차를 운전하여 집으로 갔고, 피고인은 자신의 차를 운전하여 피해자를 뒤따라가 피해자에게 문자메시지를 보내 피해자를 불러내어 ○○시 주차장에서 만나게 되었다.

▸ 피고인이 피해자에게 오늘 경찰에 신고를 한 이유가 뭐냐고 하자 피해자는 피고인 때문에 너무 힘이 들어 신고한 것이라고 했고, 피고인은 피해자에게 피해자를 절대 보내줄 수 없다고 했다.

▸ 그러자 피해자는 피고인에게 "그럼 죽으러 가자"라고 하며 피해자의 차량에 타겠다고 했는데, 피고인은 피해자의 바지주머니에 있던 차량열쇠를 빼앗았고, 피고인이 피해자의 차량 문을 열고 운전석에 있던 휴대전화와 가방을 가지고 가서 피고인의 차량에 실어놓을 때 피해자가 ○○경찰서에서 지급받은 스마트워치의 스위치를 눌러 "피고인이 피해자를 붙잡고 집으로 가자고 하면서 보내주지 않는다"라고 신고했다.

▸ 피고인은 그 모습을 보고 피해자에게 가서 피해자의 손목을 비틀어 스마트워치를 빼앗아 피고인의 바지주머니에 넣었다.

이러한 사건의 경위를 보면, 적어도 처벌 과정에서는 가해자가 자신의 과오를 인정하거나 피해자에게 용서를 구하여야 할 것입니다. 하지만, 가해자는 다음과 같이 주장한 것처럼, 자신이 저지른 폭력의 위험성이나 잔인성을 그 취지대로 인지하지 못하는 경우도 많습니다.

[피고인(가해자)의 주장]

▸ 서로 간의 대화가 모두 녹음되며 경찰관에게 전송되는 것에 대한 거부감으로 피해자로부터 스마트워치를 빼앗으려고 하다가 폭행을 한 것일 뿐이며, 벌금 500만 원의 처벌은 자신에게 부당한 것이다.

위와 같은 주장으로 피고인인 가해자는 1심 판결에 불복하여 항소를 하기에 이릅니다. 하지만 법원은 항소를 기각하면서 아래와 같은 판단을 했습니다.

[법원의 판단]

▸ 항소를 기각한다.

▸ 피해자가 ○○경찰서에 피고인의 범죄행위에 관한 신고를 하고 참고인 조사를 받은 후 신변보호를 요청하여 스마트워치를 지급받았다. 그 스마트워치를 이용해 피고인의 새로운 범죄행위에 관한 신고를 하는 것을 보고 피고인이 피해자의 손목을 비틀어 스마트워치를 빼앗은 것이다. 피고인이 자기의 형사사건의 수사의 단서가 될 수 있는 스마트워치를 빼앗기 위해 피해자에게 유형력을 행사한 것은 자기의 형사사건의 수사와 관련하여 정당한 사유 없이 위력을 행사한 것으로 봄이 타당하다.

▸ 이 사건 범행은 피고인이 내연관계에 있는 피해자가 피고인에게 거짓말을 하거나 피고인과의 관계를 정리하려 한다는 이유로 화가 나 피해자

를 쫓아다니며 다툼을 벌였고, 이에 피해자가 피고인을 경찰에 신고하였음에도 계속하여 피해자를 찾아가 피해자에게 상해를 가한 것으로 죄질이 나쁜 점은 불리한 정상이다.

즉, 이 사건은 가해자가 화가 났다는 이유만으로 피해자를 폭행한 것이고, 피해자가 수사기관에 정식으로 신고를 한 뒤에도 가해지는 폭력의 행사를 멈추지 않은 것입니다. 우리 사회에 만연해 있는 폭력문제의 위험성을 여실히 보여주는 사건이라 할 수 있습니다.

― 아동 매매 유죄 사례 (2015노573판결[1])

이 사건은 스마트폰 어플을 통해 가출한 중학교 1학년 여학생을 남성인 성인이 유인한 뒤, 성폭력 및 아동매매의 행위를 한 사례입니다. 사회적·경제적으로 매우 취약한 상태에 있는 가출 학생을 대상으로 한 범죄임에도, 진지한 반성의 태도보다는 '피해 아동은 자신의 의지에 따라 한 것이므로 처벌이 부당하다'라는 피고인 측의 주장을 주목해 보아야 합니다.

피고인은 피해 아동에 대한 성폭력 행위를 한 것에서 나아가, 인터넷 사이트에 "가출녀 데려가실 분"이라는 채팅방을 만들었고, 80만 원을 주겠다고 제시하는 다른 성인 남성에게 피해 아동을 데려다주기까지 했지요. 이 사건은 우리 사회 구성원의 어두운 이면을 보여주는 사례입니다.

---

1 이 사건은 대법원의 판결까지 받은 사례이다(1심 2014고단3440 , 2심 2015노573판결, 3심 2015도6480판결).

▶ 여성인 학생을 유인하여 성폭력을 자행했다

▶ 다시 다른 남성에게 아이를 성폭력을 목적으로 한 매매를 하려다 체포

[사건의 경위]

▶ 피고인(가해자)은 스마트폰 랜덤채팅 어플을 통해 알게 된 가출 아동 A(여, 13세)가 잠 잘 곳이 없는 등 궁핍한 상황에 놓여 있는 상황을 이용했다. A에게 숙박업소에 가자고 하면 따라가고 다른 남자를 소개시켜주면 그 남자를 따라갈 것을 이용한 것이다. 피고인은 A를 숙박업소에 데리고 가 간음하고, 친구로 하여금 데리고 있게 하면서 지속적으로 간음을 한 후, A를 매매하기로 마음먹음.

▶ 피고인은 인터넷 사이트에 "15세 ㄱㅊㄴ(가출녀) 데려가실 분, 제시"라는 채팅 방을 만들었다. 채팅 방에 들어와 B가 '80만 원에 가출녀를 데려가겠다'라고 하여 아동매매 제안을 받아들였다. 피고인은 B에게 '오후 2시까지 ○○시에 기다리고 있으면 그 장소로 찾아가 80만 원을 받고 그 즉시 가출녀를 넘겨주겠다'고 했다.

▶ 피고인은 같은 날 오후 피해 아동 A를 차에 태워 그곳으로 데리고 온 후 B에게 넘기려고 하였으나, B의 신고를 받고 현장에 출동한 경찰관에게 체포됨으로써 미수에 그쳤다.

앞서 설명한 바와 같이, 피고인은 학생이 모두 동의한 것이므로 아무런 문제가 없다고 생각합니다. 아동 스스로의 판단에 따른 것이므로 처벌대상이 아니라고 주장하는 것입니다. 이렇게 종종 성폭력이나 아동학대 문제에 대하여 양심의 가책은 물론, 처벌대상이라는 점을 생각

하지 못하는 가해자들이 있습니다.

[피고인(가해자) 측의 주장]

▸ 가출 아동(여, 13세 이하 '피해 아동'이라 한다)이 먼저 채팅 어플을 통해 함께 놀 사람을 찾는 글을 올렸다. 피고인은 이 글을 보고 피해아동에게 연락하여 만난 것이므로, 피해 아동을 만나게 된 과정에서 어떠한 폭행이나 협박도 없었다.

▸ 피고인은 피해 아동을 만나 숙박업소에서 함께 술을 마시면서 성관계를 가졌고 그 후 피고인의 지인인 C의 집에 며칠간 머물게 하면서 수차례 성관계를 가졌다. 그러나, 그 과정에서 피해아동에게 폭행이나 협박 등을 한 적이 없다. 피해 아동은 자신의 의지에 따라 언제든지 C의 집을 떠날 수도 있었다.

▸ 피고인이 피해 아동을 B에게 매도하는 과정에 있어서도 피해 아동에게 다른 사람의 집으로 옮기게 될 것이라는 사실을 사전에 알렸다. 이에 피해 아동도 동의하였으며, 만약 피해 아동이 원하지 않는다면 B에게 보내려고 하지 않았을 것이다.

▸ 형법은 13세 이상의 미성년자와의 합의에 의한 성관계는 처벌하지 않는데, 이는 13세 이상의 미성년자에게 성행위 여부 및 성행위의 상대방을 선택할 수 있는 성적 자기결정권을 인정하기 때문이다. 피해 아동도 당시 13세로 피고인과의 성행위 및 그 과정에서 C의 집에 며칠간 머무를 것인지 여부에 관하여 선택할 수 있는 자기결정권이 있었다. 이 사건 일련의 행위는 피해 아동 스스로의 판단에 따른 것이라고 보아야 한다.

피고인은 분명 13세 학생을 유인하여 성폭력 및 매매의 불법행위를 했습니다. 그런데 행위의 책임을 어린아이에게 돌리는 것입니다. 이를 본 부모나 교사는 큰 분노감, 그리고 나아가 불안감이나 두려움을 느낄지도 모르겠습니다. 이러한 의식 속에서 어떠한 잔인한 범죄가 추가로 발생할 수 있을지 가늠할 수 없기 때문일 것입니다. 법원 또한 피고인의 기대와는 달리 '아동매매죄'를 인정하여 피고인에 대하여 실형을 선고했지요.

[법원의 판단]

▸ 피고인을 징역 1년에 처한다.

▸ 아동복지법 제17조 제1호의 '아동을 매매하는 행위'는 '보수나 대가를 받고 아동을 다른 사람에게 넘기거나 넘겨받음으로써 성립하는 범죄'로서(대법원 2014.11.27.선고 2014도7998판결 참조), '아동'은 같은 법 제3조 제1호 에 의하면 18세 미만인 사람을 말한다.

▸ 아동은 아직 가치관과 판단능력이 충분히 형성되지 않았으며 자기결정권을 자발적이고 진지하게 행사할 것을 기대하기가 어렵다. 자신을 보호할 신체적·정신적 능력이 부족할 뿐 아니라, 보호자 없이는 사회적·경제적으로 매우 취약한 상태에 있으므로, 이러한 처지에 있는 아동을 마치 물건처럼 대가를 받고 신체를 인계·인수함으로써 아동매매죄가 성립한다. 설령 위와 같은 행위에 대하여 아동이 명시적인 반대 의사를 표시하지 아니하거나 더 나아가 동의·승낙의 의사를 표시하였다 하더라도, 이러한 사정은 아동매매죄의 성립에 아무런 영향을 미치지 않는다.

3

아이들을 지키는 폭력 '신고'의무

아동·청소년대상 폭력에 대한 신고의무 규정과 그 내용

아동학대나 폭력의 문제를 100% 예방하는 것은 불가능에 가까울지 모릅니다. 어느 사회에나 폭력과 관련된 범죄가 발생하고 있지요. 여러 노력에도 불구하고 그 피해가 지속되고 있기 때문입니다.

하지만 적어도 폭력에 대한 경각심을 높일 수 있지요. 열악한 지위에 놓인 아동, 청소년에 대한 특별한 보호 및 그에 대한 징후가 보일 시 적정한 때에 신고하는 행위가 매우 중요합니다. 특히 밀접하게 아동과 관계를 맺는 직업 또는 그 보호의무가 있는 사람의 경우, 필수적으로 신고의무를 두어야 합니다.

예를 들어, 어떤 가정에서 아버지가 지속적으로 아이를 학대하고 있는 상황입니다. 어머니 또한 그 가정폭력의 피해자이지요. 어머니는 앞으로 생계 문제나 보복이 두려워 자신의 남편을 신고하지 못하고 있습니다. 이러한 경우 아이의 어린이집 선생님, 사회복지 공무원 등이 적법한 절차로 신고를 하여 아이를 폭력으로부터 구해내야 하지요. 때문에 아이들과 밀접한 연관성을 갖는 직업의 종사자들에 대하여 각종 폭력에 대한 신고의무를 부여하고 있습니다.

나아가, 아동학대는 물론, 이와 연관된 폭력이나 성폭력 문제, 그리고 학생 간의 학교폭력 문제에 이르기까지 초기대응이 중요하지요. 또한 신고의무자의 경우 과태료 부과 등 불이익이 예정되어 있는 것 또한 폭력 문제의 예방에 있어서 '신고' 자체가 가지는 큰 영향력을 의미합니다.

다음은 학생들에게 가해지는 폭력에 관해 어떠한 경우 신고의무가 있는지, 예방교육을 규정한 조항들을 중심으로 살펴보도록 하겠습니다.

— 가정폭력 신고 의무

먼저, 가정폭력에 관하여 살펴보도록 하지요. 누구든지 가정폭력범죄를 알게 되면 수사기관에 신고할 수 있습니다. 신고할 수 있는 사람의 범위는 한정되지 않지요. 폭력 사실을 인지하자마자 즉시 수사기관에 알리는 것이 바람직합니다. 이중에서 '신고의무'를 부여받은 사람들이 있는데, 가정폭력을 인지하는 것과 연관성이 높은 직업군이 그렇습니다. 법률 조항부터 살펴보겠습니다.

✢ 가정폭력범죄의 처벌 등에 관한 특례법

제4조(신고의무 등)

① 누구든지 가정폭력범죄를 알게 된 경우에는 수사기관에 신고할 수 있다.

② 다음 각 호의 어느 하나에 해당하는 사람이 직무를 수행하면서 가정폭력범죄를 알게 된 경우에는 정당한 사유가 없으면 즉시 수사기관에 신고해야 한다.

1. 아동의 교육과 보호를 담당하는 기관의 종사자와 그 기관장

2. 아동, 60세 이상의 노인, 그 밖에 정상적인 판단 능력이 결여된 사람의 치료 등을 담당하는 의료인 및 의료기관의 장

3. 「노인복지법」에 따른 노인복지시설, 「아동복지법」에 따른 아동복지시설, 「장애인복지법」에 따른 장애인복지시설의 종사자와 그 기관장

4. 「다문화가족지원법」에 따른 다문화가족지원센터의 전문인력과 그 장

5. 「결혼중개업의 관리에 관한 법률」에 따른 국제결혼중개업자와 그 종사자

6. 「소방기본법」에 따른 구조대·구급대의 대원

7. 「사회복지사업법」에 따른 사회복지 전담공무원

8. 「건강가정기본법」에 따른 건강가정지원센터의 종사자와 그 센터의 장

③ 「아동복지법」에 따른 아동상담소, 「가정폭력방지 및 피해자보호 등에 관한 법률」에 따른 가정폭력 관련 상담소 및 보호시설, 「성폭력범죄의 피해자보호 등에 관한 법률」에 따른 성폭력피해상담소 및 보호시설(이하 "상담소등"이라 한다)에 근무하는 상담원과 그 기관장은 피해자 또는 피해자의 법정대리인 등과의 상담을 통하여 가정폭력범죄를 알게 된 경우에는 가정폭력피해자의 명시적인 반대의견이 없으면 즉시 신고해야 한다.

④ 누구든지 제1항부터 제3항까지의 규정에 따라 가정폭력범죄를 신고한 사람(이하 "신고자"라 한다)에게 그 신고행위를 이유로 불이익을 주어서는 아니된다.

위와 같이, 아동의 교육과 보호를 담당하는 기관의 종사자와 그 기관장은 물론이고, '누구든지' 가정폭력범죄에 대하여 신고할 수 있지요. 특히 아이를 보육하거나 교육하는 선생님, 아동상담소 상담원 등은 직무를 수행하면서 가정폭력범죄를 알게 된 경우에는 정당한 사유가 없으면 즉시 수사기관에 신고해야 합니다. 누구든지 규정에 따라

가정폭력범죄를 신고한 사람에게 그 신고행위를 이유로 불이익을 줄 수 없습니다.

이러한 신고의무는 단순히 권장 사항이 아니라 다음과 같이 과태료가 부과될 수 있으며 사안에 따라서는 징계 대상도 될 수 있으므로 유의할 필요가 있습니다.

✝ 가정폭력범죄의 처벌 등에 관한 특례법

제66조 (과태료)

다음 각 호의 어느 하나에 해당하는 사람에게는 300만 원 이하의 과태료를 부과한다.

1. 정당한 사유 없이 제4조제2항 각 호의 어느 하나에 해당하는 사람으로서 그 직무를 수행하면서 가정폭력범죄를 알게 된 경우에도 신고를 하지 아니한 사람

즉, 교사 등 '신고의무자'의 경우에 직무를 수행하면서 가정폭력 범죄를 알게 되었으면서도 정당한 사유 없이 이를 신고하지 않은 경우, 300만 원 이하의 과태료 처분을 받습니다.

— 아동·청소년 성폭력 신고의무

성폭력에 대해 살펴보면, 아동·청소년의 성보호에 관한 법률에 신고의무자와 신고 위반 시 불이익이 명시되어 있습니다. 누구든지 아동·청소년대상 성범죄의 발생 사실을 알게 된 때에는 수사기관에 신고할 수

있으므로 그 때 바로 신고하여 보호를 하는 것이 필요합니다.

특히, 「초·중등교육법」 제2조에 따라 학교의 장과 종사자는 직무상 아동·청소년대상 성범죄의 발생 사실을 알게 된 때에는 즉시 수사기관에 신고해야 하는 의무를 가집니다. 자세한 법률 조항을 먼저 살펴보도록 하지요.

✤ 아동·청소년의 성보호에 관한 법률

제34조 (아동·청소년대상 성범죄의 신고)

① 누구든지 아동·청소년대상 성범죄의 발생 사실을 알게 된 때에는 수사기관에 신고할 수 있다.

② 다음 각 호의 어느 하나에 해당하는 기관·시설 또는 단체의 장과 그 종사자는 직무상 아동·청소년대상 성범죄의 발생 사실을 알게 된 때에는 즉시 수사기관에 신고해야 한다. [개정 2014.1.21 제12329호(청소년활동 진흥법)] [[시행일 2014.7.22]]

1. 「유아교육법」 제2조제2호의 유치원

2. 「초·중등교육법」 제2조의 학교

3. 「의료법」 제3조의 의료기관

4. 「아동복지법」 제3조제10호의 아동복지시설

5. 「장애인복지법」 제58조의 장애인복지시설

6. 「영유아보육법」 제2조제3호의 어린이집

7. 「학원의 설립·운영 및 과외교습에 관한 법률」 제2조제1호의 학원 및 같은 조 제2호의 교습소

8. 「성매매방지 및 피해자보호 등에 관한 법률」 제5조의 성매매피해자등을 위한 지원시설 및 같은 법 제10조의 성매매피해상담소

9. 「한부모가족지원법」 제19조에 따른 한부모가족복지시설

10. 「가정폭력방지 및 피해자보호 등에 관한 법률」 제5조의 가정폭력 관련

상담소 및 같은 법 제7조의 가정폭력피해자 보호시설

11. 「성폭력방지 및 피해자보호 등에 관한 법률」 제10조의 성폭력피해상담
소 및 같은 법 제12조의 성폭력피해자보호시설

12. 「청소년활동 진흥법」제2조제2호의 청소년활동시설

13. 「청소년복지 지원법」 제29조제1항에 따른 청소년상담복지센터 및 같은
법 제31조제1호에 따른 청소년쉼터

14. 「청소년 보호법」 제35조의 청소년 보호·재활센터

③ 다른 법률에 규정이 있는 경우를 제외하고는 누구든지 신고자 등의 인적사
항이나 사진 등 그 신원을 알 수 있는 정보나 자료를 출판물에 게재하거나
방송 또는 정보통신망을 통하여 공개해서는 안 된다.

위 조항을 살펴보면 학교에서 아이들을 접하는 교사나 관련 종사자
뿐 아니라, 청소년 활동시설, 청소년 보호·재활센터 등에 대해서도 마
찬가지로 규정하고 있지요. 즉, 광범위하게 신고의무를 부여함으로써
성폭력의 발생을 미연에 방지하고자 하는 것입니다.

또한 신고를 한 사람을 보호하기 위해, 원칙적으로 신고자 등의 인적
사항이나 사진 등 신원을 알 수 있는 정보나 자료를 출판물에 게재하거
나 방송 또는 정보통신망에 공개하지 못하도록 명시하고 있습니다.

이러한 규정들은 단순히 의무를 부여하는 데 그치는 것이 아닙니다.
아래와 같이 신고의무 위반이나 허위 신고에 대하여는 과태료를 부과
하지요. 신고자 등의 신원을 알 수 있는 정보나 자료를 출판물에 게재
하거나 방송 또는 정보통신망을 통하여 공개한 자에 대하여는 1년 이
하의 징역 또는 500만 원 이하의 벌금에 처하도록 하여 엄중하게 처리
하고 있습니다.

✤ 동·청소년의 성보호에 관한 법률

제67조 (과태료)

④ 제34조제2항 각 호의 어느 하나에 해당하는 기관·시설 또는 단체의 장과 그 종사자가 직무상 아동·청소년대상 성범죄 발생 사실을 알고 수사기관에 신고하지 아니하거나 거짓으로 신고한 경우에는 300만 원 이하의 과태료를 부과한다.

제65조 (벌칙)

④ 다음 각 호의 어느 하나에 해당하는 자는 1년 이하의 징역 또는 500만 원 이하의 벌금에 처한다.

　　1. 제34조제3항을 위반하여 신고자 등의 신원을 알 수 있는 정보나 자료를 출판물에 게재하거나 방송 또는 정보통신망을 통하여 공개한 자

　한편, 성폭력문제의 여러 특성과 관련하여 위 법률에 규정된 교사 등의 사람들이 '무조건적인 신고의무를 갖는가'하는 쟁점에 대하여는 여러 가지 주장이 있습니다. 예를 들어, '학생들 간의 성추행 사건의 경우 이후에 실제 사건이 일어나지 않았던 것으로 결론이 내려진 경우에도 신고를 하지 않았다는 이유로 과태료 처분을 할 수 있는가' 등의 문제가 논란이 되었지요[1]. 한 중학교에서 한 학생이 다른 5명의 학생들로부터 성추행을 당했다는 내용의 신고가 들어오면서 시작된 논란입니다. 피해학생의 어머니가 아이의 이야기를 듣고 신고를 한 것입니다. 그러나, 신고를 받은 선생님들이 성추행을 목격한 학생들이 있는지, 전후 사정 등을 모두 살펴본 결과 어디에도 성추행의 사실을 발견할 수 없

1　한국교육신문, http://www.hangyo.com/news/article.html?no=77481

었습니다. 그렇기 때문에 이를 피해를 주장하는 학부모에게 설명하고 마무리하게 된 것입니다. 하지만 이 학부모는 경찰청에 성추행사실을 은폐했다며 신고를 했지요. 이 사건의 조사 결과 학생들 간 성추행 사실은 발견되지 않았습니다. 교육청은 교장, 담임교사에게 신고의무 위반을 이유로 과태료를 각각 1백50만 원을 부과했지만 법원에서는 이를 취소한 바 있지요.

그러나 이는 개별적인 사안에 대한 판단이므로 유의해야 합니다. 위와 같은 신고의무에 대하여는 넓은 해석의 여지가 있는 것은 아니며, 피해학생의 보호의 측면에서 엄격히 다루어질 필요가 있습니다.

― 학교폭력에 대한 신고의무

학교폭력에 대한 신고 규정을 살펴보면 학교폭력 현장을 보거나 그 사실을 알게 된 자는 학교 등 관계 기관에 이를 즉시 신고하여야 한다고 규정하면서, '예비'나 '음모'에 관하여도 고발할 수 있다고 명시하고 있지요.

특히, 교원이 학교폭력의 예비나 음모를 알게 되었을 경우에는 학교의 장에게 보고하고 해당 학부모에게 알려야 합니다. 여기에서 일반적으로 '예비'는 학교폭력 행위의 실현을 위한 일체의 준비행위를 말하며, '음모'의 경우 2인 이상의 학생들 사이에 학교폭력 행위의 실행을 하기 위한 합의를 말합니다.

즉, 실제로 일어난 것이 아니라도 위와 같은 행위를 알게 되었거나 발견한 경우, 다른 학생들로부터 신고가 있는 경우에 있어서 교사는 그에 대한 신고의무를 가지므로 유의할 필요가 있습니다. 먼저 법률

조항을 자세히 보도록 하지요.

✢ 학교폭력예방 및 대책에 관한 법률

제20조 (학교폭력의 신고의무)

① 학교폭력 현장을 보거나 그 사실을 알게 된 자는 학교 등 관계 기관에 이를 즉시 신고하여야 한다.

② 제1항에 따라 신고를 받은 기관은 이를 가해학생 및 피해학생의 보호자와 소속 학교의 장에게 통보하여야 한다. [개정 2009.5.8] [[시행일 2009.8.9]]

③ 제2항에 따라 통보받은 소속 학교의 장은 이를 자치위원회에 지체 없이 통보하여야 한다. [신설 2009.5.8] [[시행일 2009.8.9]]

④ 누구라도 학교폭력의 예비·음모 등을 알게 된 자는 이를 학교의 장 또는 자치위원회에 고발할 수 있다. 다만, 교원이 이를 알게 되었을 경우에는 학교의 장에게 보고하고 해당 학부모에게 알려야 한다. [개정 2009.5.8, 2012.1.26] [[시행일 2012.4.1]]

⑤ 누구든지 제1항부터 제4항까지에 따라 학교폭력을 신고한 사람에게 그 신고행위를 이유로 불이익을 주어서는 아니 된다. [신설 2012.3.21] [[시행일 2012.4.1]]

위에서 알 수 있듯이 학교폭력을 신고한 사람에게 그 신고행위를 이유로 불이익을 주어서는 안 되며, 학교폭력의 예방 및 대책과 관련된 업무를 수행하거나 수행하였던 사람은 신고자·고발자와 관련된 자료를 누설하여서는 안 된다고 규정되어 있습니다. 이를 위반할 경우 1년 이하의 징역 또는 1천만 원 이하의 벌금에 처하도록 되어 있으므로 각별한 유의를 요하는 부분입니다. 이는 다음과 같이 '비밀누설금지'조항으로 분명하게 규정되어 있습니다.

✛ 학교폭력예방 및 대책에 관한 법률

제21조 (비밀누설금지 등)

① 이 법에 따라 학교폭력의 예방 및 대책과 관련된 업무를 수행하거나 수행하였던 자는 그 직무로 인하여 알게 된 비밀 또는 가해학생·피해학생 및 제20조에 따른 신고자·고발자와 관련된 자료를 누설하여서는 아니 된다.

② 제1항에 따른 비밀의 구체적인 범위는 대통령령으로 정한다.

제22조 (벌칙)

① 제21조제1항을 위반한 자는 1년 이하의 징역 또는 1천만 원 이하의 벌금에 처한다.

— 아동학대범죄의 처벌 등에 관한 특례법 규정

아동복지법은 18세 미만인 사람을 '아동'이라고 정하고 "아동학대"란 "보호자를 포함한 성인이 아동의 건강 또는 복지를 해치거나 정상적 발달을 저해할 수 있는 신체적·정신적·성적 폭력이나 가혹행위를 하는 것"과 "아동의 보호자가 아동을 유기하거나 방임하는 것"이라고 규정하고 있습니다.

✛ 아동복지법

제3조(정의)

이 법에서 사용하는 용어의 뜻은 다음과 같다. 〈개정 2014.1.28.〉

1. "아동"이란 18세 미만인 사람을 말한다.

7. "아동학대"란 보호자를 포함한 성인이 아동의 건강 또는 복지를 해치거나

정상적 발달을 저해할 수 있는 신체적·정신적·성적 폭력이나 가혹행위를 하는 것과 아동의 보호자가 아동을 유기하거나 방임하는 것을 말한다.

7의2. "아동학대관련범죄"란 다음 각 목의 어느 하나에 해당하는 죄를 말한다.

　가. 「아동학대범죄의 처벌 등에 관한 특례법」 제2조제4호에 따른 아동학대범죄

　나. 아동에 대한 「형법」 제2편제24장 살인의 죄 중 제250조부터 제255조까지의 죄

아이들을 가르치거나, 양육을 하는 부모는 위와 같은 연령에 관하여 수긍을 하기가 쉬울지 모르겠습니다. 아동과 직접적인 관계를 맺지 않은 사람들은 '청소년'의 경우에도 '아동'학대처벌법의 보호대상이 된다고 이해하는 것이 어려울지도 모릅니다. 이는 입법 과정에서 그 필요성에 대한 검토를 통해 규정된 사항이므로 정확하게 알아둘 필요가 있습니다.

또한, 다른 법령보다 아동학대에 대한 신고의무자가 굉장히 넓은 범위에서 규정되어 있지요. 단순히 신고를 할 수 있다는 측면에서 벗어나 '의무'를 규정한 직업군의 범위가 넓다는 것입니다. 우리 사회의 구성원들이 심각한 아동학대를 방지하려는 의지를 입법과정에서 보여준 것입니다.

✝ 아동학대범죄의 처벌 등에 관한 특례법

제10조 (아동학대범죄 신고의무와 절차)

① 누구든지 아동학대범죄를 알게 된 경우나 그 의심이 있는 경우에는 아동보호전문기관 또는 수사기관에 신고할 수 있다.

② 다음 각 호의 어느 하나에 해당하는 사람이 직무를 수행하면서 아동학대범죄를 알게 된 경우나 그 의심이 있는 경우에는 아동보호전문기관 또는 수사기관에 즉시 신고해야 한다.

1. 가정위탁지원센터의 장과 그 종사자

2. 아동복지시설의 장과 그 종사자(아동보호전문기관의 장과 그 종사자는 제외한다)

3. 「아동복지법」 제13조에 따른 아동복지전담공무원

4. 「가정폭력방지 및 피해자보호 등에 관한 법률」 제5조에 따른 가정폭력 관련 상담소 및 같은 법 제7조의2에 따른 가정폭력피해자 보호시설의 장과 그 종사자

5. 「건강가정기본법」 제35조에 따른 건강가정지원센터의 장과 그 종사자

6. 「다문화가족지원법」 제12조에 따른 다문화가족지원센터의 장과 그 종사자

7. 「사회복지사업법」 제14조에 따른 사회복지 전담공무원 및 같은 법 제34조에 따른 사회복지시설의 장과 그 종사자

8. 「성매매방지 및 피해자보호 등에 관한 법률」 제5조에 따른 지원시설 및 같은 법 제10조에 따른 성매매피해상담소의 장과 그 종사자

9. 「성폭력방지 및 피해자보호 등에 관한 법률」 제10조에 따른 성폭력피해상담소, 같은 법 제12조에 따른 성폭력피해자보호시설의 장과 그 종사자 및같은 법 제18조에 따른 성폭력피해자통합지원센터의 장과 그 종사자

10. 「소방기본법」 제34조에 따른 구급대의 대원

11. 「응급의료에 관한 법률」 제2조제7호에 따른 응급의료기관등에 종사하는 응급구조사

12. 「영유아보육법」 제7조에 따른 육아종합지원센터의 장과 그 종사자 및 제10조에 따른 어린이집의 원장 등 보육교직원

13. 「유아교육법」 제20조에 따른 교직원 및 같은 법 제23조에 따른 강사 등

14. 삭제 [2016.5.29] [[시행일 2016.11.30]]

15. 「의료법」 제3조제1항에 따른 의료기관의 장과 그 의료기관에 종사하는 의료인 및 의료기사

16. 「장애인복지법」 제58조에 따른 장애인복지시설의 장과 그 종사자로서 시설에서 장애아동에 대한 상담·치료·훈련 또는 요양 업무를 수행하는 사람

17. 「정신건강증진 및 정신질환자 복지서비스 지원에 관한 법률」 제3조제3호에 따른 정신건강복지센터, 같은 조 제5호에 따른 정신의료기관, 같은 조 제6호에 따른 정신요양시설 및 같은 조 제7호에 따른 정신재활시설의 장과 그 종사자

18. 「청소년기본법」 제3조제6호에 따른 청소년시설 및 같은 조 제8호에 따른 청소년단체의 장과 그 종사자

19. 「청소년 보호법」 제35조에 따른 청소년 보호·재활센터의 장과 그 종사자

20. 「초·중등교육법」 제19조에 따른 교직원, 같은 법 제19조의2에 따른 전문상담교사 및 같은 법 제22조에 따른 산학겸임교사 등

21. 「한부모가족지원법」 제19조에 따른 한부모가족복지시설의 장과 그 종사자

22. 「학원의 설립·운영 및 과외교습에 관한 법률」 제6조에 따른 학원의 운영자·강사·직원 및 같은 법 제14조에 따른 교습소의 교습자·직원

23. 「아이돌봄 지원법」 제2조제4호에 따른 아이돌보미

24. 「아동복지법」 제37조에 따른 취약계층 아동에 대한 통합서비스지원 수행인력

25. 「입양특례법」 제20조에 따른 입양기관의 장과 그 종사자

③ 누구든지 제1항 및 제2항에 따른 신고인의 인적 사항 또는 신고인임을 미루어 알 수 있는 사실을 다른 사람에게 알려주거나 공개 또는 보도하여서는 아니 된다.

제63조 (과태료)

① 다음 각 호의 어느 하나에 해당하는 사람에게는 500만 원 이하의 과태료를 부과한다.

1. 정당한 사유 없이 판사의 아동보호사건의 조사·심리를 위한 소환에 따르지 아니한 사람

2. 정당한 사유 없이 제10조제2항에 따른 신고를 하지 아니한 사람

3. 정당한 사유 없이 제13조제1항에 따른 긴급임시조치를 이행하지 아니한 사람

4. 정당한 사유 없이 제36조제1항제4호부터 제8호까지의 보호처분이 확정된 후 이를 이행하지 아니하거나 집행에 따르지 아니한 사람

5. 정당한 사유 없이 제39조에 따른 보고서 또는 의견서 제출 요구에 따르지 아니한 사람

② 제1항에 따른 과태료는 대통령령으로 정하는 바에 따라 관계 행정기관의 장이 부과·징수한다.

아동학대범죄의 처벌 등에 관한 특례법은 위와 같은 신고의무를 명확하게 정해두고 있으므로 주의해야 합니다. 특히 아동학대의 '의심이 있는 경우'에도 신고를 할 수 있으며 교직원은 신고'의무'자입니다. 정당한 사유 없이 이 법에 따른 신고를 하지 아니한 사람에게는 500만 원 이하의 과태료가 부과될 수 있습니다.

세심하게 살펴보아야 하는 가정폭력의 징후

가정폭력 행위의 의미와 그 징후 파악의 중요성

가정 내에서 벌어진 일이라거나, 가정의 일에 외부에서 개입하지 말라는 주장은 가정폭력과 관련해서 자주 언급되는 항명의 유형입니다. 그러나 가정폭력은 "가정구성원 사이의 신체적, 정신적 또는 재산상 피해를 수반하는 행위"로서 비교적 명확하게 법률에 규정되어 있습니다.

법적으로 무엇이 금지가 되어 있는지를 파악할 때, 정작 해당 법률은 간과하는 경우가 있습니다. 당연한 말이지만, '가정폭력'의 의미를 이해할 때에는 각종 관련 법령이나 사례, 법원의 판결을 확인하여 무엇이 금지되어 있는지, 신고 대상이 되는 사건의 범위는 어떠한지에 관해 알아두는 것이 좋습니다. 또한 폭행이나 상해 등 유형화된 폭력 행위뿐 아니라, 정서적 학대나 방임 등도 아동학대에 포함된다는 것을 유의해야 하지요. 그렇게 아동·청소년들이 보이는 피해 징후를 세심하게 살펴야 합니다.

아이들을 키우면서 '우리 집은 가정폭력과는 전혀 거리가 멀 것이다'

라고 생각하는 사람들도 많습니다. 물론, 대다수의 가정에서는 사랑으로 아이를 대하며, 보호와 양육에 대한 헌신도가 높습니다. 그런데 다음과 같은 사건의 경우를 봤을 때, 가정폭력의 위험이 멀리 있다고만 보기는 힘들지요. 맞벌이하는 동생 부부가 집을 비운 틈을 타 삼촌이 조카를 상습적으로 성추행한 사건[1]입니다.

현재 우리 사회를 둘러보면 가정폭력의 의미를 축소하거나 피해학생을 제때에 보호하지 않아 문제가 발생하는 경우가 있습니다. 경각심이 요구되는 부분이지요. 가정폭력의 의미에 대하여 정확히 알아봐야 합니다. 어떠한 경우 교사나 보호자가 보호조치를 취해야 하는지도 살펴보도록 하지요.

— 가정폭력의 의미, '법'에 명확하게 규정

위에서 언급한 바와 같이, 가정폭력은 '가정구성원 사이의 신체적, 정신적 또는 재산상 피해를 수반하는 행위'이므로 ① 가정구성원의 범위는 어디까지인지, ② 가정폭력에 해당하는 행위는 무엇인지 ③ 가정폭력행위자와 피해자는 어떻게 특정되는지를 면밀하게 살펴봐야 합니다.

첫 번째로, 가정구성원의 범위는 사실상 혼인관계에 있는 사람을 포함한 배우자 또는 배우자였던 사람까지 포함합니다. 그리고 자기 또는 배우자와 직계존비속관계에 있거나 있었던 사람도 해당되며 이때 '직계존비속관계'에는 사실상의 양친자관계를 포함합니다. 또한 계부모와

---

[1] 이 사건에서는 수면제를 먹여 어린 조카를 성폭행하거나 상습추행한 가해자에 대하여 징역 7년의 실형이 선고 된 바 있다. 연합뉴스, http://v.media.daum.net/v/20180412070415220?f=m

자녀의 관계 또는 적모(嫡母)와 서자(庶子)의 관계에 있거나 있었던 사람, 동거하는 친족까지 해당되므로 그 범위가 상당히 넓다고 볼 수 있습니다. 법률에서도 다음과 같이 확인할 수 있지요.

✢ 가정폭력범죄의 처벌 등에 관한 특례법

제2조 (정의)

2. "가정구성원"이란 다음 각 목의 어느 하나에 해당하는 사람을 말한다.

　가. 배우자(사실상 혼인관계에 있는 사람을 포함한다. 이하 같다) 또는 배우자였던 사람

　나. 자기 또는 배우자와 직계존비속관계(사실상의 양친자관계를 포함한다. 이하 같다)에 있거나 있었던 사람

　다. 계부모와 자녀의 관계 또는 적모(嫡母)와 서자(庶子)의 관계에 있거나 있었던 사람

　라. 동거하는 친족

　　두 번째로, 가정폭력에 해당하는 행위는 무엇인지를 알아두어야 합니다. 특히, '가정폭력범죄'로 법에 명시해두고 있는 만큼, 정확하게 파악할 필요가 있습니다. 일반적으로 생각하는 폭행이나 상해의 행위뿐 아니라 유기, 아동혹사, 협박, 명예훼손, 재물손괴도 가정폭력범죄에 해당합니다. 가정 내에서 은밀하게 발생할 수 있는 학대나 폭력에 대한 경계가 이미 입법과정에서부터 고려된 것이지요. 일반적인 생각보다 상당히 넓은 범위에서 가정폭력을 규정하고, 아동을 보호하고자 하는 측면을 강조한 겁니다. 가정폭력행위에 대하여 자세히 살펴보면 다음과 같습니다.

✛ 가정폭력범죄의 처벌 등에 관한 특례법

제2조 (정의)

3. "가정폭력범죄"란 가정폭력으로서 다음 각 목의 어느 하나에 해당하는 죄를 말한다.

    가. 「형법」제2편제25장 상해와 폭행의 죄 중 제257조(상해, 존속상해), 제258조(중상해, 존속중상해), 제258조의2(특수상해), 제260조(폭행, 존속폭행)제1항·제2항, 제261조(특수폭행) 및 제264조(상습범)의 죄

    나. 「형법」제2편제28장 유기와 학대의 죄 중 제271조(유기, 존속유기)제1항·제2항, 제272조(영아유기), 제273조(학대, 존속학대) 및 제274조(아동혹사)의 죄

    다. 「형법」제2편제29장 체포와 감금의 죄 중 제276조(체포, 감금, 존속체포, 존속감금), 제277조(중체포, 중감금, 존속중체포, 존속중감금), 제278조(특수체포, 특수감금), 제279조(상습범) 및 제280조(미수범)의 죄

    라. 「형법」제2편제30장 협박의 죄 중 제283조(협박, 존속협박)제1항·제2항, 제284조(특수협박), 제285조(상습범)(제283조의 죄에만 해당한다) 및 제286조(미수범)의 죄

    마. 「형법」제2편제32장 강간과 추행의 죄 중 제297조(강간), 제297조의2(유사강간), 제298조(강제추행), 제299조(준강간, 준강제추행), 제300조(미수범), 제301조(강간등 상해·치상), 제301조의2(강간등 살인·치사), 제302조(미성년자 등에 대한 간음), 제305조(미성년자에 대한 간음, 추행), 제305조의2(상습범)(제297조,제297조의2,제298조 부터 제300조까지의 죄에 한한다)의 죄

    바. 「형법」제2편제33장 명예에 관한 죄 중 제307조(명예훼손), 제308조(사자의 명예훼손), 제309조(출판물등에 의한 명예훼손) 및 제311조(모욕)의 죄

    사. 「형법」제2편제36장 주거침입의 죄 중 제321조(주거·신체 수색)의 죄

    아. 「형법」제2편제37장 권리행사를 방해하는 죄 중 제324조(강요) 및 제324조의5(미수범)(제324조의 죄에만 해당한다)의 죄

    자. 「형법」제2편제39장 사기와 공갈의 죄 중 제350조(공갈), 제350조의2(특수공갈) 및 제352조(미수범)(제350조, 제350조의2의 죄에만 해당한다)의 죄

    차. 「형법」제2편제42장 손괴의 죄 중 제366조(재물손괴등)의 죄

    카. 가목부터 차목까지의 죄로서 다른 법률에 따라 가중처벌되는 죄

아동·청소년을 보호하고자 하는 측면에서 살펴보면 유기나 아동혹사, 미성년자에 대한 간음, 추행 및 상해의 행위를 주목하여 살펴보아야 합니다. 가정형편과 상관없이 학생들에 대한 가정폭력이 있는 경우 지체 없이 신고하고 보호조치를 취해야 하지요. 그리고 가정폭력이 상해나 폭행, 성폭력에만 한정되는 것은 아닙니다. 앞서 살펴본 바와 같이, 협박이나 명예훼손은 물론 재물을 손괴하는 것도 가정폭력이라는 사실을 잊지 말아야 합니다.

마지막으로 가정폭력행위자와 피해자는 어떻게 특정되는지를 살펴보지요. 법에서는 가정폭력의 가해자를 "가정폭력행위자"로 칭하고, 그 당사자는 물론 가정구성원인 공범도 함께 가정폭력행위자로 규정하고 있지요. "피해자"는 가정폭력범죄로 인하여 직접적으로 피해를 입은 사람을 말합니다.

✛ 가정폭력범죄의 처벌 등에 관한 특례법

제2조 (정의)

4. "가정폭력행위자"란 가정폭력범죄를 범한 사람 및 가정구성원인 공범을 말한다.

5. "피해자"란 가정폭력범죄로 인해 직접적으로 피해를 입은 사람을 말한다.

8. "아동"이란 「아동복지법」 제3조제1호에 따른 아동을 말한다.

한편, 가정폭력과 관련하여 아동학대에 관한 규정도 함께 살펴볼 필요가 있습니다. 가정폭력범죄의 처벌 등에 관한 특례법에서의 "아동"은 아동복지법에 따른 아동을 의미합니다. 즉, 아동복지법에서의 "아동"이란 18세 미만인 사람을 말하므로 대부분의 학령기 아이들도 그 보호

대상이 된다는 것입니다.

아동복지법과 아동학대범죄의 처벌 등에 관한 특례법 등에 따르면, 아동의 신체에 손상을 주거나 신체의 건강 및 발달을 해치는 신체적 학대행위는 물론, 아동의 정신건강 및 발달에 해를 끼치는 정서적 학대행위, 기본적 보호·양육·치료 및 교육을 소홀히 하는 방임행위도 아동학대에 해당합니다.

✢ 아동복지법

제3조 (정의)

이 법에서 사용하는 용어의 뜻은 다음과 같다.

1. "아동"이란 18세 미만인 사람을 말한다.

  7의2. "아동학대관련범죄"란 다음 각 목의 어느 하나에 해당하는 죄를 말한다.

    가. 「아동학대범죄의 처벌 등에 관한 특례법」 제2조제4호에 따른 아동학대범죄

    나. 아동에 대한 「형법」제2편제24장 살인의 죄 중 제250조부터 제255조까지의 죄

제17조 (금지행위)

누구든지 다음 각 호의 어느 하나에 해당하는 행위를 하여서는 아니 된다.

1. 아동을 매매하는 행위

2. 아동에게 음란한 행위를 시키거나 이를 매개하는 행위 또는 아동에게 성적 수치심을 주는 성희롱 등의 성적 학대행위

3. 아동의 신체에 손상을 주거나 신체의 건강 및 발달을 해치는 신체적 학대행위

4. 삭제

5. 아동의 정신건강 및 발달에 해를 끼치는 정서적 학대행위

6. 자신의 보호·감독을 받는 아동을 유기하거나 의식주를 포함한 기본적 보호·양육·치료 및 교육을 소홀히 하는 방임행위

7. 장애를 가진 아동을 공중에 관람시키는 행위

8. 아동에게 구걸을 시키거나 아동을 이용하여 구걸하는 행위

9. 공중의 오락 또는 흥행을 목적으로 아동의 건강 또는 안전에 유해한 곡예를 시키는 행위 또는 이를 위하여 아동을 제3자에게 인도하는 행위

10. 정당한 권한을 가진 알선기관 외의 자가 아동의 양육을 알선하고 금품을 취득하거나 금품을 요구 또는 약속하는 행위

11. 아동을 위하여 증여 또는 급여된 금품을 그 목적 외의 용도로 사용하는 행위

지금까지 가정폭력의 의미와 금지되는 행위 및 대상을 살펴보았습니다. 법률에 나온 수많은 말들을 이해하는 데 어려움을 느낄 수 있겠습니다. 그러나 가정폭력이 실질적으로 무엇으로 규정되는지 알기 위해서는 필수적으로 짚고 넘어가야할 사항이지요. 이제 가정폭력이 어떤 것을 의미하는지에 관하여 실제 사례를 바탕으로 알아보도록 하지요.

― 가정폭력의 의미를 이해할 수 있는 실제 사례들

(1) 정서적 학대행위

첫 번째로, 많은 사람들이 의문을 갖는 것 중의 하나가 바로 '정서적 학대행위'입니다. 어른들의 기분이 나쁘다는 이유로, 또는 훈육을 쉽게 하기 위하여 아이들을 심하게 체벌하거나 과도하게 협박, 폭언을 하는 경우가 있습니다. 그러나 신체의 손상을 가하지 않아도 아동의 정상적

인 발달을 저해할 위험이 있는 경우에도 정서적 학대행위로 해석되며, 처벌 대상이 됩니다. 이는 다음의 판결문에서도 명백하게 나타나 있습니다.

구 아동복지법(2014.1.28.법률 제12361호로 개정되기 전의 것, 이하 '아동복지법'이라 한다)제17조는 아동에 대한 금지행위로 제3호에서 "아동의 신체에 손상을 주는 학대행위"를 규정하고 이와 별도로 제5호에서 "아동의 정신건강 및 발달에 해를 끼치는 정서적 학대행위"를 규정하고 있지요. 아동의 신체에 손상을 주는 행위 가운데 아동의 정신건강 및 발달에 해를 끼치지 않는 행위를 상정할 수 없는 점 및, 살펴본 각 규정의 문헌 등에 비추어 보면 제5호의 행위는 유형력 행사를 동반하지 않은 정서적 학대행위나 유형력을 행사하였으나, 신체의 손상에까지 이르지는 않고 정서적 학대에 해당하는 행위를 가리킨다고 보아야 합니다(대법원 2011.10.13.선고 2011도6015판결 참조).

여기에서 "아동의 정신건강 및 발달에 해를 끼치는 정서적 학대행위"라 함은 현실적으로 아동의 정신건강과 그 정상적인 발달을 저해한 경우뿐만 아니라 그러한 결과를 초래할 위험 또는 가능성이 발생한 경우도 포함되며, 반드시 아동에 대한 정서적 학대의 목적이나 의도가 있어야만 인정되는 것은 아니고 자기의 행위로 인하여 아동의 정신건강 및 발달을 저해하는 결과가 발생할 위험 또는 가능성이 있음을 미필적으로 인식하면 충분하다고 할 것입니다(2015도13488 판결).

(2) 아이를 폭행한 사례

아이를 폭행하는 것은 어떠한 이유에서든 허용될 수 없습니다. 문제는 '폭행'에 해당하는 행위가 생각보다 훨씬 광범위하다는 겁니다. 약한 폭행도 점차 심각한 폭행으로 나아갈 가능성이 있습니다. 지금부터 소개할 사례는 이러한 폭행이 가져 올 수 있는 결과를 잘 보여줍니다.

[사건의 경위]

▶ 피고인은 주거지에서 피해자가 평소 학업에 소홀하다는 이유로 피해자 (피해 아동)의 무릎을 꿇게 한 후 머리채를 잡아끌고 주먹으로 얼굴을 15회 가량 때려 피해자를 넘어뜨렸다. 넘어진 피해자의 복부를 발로 밟은 다음 흉기인 식칼(칼날 길이 :17cm)을 피해자의 배에 찌를 듯이 겨누고 피해자에게 욕설을 했다. 피해자는 약 2주간의 치료가 필요한 안면부 타박상 등의 상해를 입었다. 가해자는 아동인 피해자의 신체에 손상을 주어 피해자를 학대한 것이다.

[법원의 판단]

▶ 방어능력이 부족하고 심신이 성숙되지 못한 아동을 폭행하는 행위는 어떤 이유에서도 용인될 수 없는 행위임에도 동거하는 사실혼 배우자의 자녀를 폭행하였고, 그 폭행의 정도와 결과가 무거워 죄질이 상당히 좋지 못하다.

▶ 다만, 잘못을 뉘우치고 반성하고 있는 점, 피해 아동과 보호자에게 사죄하고 용서를 받았고 이들도 피고인의 선처를 바라고 있는 점, 폭행이 우발적이고 일회적이었던 것으로 보이는 점, 이 사건으로 한 달 가량 구금되어 있었던 점 등 기록에 나타난 정상을 고려해서 징역형의 집행을 유예하되, 재범의 위험성을 감안하여 보호관찰 및 상당 시간의 사회봉사명령과 수강명령을 부과하기로 한다(2015고단777 판결).

아이는 전치 2주 정도의 상처만 입었지만, 다른 한편 아이는 자신을 양육하는 보호자로부터 얼굴을 계속 맞고, 식칼로 죽일 듯이 위협하는 상황을 견뎌내야 했던 겁니다. 그러나 그 잔인성을 기준으로 본다면, 갑자기 일어난 사건은 아니었을 것으로 보입니다. 아이가 마음에 들지 않는 행동을 할 때마다, 그리고 자신이 감당해야 할 고통을 아이의 잘못으로 치부할 때마다 이러한 폭행은 강화되었을 테지요. 이렇게 가정폭력은 처벌을 받고 강력하게 제지될 때까지 가해자 본인이 잘못을 인정하기 어렵습니다. 그렇기 때문에 가정폭력 징후를 알아두고 세심하게 관찰하여 대처하는 것이 중요하지요.

— 주의가 필요한 가정폭력 징후

가정폭력에 시달리는 학생들은 도움을 먼저 구하기를 꺼립니다. 학대를 당해온 아이들이 오히려 부모와 떨어지는 것이 무서워 처벌을 불원하는 탄원서나 유사한 서류를 제출하는 것을 보면 알 수 있지요.

그러므로 생활 중에 아이들이 가정폭력 징후가 엿보인다면 신속하게 상담을 하여 신고 및 보호조치를 취하는 것이 교사나 부모 등 보호자의 중요한 역할이 될 수 있습니다. 참고할 만한 자료를 소개하면, 충남지방경찰청에서는 다음과 같이 안내하고 있으므로 징후 파악에 도움이 될 것입니다[1].

---

1 충남지방경찰청, http://www.cnpolice.go.kr/2014/main.php?mxPn=4_5_203

가정폭력 피해자들이 갖게 되는 징후들

▸ 가정폭력의 피해 당사자 : 가정폭력으로 학대 당해온 피해자들은 여러 가지 심리적, 정서적, 신체적 징후들을 나타냅니다. 다른 사람에게 자신의 노출을 꺼리게 되고, 삶의 전반에 걸쳐 무기력감을 느끼게 되거나, 직장이나 가사 일 등에 집중하지 못하며, 쌓인 분노로 인해 죽어야겠다거나 누군가를 죽이겠다는 말을 하기도 합니다. 또한 머리가 아프거나 만성적으로 몸이 아픈 증상을 보이며, 폭력으로 인해 신체적으로도 매우 약해진 상태일 수 있습니다. 따라서 가정폭력의 피해자들을 위해서는 여러 가지 특별한 도움이 필요하며, 자신의 신체적, 정신적 건강을 안전하게 돌보고 자녀들에게 있어서 부모로서의 역할을 잘 감당하고 생활을 영위할 수 있도록 하는 다면적 치유과정이 필요합니다.

▸ 폭력가정의 자녀들 : 가정폭력이 있는 가정의 아동이나 학대받은 아동의 경우, 다양한 정서적, 행동적, 사회적 문제를 가질 수 있습니다. 가정 안에서 부모 간의 잦은 갈등 및 폭력을 목격한 자녀들은 우울과 불안 수준이 높은 경우가 많고, 심각한 경우 가정폭력을 목격한 초기 사춘기 자녀의 경우 자살충동을 느끼기도 합니다. 또한 폭력에 노출된 아동은 부모로부터 공격성을 학습하여 공격적인 행동이나 비행을 저지를 가능성이 높습니다. 가정폭력을 목격한 아동들은 일반 아동에 비해 문제 해결능력, 공감능력이나 사회적 능력이 떨어지는 경향이 있고, 자아존중감은 낮아지며, 등교거부나 성적저하가 두드러지는 등 학업에도 부정적인 영향을 받는 것으로 나타나고 있습니다. 가정폭력을 겪고 계시다면, 자신이 도움을 받는 것이 곧 자녀를 돕는 길이기도 합니다. 그리고 아이들에게 부모의 폭력 또는 학대, 그리고 이어지는 이혼 등이 그들의 잘못이 아님을 거듭 알려주십시오. 아이들은 이러한 말을 자주 들을 필요가 있습니다.

지금까지, 가정폭력의 의미와 징후에 대하여 알아보았습니다. 가정폭력 행위의 의미를 이해할 때에는 각종 관련 법령이나 사례, 법원의 판결을 확인하여 무엇이 금지되어 있는지, 신고 대상이 되는 사건의 범위는 어떠한지 알아두는 것이 좋습니다. 또한 폭행이나 상해 등의 유형화된 폭력 행위뿐만 아니라, 정서적 학대나 방임 등도 아동학대에 포함된다는 것에 유의해야 합니다. 무엇보다 예방이 중요한 것이므로, 아이들이 보이는 피해 징후를 세심하게 살피기를 당부합니다.

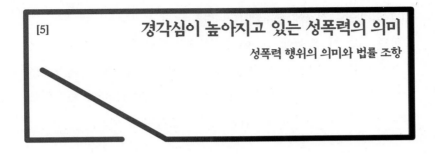

5

경각심이 높아지고 있는 성폭력의 의미

성폭력 행위의 의미와 법률 조항

그 어느 때보다 성추행과 성폭력에 대하여 사회적인 관심이 높아진 요즘입니다. 과거 피해자들이 목소리조차 내지 못하게 했던 것을 생각하면, 이러한 관심과 자성의 목소리는 환영할 만한 것입니다. 특히 아동과 청소년에 대한 성폭력은 정상적인 발달을 저해하여, 기나긴 고통을 남길 수 있다는 점에서 더욱 엄격하게 다루어져야 하지요.

학생들이 근래 시작한 반폭력 운동인 '스쿨미투'에도 주목해볼 필요 있습니다. 서울의 한 교사가 여성인 학생을 대상으로 신체를 만졌다는 내용을 SNS상에 폭로를 하자, 다른 학생들 또한 '상습적으로 추행을 하여 이를 피하는 자세를 취해야 했다'는 등의 사실을 공론화했습니다. 결국 졸업생들도 피해사실을 알리고, 학부모가 민원을 제기하기에 이르렀습니다. 이로 인해 학교는 이 교사를 경찰서에 고발하여 조사가 이루어지게 되었지요. 최근의 보도에 따르면, 이 교사는 경찰 조사 후

기호 의견으로 검찰에 송치되었습니다.[1]

한편, 15년 전 열 살에 코치에게 성폭력을 당한 후 외상 후 스트레스 장애 등 피해에 시달리다가 용기를 내어 고소장을 접수한 사례가 있지요. 결국 16년 만에 해당 가해자에게 유죄가 선고되었습니다. 언론보도[2]를 참조하여 사실관계를 정리하면 아래와 같습니다.

· 초등학교 운동부의 합숙훈련 기간에 라커룸에서 당시 지도자인 코치가 열 살이던 피해자를 성폭행
· 서울의 한 여관 객실에서 운동부 학생들은 두고, 피해자만 코치인 가해자 방으로 불러 성폭행
· 다시 가해자의 관사에서 피해자를 성폭행 (1년간 총 4회의 성폭행)
· 당시 피해자는 보복의 두려움과 코치-학생 관계의 특수성 때문에 신고를 하지 못함
· 작년 운동 대회에서 성폭행 가해자를 우연히 만남. 이후 경찰에 고소장을 제출
· 강간 치상 혐의로 기소된 가해자에게 징역 10년을 선고

이 사건에서는 성폭력 피해에 있어서 지인에 의한 피해가 많다는 것, 신고가 어려워 피해 회복에도 난관을 겪는 정황 및 그 극심한 피해의 상황이 여실히 나타나고 있습니다.

---

1 파이낸셜뉴스 , http://www.fnnews.com/news/201804111258401745
2 http://www.seoul.co.kr/news/newsView.php?id=20171026500100
   http://news.chosun.com/site/data/html_dir/2017/10/26/2017102602383.html

— 성폭력, 판례로 보는 의의

학생들에 관한 성추행은 그 피해가 심각하지요. 중한 처벌을 내려야 하는 것은 당연합니다. 하지만 아직도 '이런 행동은 성추행이 아닐 거야'라고 생각하는 가해자들도 많습니다. 아래에서는 실제 판결에서 드러난 사건을 재구성하여 어떤 행동이 성추행인지 명확히 설명하고자 합니다. 사건의 경위 및 그 판단을 참고하여 아동청소년에 대한 성폭력이 무엇인지 더 명확히 이해하는 데에 도움이 되기를 바랍니다.

(1) '여성청소년 기습추행' 에 관한 참고판결 – 2015도6980

[사건의 경위]

▶ 피고인(가해자)는 밤에 혼자 술을 마시고 직장 기숙사에서 나와 길을 배회하던 중 버스에서 내려 혼자 걸어가는 피해자(여,17세)를 발견하고, 마스크를 착용한 채 200미터 정도 피해자를 뒤따라갔다.

▶ 피고인은 인적이 없고 외진 곳에 이르러 피해자인 여학생에게 약 1m 간격으로 가까이 접근하여 양팔을 높이 들어 껴안으려고 하였으나, 인기척을 느낀 피해자가 뒤돌아보면서 "왜 이러세요?"라고 소리치자, 그 상태로 몇 초 동안 피해자를 쳐다보다가 다시 오던 길로 되돌아갔다.

위와 같은 사건의 경위만 보면, 결국 피해자가 소리를 쳐서 도망갔을 뿐이므로 아무런 죄가 없다고 생각하는 사람들도 있을지 모릅니다. 하지만 법원에서는 위 피고인(가해자)에게 '강제추행미수죄'의 죄책이 있다고 판결했습니다.

[법원의 판결]

▶ 아동·청소년에 대한 강제추행미수죄에 해당한다.

▶ 아동·청소년의 성보호에 관한 법률 위반으로 기소된 사안에서, 피고인과 피해자의 관계, 피해자의 연령과 의사, 행위에 이르게 된 경위와 당시 상황, 행위 후 피해자의 반응 및 행위가 피해자에게 미친 영향 등을 고려하여 보면, 피고인은 피해자를 추행하기 위해 뒤따라간 것으로 추행의 고의를 인정할 수 있다. 피고인이 가까이 접근하여 갑자기 뒤에서 껴안는 행위는 일반인에게 성적 수치심이나 혐오감을 일으키게 했다. 이는 선량한 성적 도덕관념에 반하는 행위이자 피해자의 성적 자유를 침해하는 행위이기에 그 자체로 이른바 '기습추행' 행위로 볼 수 있다.

▶ 피고인(가해자)의 팔이 피해자의 몸에 닿지 않았더라도 양팔을 높이 들어 갑자기 뒤에서 껴안으려는 행위는 피해자의 의사에 반하는 유형력의 행사로서 폭행행위에 해당한다. 그때 '기습추행'을 하려는 착수가 있었는데, 마침 피해자가 뒤돌아보면서 소리치는 바람에 몸을 껴안는 추행의 결과에 이르지 못하고 미수에 그쳤다. 그러므로 피고인의 행위는 아동·청소년 강제추행미수죄에 해당한다.

가해자는 이미 여학생을 추행하려는 고의가 있었고, 갑자기 뒤에서 껴안으려고 했다는 점을 주목한 판결로 볼 수 있습니다. '껴안으려고 하는 행위'가 '성적 자유를 침해하는 행위'임을 알 수 있지요.

(2) 두려움에 가만히 있던 경우에도 '강제추행' – 2011노1393

가해자들은 '피해자가 가만히 있었으므로 강제적인 행동이 아니었다'고 주장합니다. 일반적인 상식으로는 이해할 수 없지만, 종종 실제로 그 정도의 인식 수준을 가진 가해자를 목격할 수 있지요. 먼저, 아래의 사건을 살펴보도록 합시다.

[사건의 경위]

▶ 피고인(가해자, 피해자의 부)은 처와 이혼한 후 피해자(피고인, 가해자의 딸) 및 아들 공소외 3(피해자의 오빠, 가해자의 아들)과 함께 살았다.

▶ 거주지에 방이 2개 있어 피고인과 피해자가 같은 방에서, 공소외 3이 다른 방에서 잠을 잤던 사실, 피고인은 피해자가 오빠와 다투거나 학교에서 늦게 귀가한다는 등의 이유로 막대기로 피해자의 종아리와 허벅지를 때리는 등 체벌을 자주 가하였다. 이로 인하여 피해자는 평소 피고인에게 두려운 감정을 갖고 있었다.

▶ 피고인은 피부 가려움을 타는 피해자가 샤워를 마친 후 수건으로 몸을 가린 상태에서 몸에 크림을 발라달라고 하자 피해자를 눕게 한 후 크림을 발라주다가 갑자기 성욕을 느껴 피해자의 몸 위에 올라타 음란행위[1]를 하는 등 이 사건 첫 범행을 했다.

▶ 이후 크림을 발라주기 위하여 누워 있거나 잠자기 위하여 누워 있는 피해자에게 같은 방법으로 추행했다. 이때 피해자는 "하지 말라"고 이야기하거나 "자꾸 왜 이러냐"면서 짜증을 낼 때도 있었으나 그냥 가만히 있는 경우도 있었는데 피해자는 그 이유가 평소 피고인에게 두려움을 느끼고 있었기 때문이라고 진술했다.

위 사례를 보면, 가해자는 딸을 추행하고 음란행위를 하면서도 아이

---

1 취지를 고려하여 범행의 세부 양상을 표기하지 않고 축약하여 기재함.

가 '하지 말라'라고 하는 말도 무시하였으면서도, 아이가 가만히 있었다고 주장합니다. 강제로 한 행위가 아니므로 무죄라거나 가벼운 처벌을 요청하는 것으로 보이지요. 하지만 법원은 청소년 대상의 성폭력에 해당한다는 판결을 명확히 한 바가 있습니다.

[법원의 판결]

▶ 청소년 대상 성폭력(강제추행)에 해당한다.

▶ 강제추행죄는 상대방에게 폭행 또는 협박을 가하여 항거를 곤란하게 한 뒤, 추행행위를 하는 경우에 성립하는 것이다. 폭행 또는 협박이 피해자의 항거를 곤란하게 할 정도의 것이었는지 여부는 폭행·협박의 내용과 정도, 유형력을 행사하게 된 경위, 피해자와의 관계, 추행 당시와 그 후의 정황 등 모든 사정을 종합하여 판단해야 한다(대법원2007.1.25.선고 2006도5979판결 참조). 한편 폭행행위 자체가 추행행위라고 인정되는 경우에도 강제추행죄가 성립하는 바, 이 경우에 있어서 폭행은 반드시 상대방의 의사를 억압할 정도의 것임을 요하지 않고 상대방의 의사에 반하는 유형력의 행사가 있는 이상 그 힘의 대소강약을 불문한다(대법원 2002.4.26.선고 2001도2417판결 참조).

▶ 이 사건 각 범행은 피고인이 누워있는 피해자의 등에 갑자기 올라타 추행한 것으로 피해자가 이를 예측하고 항거할 기회가 없었으므로 폭행행위 자체가 추행행위로 인정될 수 있다. 더구나 이 사건 각 범행 당시 피해자는 만 14세에 불과한 청소년으로서 평소 무서워하던 피고인과 단둘이 있었다. 주변에 도움을 청할 만한 사람도 없었고 피해자가 피고인의 전적인 보호를 받고 있는 입장으로서 심리적으로 위축되어 있는 상태에 있었다. 피고인의 갑작스런 행동에 대하여 소극적 거부의사를 나

타내는 것 이외에 별다른 저항을 할 방법이 없었을 것으로 보이는 점 등의 사정에 비추어, 피고인이 피해자의 몸 위에 올라타 음란행위를 한 것은 강제추행에 해당한다.

가끔 판결문을 읽으면서 슬픔이나 분노가 크게 올라오는 경우가 있습니다. 이 판결도 그러했습니다. 보호자로부터 성폭력을 당하는 아이들로서는 '별다른 저항을 할 방법이 없었을 것'이라는 문장을 보고, 누구든 그러지 않을까요?

(3) 이미 성매매 의사를 가지고 있었던 청소년에게 성을 팔도록 권유하는 행위도 '범죄' – 2011도3934 판결

'청소년성매매' 문제는 주로 10대 중후반의 여성 청소년이 피해자가 됩니다. 다른 성폭력 문제보다 훨씬 복잡하지요. 피해자인 것이 분명하지만, 성매매를 했다는 이유로 아이들이 사회적인 비난을 받습니다. 복잡한 문제일수록 관련 사례를 유심히 살펴볼 필요가 있습니다.

[사건의 경위]

▶ 학생A는 친구 학생B, 학생C와 함께 학생B의 집에서 채팅사이트에 접속하여 채팅방을 개설한 후 성매매 조건을 제시하며 성매수 남성을 구하던 중, 성명 불상의 남자가 ○○○로 온다고 하여 ○○○ 부근으로 나가 그 남성을 기다렸으나 오지 않았다.

▶ 이에 학생A는 학생B 등과 함께 근처 pc방으로 가서 같은 날 18:00경부터 위 채팅사이트에 접속하여 같은 방법으로 성매수 남성을 구했다. 당시 학생A가 개설한 채팅방의 제목은 '2:1 만남'이었고 학생A는 채팅방

에 입장하여 대화를 거는 남성들을 상대로 미리 작성해 놓은 문구인 "○
○에서 2:1이구여 금액은 20 160 41 156 45이구여"(여성 2명과 남성 1명이 성관
계를 갖고, 금액은 20만 원이며 여성 2명의 신체조건은 각각 키 160cm, 몸무게 41kg,
키 156cm, 몸무게 45kg이라는 의미), "나이는 16살이구여 지금 교복 금액선
불은 매너"라는 문구를 보냈다.

▶ 피고인은 자신의 사무실에서 위 채팅사이트에 접속하여 학생A가 개설
한 채팅방 제목을 보고 학생A에게 "님아, 혹시, 만남?"이라고 말을 걸었
다. 이에 학생A가 위와 같은 문구를 피고인에게 보내 성매매 조건을 제
시하자 피고인은 학생A가 제시하는 조건을 받아들이는 취지의 문구를
보내면서 학생A의 전화번호를 물어 학생A가 알려주었다. 피고인은 근처
에 가서 전화하겠다는 등의 문구를 보냈다.

▶ 이후 피고인은 학생A와 성관계 방법, 금품 전달 방법 등에 대하여 대화
하면서 "하는 사람 2명 만나서, 한 명이, 돈을 전해주고, 그동안 한 명은
나랑 하러 가고, 나중에 돈 주고 온 애랑 하면 되지" 등의 문구를 보내고,
학생A가 노래방에서 성관계를 갖자고 하자 이를 받아들였다. 그리고 학
생A 등에게 교복위에 교복 마이를 입었는지 잠바를 입었는지 물어 학
생A가 자신은 마이를 입고 다른 한 명은 잠바를 입었다고 하자 "암튼
교복만 짧으면 돼"라는 문구를 보낸 후 ○○○로 출발한다고 했다.

▶ 피고인은 ○○○ 부근에 도착하여 근처 공중전화에서 학생A에게 세 차
례 전화하여 "속바지 벗고 와라"는 등의 말을 했다.

실태를 설명하기 위하여 다소 자세하게 사건의 경위를 기재해보았습
니다. 읽으면서 불편한 사람들도 있을 겁니다. 실제 성매매의 현황은 이
보다 더욱 심각하면 심각했지, 가볍지 않습니다. 이 사건에서도 가해자

는 '이미 성매매를 하려고 한 아이들이기 때문에 자신의 죄가 없다'는 취지로 주장한 것으로 보입니다. 하지만, 법원의 판단은 이미 성매매의 사를 가지고 있는 아이들을 대상으로 한 것이라고 하여도 범죄에 해당한다고 보았습니다.

[법원의 판단]

▸ 피고인이 인터넷 채팅사이트를 통해, 이미 성매매 의사를 가지고 학생 A(여, 16세)에게 접근하여 성매매 장소, 대가, 연락방법 등에 관하여 구체적인 합의한 부분, 약속장소 인근에 도착해 학생A에게 전화를 걸어 '속바지를 벗고 오라'고 지시한 부분 등 피고인의 일련의 행위가 아동·청소년의 성보호에 관한 법률 제10조 제2항 에서 정한 '아동·청소년에게 성을 팔도록 권유하는 행위'에 해당한다.

주로 보호받을 환경을 찾을 수 없거나 가출을 한 여성청소년들이 성매매의 유혹에 빠질 수 있습니다. 또한 여기에 남성청소년들까지 한 '팀'을 이루어 미성년자 성매수를 원하는 남성을 만나도록 하기도 하지요. 금전의 갈취를 목적으로 공갈의 행위를 하기도 합니다. 많은 어른들이 자신의 문제는 절대 아니라고 생각하는, 우리 사회의 그늘입니다.

— 법률조항을 자세히 보자!

'아동·청소년의 성보호에 관한 법률'은 아동·청소년대상 성범죄의 처벌과 절차에 관한 특례를 규정하고 있습니다. 또한, 피해아동·청소년을 위한 구제 및 지원 절차를 마련하며 아동·청소년대상 성범죄자를 체계적으로 관리하고자 마련된 법률이지요. 이 법률은 아동·청소년을 성범죄로부터 보호하고 아동·청소년이 건강한 사회구성원으로 성장할 수 있도록 함을 목적으로 합니다(제1조).

이 법은 '아동·청소년대상 성범죄의 처벌과 절차에 관한 특례'를 정하고 있습니다. 그 대상이 되는 성범죄를 요약해 보면 다음과 같습니다.

- 아동·청소년에 대한 강간·강제추행
- 장애인인 아동·청소년에 대한 간음 등
- 강간 등 상해·치상
- 강간 등 살인·치사
- 아동·청소년이용음란물의 제작·배포 등
- 아동·청소년 매매행위
- 아동·청소년의 성을 사는 행위 등
- 아동·청소년에 대한 강요행위 등
- 알선영업행위 등
- 피해자 등에 대한 강요행위

이미 많이 알려지긴 했지만, 아동·청소년의 성을 사거나 아동·청소년에게 성행위를 강요하는 것은 특별히 엄벌을 처합니다. 아동·청소년대상의 성폭력 범죄가 어떤 행위를 금지하고 있는지에 관하여는 다음 조항들을 정확히 살펴볼 필요가 있습니다. 다소 긴 내용이긴 하지만, 우리 법률이 얼마나 자세하게 아이들을 위한 성폭력 행위를 규정해 두고 있는지 그 취지를 파악하는 데에 도움이 되기를 바랍니다.

아동·청소년의 성보호에 관한 법률

제7조 (아동·청소년에 대한 강간·강제추행 등)

① 폭행 또는 협박으로 아동·청소년을 강간한 사람은 무기징역 또는 5년 이상의 유기징역에 처한다.

② 아동·청소년에 대하여 폭행이나 협박으로 다음 각 호의 어느 하나에 해당하는 행위를 한 자는 5년 이상의 유기징역에 처한다.

　1. 구강·항문 등 신체(성기는 제외한다)의 내부에 성기를 넣는 행위

　2. 성기·항문에 손가락 등 신체(성기는 제외한다)의 일부나 도구를 넣는 행위

③ 아동·청소년에 대하여 「형법」 제298조의 죄를 범한 자는 2년 이상의 유기징역 또는 1천만 원 이상 3천만 원 이하의 벌금에 처한다.

④ 아동·청소년에 대하여 「형법」 제299조의 죄를 범한 자는 제1항부터 제3항까지의 예에 따른다.

⑤ 위계(僞計) 또는 위력으로써 아동·청소년을 간음하거나 아동·청소년을 추행한 자는 제1항부터 제3항까지의 예에 따른다.

⑥ 제1항부터 제5항까지의 미수범은 처벌한다.

제8조 (장애인인 아동·청소년에 대한 간음 등)

① 19세 이상의 사람이 장애 아동·청소년(「장애인복지법」 제2조제1항에 따른 장애인으로서 신체적인 또는 정신적인 장애로 사물을 변별하거나 의사를 결정할 능력이 미약한 13세 이상의 아동·청소년을 말한다. 이하 이 조에서 같다)을 간음하거나 장애 아동·청소년으로 하여금 다른 사람을 간음하게 하는 경우에는 3년 이상의 유기징역에 처한다.

② 19세 이상의 사람이 장애 아동·청소년을 추행한 경우 또는 장애 아동·청소년으로 하여금 다른 사람을 추행하게 하는 경우에는 10년 이하의 징역 또는 1천500만 원 이하의 벌금에 처한다.

제9조 (강간 등 상해·치상)

제7조의 죄를 범한 사람이 다른 사람을 상해하거나 상해에 이르게 한 때에는 무기징역 또는 7년 이상의 징역에 처한다.

제10조 (강간 등 살인·치사)

① 제7조의 죄를 범한 사람이 다른 사람을 살해한 때에는 사형 또는 무기징역에 처한다.

② 제7조의 죄를 범한 사람이 다른 사람을 사망에 이르게 한 때에는 사형, 무기징역 또는 10년 이상의 징역에 처한다.

제11조 (아동·청소년이용음란물의 제작·배포 등)

① 아동·청소년이용음란물을 제작·수입 또는 수출한 자는 무기징역 또는 5년 이상의 유기징역에 처한다.

② 영리를 목적으로 아동·청소년이용음란물을 판매·대여·배포·제공하거나 이를 목적으로 소지·운반하거나 공연히 전시 또는 상영한 자는 10년 이하의 징역에 처한다.

③ 아동·청소년이용음란물을 배포·제공하거나 공연히 전시 또는 상영한 자는 7년 이하의 징역 또는 5천만 원 이하의 벌금에 처한다.

④ 아동·청소년이용음란물을 제작할 것이라는 정황을 알면서 아동·청소년을 아동·청소년이용음란물의 제작자에게 알선한 자는 3년 이상의 징역에 처한다.

⑤ 아동·청소년이용음란물임을 알면서 이를 소지한 자는 1년 이하의 징역 또는 2천만 원 이하의 벌금에 처한다.

⑥ 제1항의 미수범은 처벌한다.

제12조 (아동·청소년 매매행위)

① 아동·청소년의 성을 사는 행위 또는 아동·청소년이용음란물을 제작하는

행위의 대상이 될 것을 알면서 아동·청소년을 매매 또는 국외에 이송하거나 국외에 거주하는 아동·청소년을 국내에 이송한 자는 무기징역 또는 5년 이상의 징역에 처한다.

② 제1항의 미수범은 처벌한다.

제13조 (아동·청소년의 성을 사는 행위 등)

① 아동·청소년의 성을 사는 행위를 한 자는 1년 이상 10년 이하의 징역 또는 2천만 원 이상 5천만 원 이하의 벌금에 처한다.

② 아동·청소년의 성을 사기 위하여 아동·청소년을 유인하거나 성을 팔도록 권유한 자는 1년 이하의 징역 또는 1천만 원 이하의 벌금에 처한다.

제14조 (아동·청소년에 대한 강요행위 등)

① 다음 각 호의 어느 하나에 해당하는 자는 5년 이상의 유기징역에 처한다.

  1. 폭행이나 협박으로 아동·청소년으로 하여금 아동·청소년의 성을 사는 행위의 상대방이 되게 한 자

  2. 선불금(先拂金), 그 밖의 채무를 이용하는 등의 방법으로 아동·청소년을 곤경에 빠뜨리거나 위계 또는 위력으로 아동·청소년으로 하여금 아동·청소년의 성을 사는 행위의 상대방이 되게 한 자

  3. 업무·고용이나 그 밖의 관계로 자신의 보호 또는 감독을 받는 것을 이용하여 아동·청소년으로 하여금 아동·청소년의 성을 사는 행위의 상대방이 되게 한 자

  4. 영업으로 아동·청소년을 아동·청소년의 성을 사는 행위의 상대방이 되도록 유인·권유한 자

② 제1항제1호부터 제3호까지의 죄를 범한 자가 그 대가의 전부 또는 일부를 받거나 이를 요구 또는 약속한 때에는 7년 이상의 유기징역에 처한다.

③ 아동·청소년의 성을 사는 행위의 상대방이 되도록 유인·권유한 자는 7년 이하의 징역 또는 5천만 원 이하의 벌금에 처한다.

④ 제1항과 제2항의 미수범은 처벌한다.

제15조 (알선영업행위 등)

① 다음 각 호의 어느 하나에 해당하는 자는 7년 이상의 유기징역에 처한다.

   1. 아동·청소년의 성을 사는 행위의 장소를 제공하는 행위를 업으로 하는 자

   2. 아동·청소년의 성을 사는 행위를 알선하거나 정보통신망에서 알선정보를 제공하는 행위를 업으로 하는 자

   3. 제1호 또는 제2호의 범죄에 사용되는 사실을 알면서 자금·토지 또는 건물을 제공한 자

   4. 영업으로 아동·청소년의 성을 사는 행위의 장소를 제공·알선하는 업소에 아동·청소년을 고용하도록 한 자

② 다음 각 호의 어느 하나에 해당하는 자는 7년 이하의 징역 또는 5천만 원 이하의 벌금에 처한다.

   1. 영업으로 아동·청소년의 성을 사는 행위를 하도록 유인·권유 또는 강요한 자

   2. 아동·청소년의 성을 사는 행위의 장소를 제공한 자

   3. 아동·청소년의 성을 사는 행위를 알선하거나 정보통신망에서 알선정보를 제공한 자

   4. 영업으로 제2호 또는 제3호의 행위를 약속한 자

③ 아동·청소년의 성을 사는 행위를 하도록 유인·권유 또는 강요한 자는 5년 이하의 징역 또는 3천만 원 이하의 벌금에 처한다.

최근 대법원은 성희롱 교수에 대한 복직 판결을 파기했습니다. 그 판결을 보면, 성희롱 사건을 심리할 때는 그 사건이 발생한 맥락에서 성차별 문제를 이해하고 성평등을 실현할 수 있도록 '성인지 감수성'을 잃지 말아야 한다고 전제하고 있지요. 이제 성인지적 관점을 갖는 것은 직접적인 과제가 되고 있습니다.

학생들을 대상으로 하여 일반적인 성범죄뿐 아니라 성매매 등 특례

를 정하고 있는 사항들도 명확히 이해하는 것이 필요합니다. 또한 편견을 버리고 아동·청소년들이 보이는 피해 징후를 세심하게 살피는 것이 중요하지요.

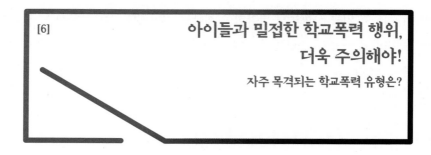

얼마 전, 전주에 살고 있던 학생이 건물 옥상에서 몸을 던져 스스로 목숨을 끊은 사건이 있었습니다. 경찰이 조사한 결과, 이 학생은 학교폭력으로 인한 고통을 호소해 온 것으로 드러났지요. 여러 명의 가해학생들이 SNS에 모욕적인 글을 게시하여 끈질기게 괴롭혀 왔고, 학교 근처로 불러내어 폭행까지 한 것입니다.

피해학생은 SNS에 너무 힘들다는 글을 여러 차례 남겼고, 수차례 자해를 하기도 하였지요. 정신과 치료를 받기도 했습니다. 그러나 아이를 살리기 위한 적절한 도움을 받지는 못한 것 같습니다. 이렇게 힘들어하던 아이는 결국 건물의 옥상까지 올라가 고통스러운 삶을 마감했지요. 이후 수사기관에서는 조사를 진행하여 가해자로 지목된 학생 일곱 명 중 네 명은 모욕으로, 한 명은 단순폭행 혐의로 기소하여 검찰에 송치했습니다. 나머지 두 명은 혐의가 없다고 했지요[1].

---

1   전북일보, http://www.jjan.kr/news/articleView.html?idxno=1144193

여기에서 주목할 점은, 아이가 입은 신체적인 상해는 다른 사건에 비해 심각한 것은 아니었다는 것입니다. 오히려 협박과 모욕, 따돌림과 같은 정신적인 괴롭힘이 아이에게 살아갈 힘을 모두 잃게 했지요.

한편, 학생들 간의 사이버 따돌림, 언어폭력(모욕, 명예훼손) 등의 사안부터 폭행과 상해에 이르기까지, 학교폭력에 대한 경각심이 커지고 있는 상황입니다. 아동·청소년들의 학교폭력 행위가 어떻게 이루어지는지 세심하게 관찰하고 피해학생을 보호해야 합니다.

— '학교폭력'의 정확한 의미

법률상담을 신청하는 학부모들은 물론 교사의 입장에서도 학생들 간의 다양한 행위 양식을 두고 '학교폭력'인지 혼란스러워 합니다. 법에 정확히 규정되어 있지만 아이들의 행동 패턴이나 사고방식이 그 테두리 안에 있는 것은 아니기 때문에 주의를 요합니다. 또한 학생들을 잘 가르쳐야 하는 입장에서는 법이 정한 바를 지키면서 한 편으로 교육적으로 가장 최적의 방법을 찾아야 하기 때문에 더욱 어려움이 큰 것이 사실입니다. 다음에서는 다양한 상담 사례[2]와 함께 법령이 정하고 있는 바를 살펴보도록 하겠습니다.

[사례1] 바지를 벗기는 '장난'?
▶ 저의 아이는 중학교 1학년 남학생입니다. 수련회에 가서 취침시간에 자

---

2   실제 법률상담 사례를 개인정보보호원칙 및 설명의 편이를 위하여 재구성했다.

고 있던 같은 방 남학생의 바지를 벗기는 장난을 했고, 그 다음날 담임 선생님께 혼이 났다고 합니다.

▸ 그 이후로는 바지 벗기는 장난을 하지 않고 지냈지만, 아이 말에 따르면 학교 전반적으로 그러한 장난이 널리 유행하고 있었습니다. 특히 복도에서 어떤 부장 선생님께서 아이들끼리 바지를 벗기는 장난을 목격했고 이런 장난을 하는 행위에 대해서 아이들에게 전수 조사까지 하게 된 모양입니다.

▸ 결국 저희 아이까지도 이미 5개월이나 지난 지금에서야 담임교사에게 수학여행 때에 혼이 난 일로 인해 바지를 벗기는 것도 학교폭력 행위라고 하여 교내에서 봉사를 하고, 특별교육을 받으며 저희 부모도 함께 교육을 받는 처분을 받았습니다.

▸ 여기까지는 저희도 아이 교육상 필요한 부분이라고 해서 아이도 혼을 내고, 처분을 받은 대로 성실히 수행했습니다. 그런데, 시간이 좀 지나 저희 아이도 피해자가 되고 말았습니다.

▸ 지난 주 목요일에 같은 반에서 공부하는 여학생이 저희 아들의 바지를 벗기고 다른 학생들에게 비웃음을 산 일이 발생했습니다. 모두 이 일을 목격했음에도 그 여자아이는 기억이 안 난다며 발뺌을 했고, 오히려 친구들에게 "관심 받으려고 한다" "거짓말 한다" "같이 어울리지 말자" 라는 뜻의 욕설을 너무 많이 하고 다닌다고 합니다. 선생님께 상담을 드렸는데도 저희 아이는 크게 분한 모양입니다.

▸ 부모입장에선 또 나쁜 일에 휘말릴까봐 두렵고, 똑같은 일로 아이가 징계를 받았는데 피해자의 입장일 때는 보호받지 못하고 있는 듯해서 화가 납니다. 아직까진 아이의 말만 들어서 정확하게 파악하긴 힘들지만 이럴 경우 어떻게 해야 할지 정말 대처가 어렵습니다.

[사례2] '너 왜 이간질해?'

▶ 저희 딸아이는 현재 고2입니다. 친구 수진(가명)이가 있는데, 이 아이는 평소에 자기가 분노조절에 문제가 있어서 화를 못 참아서 물건을 잘 던진다는 이야기를 해왔다고 합니다. 실제로도 저희 아이에게 자주 짜증을 내고 삐지고 해서 너무 힘들었다고 합니다. 만약에 화를 안 풀어주면 다른 친구들에게 저희 애 욕을 너무 많이 하고 다녀서 소심한 딸애가 맞춰준 모양입니다. 이런 일들이 오랫동안 반복되어왔다고 합니다.

▶ 그러다가 저희 애도 다른 아이와도 친해져서 그 아이도 같이 이동수업도 가고 밥도 먹으려고 한 모양입니다. 그러자 수진이가 불편하다면서 자기와만 다니자면서 하루 종일 화를 내고, 저희 애에게 물건을 여러 개 던졌다고 합니다. 그러던 중에 목옆에 작은 생채기까지 생겼습니다. 옆에 있던 다른 아이들이 말릴 정도로 욕설을 했구요.

▶ 하지만 소문은 저희 딸에게 더 안 좋게 퍼졌습니다. 마치 저희 애가 수진이를 따돌리고 다른 친구와 이간질시키는 것처럼 소문났다고 합니다. 물론 그 이야기는 대부분 수진이를 통해 퍼진 이야기인듯 합니다. 문제는 다른 학생들도 수진이 이야기만 듣고 저희 애를 채팅창에서 욕하고 놀린다는 겁니다. 그것도 수진이가 그 장면을 캡쳐해서 "다른 애들도 다 너 욕해, 그거 알아?"라고 메시지까지 붙여서 저희 딸에게 보내줘서 알게 된 것입니다.

▶ 저희 아이가 좀 예민한 편이고, 현재 스트레스를 심하게 받은 상태예요. 제가 아무리 달래도, 전학을 보내달라면서 기진맥진할 정도로 웁니다. 이런 상황이니 엄마인 저도 화가 나는 것이 사실입니다. 단순히 친구문제인 줄 알았는데 이렇게 괴롭힘을 당한다니 어찌해야 할 바를 모르겠습니다.

위와 같은 사례1, 사례2의 상황에서 다음의 행위가 문제가 될 수 있습니다.

- 친구들 앞에서 다른 학생의 바지를 벗긴 행위
- "관심 받으려고 한다" "거짓말한다" "같이 어울리지 말자"라는 뜻의 욕설을 한 행위
- 물건을 여러 개 던져 맞추어 상처를 입힌 행위. 욕설을 한 행위
- 채팅창에서 욕하고 놀린 행위, 이를 캡처하여 피해학생에게 "다른 애들도 다 너 욕해, 그거 알아?"라고 메시지까지 붙여서 송부한 행위

학교폭력예방 및 대책에 관한 법률에 따르면, 위의 각 행위는 학생들 간에 일어난 일이라 할지라도 상해, 폭행, 명예훼손·모욕, 따돌림, 사이버 따돌림에 해당할 수 있지요[1].

또한 학교폭력은 학교 내뿐 아니라 학교 밖에서 (학교 내외에서) 학생을 대상으로 발생한 폭력행위를 의미합니다. 그리고 일반적인 생각과 달리 학생들 간의 모욕이나 명예훼손이 일부 사실(개인정보)을 담고 있다고 해도, 지속적이거나 반복적으로 신체적 또는 심리적 공격을 가하여 상대방이 고통을 느끼도록 하는 일체의 행위는 따돌림으로 평가될 수 있습니다.

---

1 다만, 위 사례는 학생들의 진술을 듣고 다시 보호자가 판단한 내용이기 때문에 이후 사안조사 및 학교폭력대책자치위원회 심의 과정에서 다른 결과가 있을 수 있다.

학교폭력예방 및 대책에 관한 법률

제2조 (정의)

이 법에서 사용하는 용어의 정의는 다음 각 호와 같다.[개정 2009.5.8, 2012.1.26, 2012.3.21] [[시행일 2012.4.1]]

1. "학교폭력"이란 학교 내외에서 학생을 대상으로 발생한 상해, 폭행, 감금, 협박, 약취·유인, 명예훼손·모욕, 공갈, 강요·강제적인 심부름 및 성폭력, 따돌림, 사이버 따돌림, 정보통신망을 이용한 음란·폭력 정보 등에 의하여 신체·정신 또는 재산상의 피해를 수반하는 행위를 말한다.

   1의2. "따돌림"이란 학교 내외에서 2명 이상의 학생들이 특정인이나 특정집단의 학생들을 대상으로 지속적이거나 반복적으로 신체적 또는 심리적 공격을 가하여 상대방이 고통을 느끼도록 하는 일체의 행위를 말한다.

   1의3. "사이버 따돌림"이란 인터넷, 휴대전화 등 정보통신기기를 이용하여 학생들이 특정 학생들을 대상으로 지속적, 반복적으로 심리적 공격을 가하거나, 특정 학생과 관련된 개인정보 또는 허위사실을 유포하여 상대방이 고통을 느끼도록 하는 일체의 행위를 말한다.

2. "학교"란 「초·중등교육법」 제2조에 따른 초등학교·중학교·고등학교·특수학교 및 각종학교와 같은 법 제61조에 따라 운영하는 학교를 말한다.

3. "가해학생"이란 가해자 중에서 학교폭력을 행사하거나 그 행위에 가담한 학생을 말한다.

4. "피해학생"이란 학교폭력으로 인하여 피해를 입은 학생을 말한다.

과거부터 아동·청소년들 사이에서는 욕설을 많이 하고 놀리면서 다른 학생을 따돌리거나 심각하게 기분 나쁘게 행동하는 것이 큰 문제가 아니라는 인식이 있습니다. 하지만 대부분의 학교폭력은 위와 같은 상황에서 시작하거나 동반되므로 유의하여 지도할 필요가 있습니다.

나아가, 학교폭력예방법은 사이버 따돌림에 대해서도 규정하고 있지요. 실제 학생들이 SNS나 채팅창에서 피해학생을 놀리고, 모욕하며 비방하는 일이 상당히 많습니다. 인터넷은 소문이 유포되는 속도가 빠르지요. 또래 집단의 평가를 상당히 중요시 하는 아동·청소년기에 심각한 심리적 상처를 입게 될 수 있습니다.

또한 인간관계에서 오는 공감이나 배려, 화해의 노력이 부족한 시대이기도 합니다. 서로 다른 사람들에 대한 보편적인 인권 존중 등의 계기가 예전보다 박탈된 시대이지요. 때문에 학생들 사이에 이루어지는 심리적 갈등을 교사와 부모님들이 좀 더 민감하게 관찰하고 지도해야 합니다.

— 학교폭력 행위의 범위에 관한 판례

'어떤 것이 학교폭력 행위'에 해당하는가에 관하여는 이미 소송에서도 여러 차례 쟁점을 낳았습니다. 이에 대한 법원의 판단에 관해 살펴보고, 이를 통해 학교폭력의 의미에 대하여 보다 세부적으로 알아보도록 하지요.

(1) '장난을 친 것일 뿐인데요!' — 2015구합170 판결[1]
이 사건에서는 가해학생이 사안조사 과정에서 직접 작성한 확인서와, 목격학생의 진술이 중요한 판단기준이 되었습니다. 또한 아이들이 행하는 학교폭력의 양상을 잘 나타내는 사례라고 할 수 있지요.

---

1 이하 이 책의 판결은 일부를 발췌하여 취지에 맞게 수정한 것이다.

[가해학생이 작성한 확인서]

▶ 교실 안에서 피해학생 말을 따라 해서 피해학생 약을 올렸다. 피해학생을 프랑켄슈타인이라고 놀렸다. 학기 초에 피해학생에게 '너 담배 피지'라고 물어봤는데 피해학생이 싫어하는 데도 두 번 놀렸다. 장난으로 했다. 후회하고, 다시는 피해학생을 괴롭히지 않겠다. 피해학생에게 진심으로 사과하겠다.

[목격학생의 진술]

▶ 평소 가해학생들은 피해학생에게, 수업시간에는 책에 나오는 그림을 보고 닮았다는 등 더 못생겼다고 비하했다.

▶ 쉬는 시간에는 뒤통수를 때리고 도망가거나 책상을 흔들고 의자를 뒤로 빼어 넘어뜨리는 경우를 많이 보았다.

▶ 심한 경우에는 교실 안의 벌레를 머리카락에 놔두거나 바닥에 눕혀 올라탄 다음 눌러버리고 한다.

▶ 또 어떤 이유인지는 모르겠지만 일방적으로 마치 폭행하는 것처럼 구타하는 것도 두 번 정도 보았다(가해학생이 피해학생 머리를 손과 발을 이용하여 때렸다. 이유는 장난을 치다가 피해학생이 심하게 거부하다가 일어난 것 같다).

하지만 위와 같은 확인서와 목격학생의 진술에도 불구하고 가해학생은 '장난을 친 것에 불과하다'는 이야기를 하며 학교폭력 행위가 아니라고 주장했지요. 또한, 피해학생이 주관적인 느낌에 불과하다고 강조하는 부분 또한 주목할만 합니다.

[행정소송에서의 원고(가해학생 측)의 주장]

▶ 원고는 피해학생과 같은 반 학생으로서 개별적이고 일시적인 장난을 친 것에 불과하다. 피해학생은 예민하고 내성적인 성격으로, 다른 학생과의 의사소통에 어려움을 겪고 있고 분노조절에 어려움이 있는 등 정신적인 장애를 앓고 있다. 피해학생은 평소 원고의 장난을 장난으로 받아들이다가도 자신의 심리상태가 불안정한 경우에는 이를 괴롭다고 느낀 것일 뿐이다. 원고가 피해학생에게 학교폭력예방법이 규정한 학교폭력이나 따돌림에 해당하는 행위를 하였다고 볼 수 없다.

그러나 법원은 가해학생 측에서 주장하는 것을 전면 배척하면서 다음과 같은 이유로 '학교폭력 행위'라고 판단했습니다.

[법원의 판단]

▶ 학교폭력예방법 제2조 제1호는 "학교폭력"이란 학교 내외에서 학생을 대상으로 발생한 상해, 폭행, 감금, 협박, 약취·유인, 명예훼손·모욕, 공갈, 강요·강제적인 심부름 및 성폭력, 따돌림, 사이버 따돌림, 정보통신망을 이용한 음란·폭력 정보 등에 의하여 신체·정신 또는 재산상의 피해를 수반하는 행위를 말한다"고 규정하고 있다. 학교폭력예방법의 목적 및 위 규정의 문언을 고려할 때, 학교폭력은 위에서 나열한 폭행, 명예훼손·모욕, 따돌림 등에 한정되지 아니하고, 이와 유사하거나 동질의 행위로서 학생의 신체·정신 또는 재산상의 피해를 수반하는 모든 행위를 포함한다고 봄이 타당하다.

원고(가해학생이)가 다른 학생 네 명과 함께 피해학생의 외모와 말투가 이상하다는 이유로 피해학생을 놀렸고, 피해학생의 뒤통수를 때리고 도망가거나 책상을 흔들고 의자를 뒤로 빼 넘어뜨리는 등의 행위를 하였다는 진술이 원고와 목격자의 진술이 일치하고, 그 진술의 신빙성을 의심할 만한 특별한 사정이 없지요. 원고의 위와 같은 행위로 인하여 피해학생이 상당한 신체적·정신적 피해를 입었을 겁니다. 이를 종합해 보면, 위와 같은 원고의 행위는 학교폭력예방법 제2조 제1호가 규정한 '학교폭력'에 해당합니다.

(2) 2013구합678 판결

이 사건 또한 학생들 간에 빈번하게 일어나는 '놀림', '모욕', '따돌림' 등과 관련된 사례입니다. 이 사건은 피해학생으로 신고를 한 학생(원고) 또한 상대학생들(E외 2인)과 서로 폭행과 모욕을 주고받은 것으로 판단되어 함께 가해학생으로서의 조치를 받은 사건이지요. 사건의 경위를 자세히 보도록 해요.

[사건의 경위]

▸ 원고 및 소외 E, F, G(위 3인을 한꺼번에 가리킬 때 이하 'E 이 2인'이라 한다)은 ○○시 소재 D중학교 ○학년 ○반에 재학했다.

▸ 원고의 아버지인 소외 B는 E 외 2인이 원고에 대하여 학교폭력을 가하였다고 학교 측에 최초 신고했다. 이에 D중학교 교사 H 등이 원고 및 E 외 2인에 대한 사실관계 조사했으나, B가 E외 2인의 학교폭력 건에 대한 학교폭력대책자치위원회(이하 '자치위원회'라 한다)의 소집 요청은 하지 않겠다는 취지의 의견서(이하 '이 사건 학부모의견서'라 한다)를 제출했다.

▸ 그런데 그 후 원고와 E 외 2인의 학부모들이 모두 상호 피해사실에 대

한 자치위원회 소집을 요청했고, 이에 자치위원회가 소집되어 위 사건에 관해 심의한 결과, 원고 및 G에 대하여는 '학교에서의 봉사 1일', E, F에 대하여는 '학교에서의 봉사 3일'의 처분을 하는 것으로 결정되었다.

▸ 이에 피고(학교장)는 원고 및 E 외 2인에 대하여 위 '다'항과 같은 내용의 처분(원고에 대한 위 '학교에서의 봉사 1일' 처분을 이하 '이 사건 처분'이라 한다)을 했다.

이러한 사안은 예상외로 학교에서 자주 발생하고 있는 것으로 보입니다. 원칙적으로 피해 신고를 누가 했는지와 관계없이 사안조사 시에 밝혀진 가해행위가 있는 경우, 학교폭력대책자치위원회에서의 심의대상이 될 수 있습니다. 이 사건에서도 처음에는 피해자로 신고한 학생(원고)도 가해학생으로 조치를 받게 되었지요. 법원에서 판결문을 통해 설명한 이유를 보면 다음과 같습니다.

[원고(가해학생)가 학교폭력을 행사한 사실이 있는지 여부]

▸ 원고(가해학생)는 E가 욕설을 하며 놀리자 E의 뒤통수를 때렸고, 이에 E가 원고의 팔을 때리면서 싸움이 발생했다. 그 과정에서 원고는 E와 서로 욕을 했고, E의 의자를 발로 차기도 했다.

▸ 또한, 원고는 E에게 '돼지××', '저팔×××' 등과 같이 외모를 비하하는 말을 했다.

▸ 원고는 먼저 G의 엉덩이를 때리고, 이에 화가 난 G이 자신의 엉덩이를 발로 차자 다시 G의 엉덩이를 때렸다.

▸ 또한, 원고는 G에게 '원숭이'라고 놀리기도 했다.

원고의 위와 같은 행위는 학교폭력예방 및 대책에 관한 법률 제2조 제1호에서 규정하고 있는 폭행, 모욕 등의 '학교폭력'에 해당합니다.

▸ 한편, 원고는 위와 같은 행위가 E외 2인의 따돌림과 모욕 등을 견디지 못해 우발적으로 저지른 것이라는 취지의 주장을 했으나, 원고가 제출한 증거들만으로는 이를 인정하기 어렵다. 오히려 원고는 E 외 2인과 그 정도의 차이는 있으나, 상호 폭행 및 모욕을 주고받은 것으로 보일 뿐이다.

이처럼 아이들 간의 분쟁이 결국 학교폭력 행위로 이어지고 가해학생 조치를 받는 일련의 과정들이 최근에 많이 목격되고 있습니다. 하지만 서로 놀리고, 가볍게 서로를 치거나 SNS 상에 모욕적인 글을 쓰는 행위 등이 모두 학교폭력 행위로 판단될 수 있다는 사실을 정확히 모르는 어른들이 많지요. 부모와 교사들이 먼저 경각심을 갖고 아이들에게 자주 행할 수 있는 학교폭력이 무엇인지 정확하게 설명해야 합니다. 또한, 이 같은 징후가 보일 경우 적정한 절차로 개입하여 교육해야 하지요.

PART2.
아동·청소년 폭력 예방과 대처란?

1

찾기 쉽지 않은 폭력방지법, 어떻게 접근해야 할까

'아동복지법' 및 '아동학대범죄의 처벌 등에 관한 특례법'부터 보자!

아동학대 문제가 사회적인 이슈로 부상하고 있습니다. 아동학대를 예방해야 한다고 많은 사람들이 주장하고 있지요. 이러한 상황을 반영하여 정부는 보육료나 양육수당, 아동수당을 신청하는 모든 부모에게 아동학대 예방 및 신고 교육을 실시하기로 했습니다[1]. 아이들에 대한 폭력행위, 학대행위를 방지하고자 사회적인 경계 수준이 높아진 것입니다.

  물론 우리나라에도 폭력행위를 방지하기 위한 여러 제도와 법률이 마련되어 있습니다. 법이 실효성이 있고 제대로 집행되고 있는지는 별도로 하더라도, 비교적 아이들을 보호하고자 하는 열의를 담아 법령을 제정하여 시행하고 있지요. 그런데 아직까지 우리나라에서는 법률은 어렵고 까다로운 것이라는 인식이 강합니다. 또한, 다양한 법률 사항을 일일이 확인하고, 그 취지를 정확하게 이해하는 작업은 법을 옆에 두고 사는 직업을 가진 사람이 아니라면 좀처럼 쉽게 다가갈 수 없지요.

---

1 한겨레, http://www.hani.co.kr/arti/politics/administration/835230.html#csidxdcdbd925be07eeb853d69843ac528ac

하지만 어떠한 문제나 분쟁이 발생했을 때, 결국은 법적 권리와 의무가 어떻게 규정되고 그 한계는 어떠한지가 쟁점이 될 수밖에 없습니다. 우리의 권리와 의무가 바로 법률로 정해져 있기 때문에 미리 검토하고 알아두어야 합니다.

아동·청소년이 어떠한 법적 보호를 받고 있는지 알고 싶다면, 아동복지법 및 아동학대범죄의 처벌 등에 관한 특례법과 그 취지를 살펴보아야 하지요.

— 아동복지법

아동복지법에서 그 대상이 되는 아동은 18세 미만이므로, 대부분의 학령기에 있는 학생들이 포함됩니다. 이 법의 제1조 목적을 살펴보면, '아동이 건강하게 출생하여 행복하고 안전하게 자랄 수 있도록 아동의 복지를 보장하는 것을 목적으로 한다'고 규정되어 있지요. 또한 아래의 사항들을 '기본이념'으로 분명히 규정해두었습니다.

✝ 아동복지법

제2조 (기본 이념)

① 아동은 자신 또는 부모의 성별, 연령, 종교, 사회적 신분, 재산, 장애유무, 출생지역, 인종 등에 따른 어떠한 종류의 차별도 받지 아니하고 자라나야 한다.

② 아동은 완전하고 조화로운 인격발달을 위하여 안정된 가정환경에서 행복하게 자라나야 한다.

③ 아동에 관한 모든 활동에 있어서 아동의 이익이 최우선적으로 고려되어야 한다.

④ 아동은 아동의 권리보장과 복지증진을 위하여 이 법에 따른 보호와 지원을 받을 권리를 가진다.

아동의 신체에 손상을 주거나 신체의 건강 및 발달을 해치는 신체적 학대행위, 정신건강 및 발달에 해를 끼치는 정서적 학대행위를 '금지행위'로 규정하고 있습니다. 이를 위반하는 경우 5년 이하의 징역 또는 3천만 원 이하의 벌금에 처하는 등의 처벌을 내리지요.

✤ 아동복지법

제17조 (금지행위)

누구든지 다음 각 호의 어느 하나에 해당하는 행위를 하여서는 아니 된다.

1. 아동을 매매하는 행위
2. 아동에게 음란한 행위를 시키거나 이를 매개하는 행위 또는 아동에게 성적 수치심을 주는 성희롱 등의 성적 학대행위
3. 아동의 신체에 손상을 주거나 신체의 건강 및 발달을 해치는 신체적 학대행위
4. 삭제
5. 아동의 정신건강 및 발달에 해를 끼치는 정서적 학대행위
6. 자신의 보호·감독을 받는 아동을 유기하거나 의식주를 포함한 기본적 보호·양육·치료 및 교육을 소홀히 하는 방임행위
7. 장애를 가진 아동을 공중에 관람시키는 행위
8. 아동에게 구걸을 시키거나 아동을 이용하여 구걸하는 행위
9. 공중의 오락 또는 흥행을 목적으로 아동의 건강 또는 안전에 유해한 곡예를 시키는 행위 또는 이를 위하여 아동을 제3자에게 인도하는 행위
10. 정당한 권한을 가진 알선기관 외의 자가 아동의 양육을 알선하고 금품을 취득하거나 금품을 요구 또는 약속하는 행위
11. 아동을 위하여 증여 또는 급여된 금품을 그 목적 외의 용도로 사용하는 행위

제71조 (벌칙)

① 제17조를 위반한 자는 다음 각 호의 구분에 따라 처벌한다.

1. 제1호(「아동·청소년의 성보호에 관한 법률」 제12조에 따른 매매는 제외한다)에 해당하는 행위를 한 자는 10년 이하의 징역에 처한다.

    1의2. 제2호에 해당하는 행위를 한 자는 10년 이하의 징역 또는 5천만 원 이하의 벌금에 처한다.

2. 제3호부터 제8호까지의 규정에 해당하는 행위를 한 자는 5년 이하의 징역 또는 3천만 원 이하의 벌금에 처한다.

3. 제10호 또는 제11호에 해당하는 행위를 한 자는 3년 이하의 징역 또는 2천만 원 이하의 벌금에 처한다.

4. 제9호에 해당하는 행위를 한 자는 1년 이하의 징역 또는 500만 원 이하의 벌금에 처한다.

이렇게 아동복지법은 일반적인 예상보다 상세하고도 강력하게 규정을 두었습니다. 2000년에 아동복지법 전문개정 (법률 제6151호) 시 개정이유를 살펴보지요.

· 우리 사회의 아동복지수요에 능동적으로 대응하고 최근 심각한 사회문제로 지적된 바 있는 학대아동에 대한 보호 및 아동안전에 대한 제도적 지원을 공고히 하기 위하여 아동복지지도원을 별정직공무원에서 사회복지전담공무원으로 그 신분을 변경한다.
· 아동학대에 대한 정의와 금지유형을 명확히 규정한다.
· 아동학대에 대한 신고를 의무화하는 등 기타 현행 규정의 운영상 나타난 일부 미비점을 개선·보완해나가야 한다.

이러한 취지는 사회적 관심이 모아지고 있는 아동학대의 문제를 해결하기 위한 적극적인 노력의 산물이지요.

또한, 법률 제14925호(일부개정 2017. 10. 24.)로 개정된 아동복지법에서 신설된 내용에서는, 전담의료기관의 지정 등 학대 예방 및 지원을 확대하려는 뜻을 내세우고 있습니다.

제22조의2(학생등에 대한 학대 예방 및 지원 등)

① 국가와 지방자치단체는 「유아교육법」에 따른 유치원의 유아 및 「초·중등교육법」에 따른 학교의 학생(이하 이 조에서 "학생등"이라 한다)에 대한 아동학대의 조기 발견 체계 및 제45조에 따른 지역아동보호전문기관(이하 "지역아동보호전문기관"이라 한다) 등 관련 기관과의 연계 체계를 구축하고, 학대피해 학생등이 유치원 또는 학교에 안정적으로 적응할 수 있도록 지원해야 한다.

② 교육부장관은 아동학대의 조기 발견과 신속한 보호조치를 위하여 대통령령으로 정하는 바에 따라 장기결석 학생등의 정보 등을 보건복지부장관과 공유해야 한다.

③ 제1항에 따른 학교 적응 지원 등 대통령령으로 정하는 업무는 교육부장관 또는 「지방교육자치에 관한 법률」에 따른 교육감이 지정하는 기관에 위탁할 수 있다.

제26조의2(아동학대 예방교육의 실시)

① 국가기관과 지방자치단체의 장, 「공공기관의 운영에 관한 법률」에 따른 공공기관과 대통령령으로 정하는 공공단체의 장은 아동학대의 예방과 방지를 위하여 필요한 교육을 연 1회 이상 실시하고, 그 결과를 보건복지부장관에게 제출해야 한다.

② 제1항에 따른 교육 대상이 아닌 사람은 지역아동보호전문기관 또는 대통령령으로 정하는 교육기관에서 아동학대의 예방과 방지에 필요한 교육을 받을 수 있다.

③ 보건복지부장관은 제1항 및 제2항에 따른 교육을 위하여 전문 인력을 양성하고, 교육 프로그램을 개발·보급해야 한다.

④ 제1항 및 제2항에 따른 교육 내용·시간 및 방법, 그 밖에 필요한 사항은 대통령령으로 정한다.

제29조의6(아동학대에 대한 법률상담 등)

① 국가는 피해아동을 위한 법률상담과 소송대리(訴訟代理) 등의 지원(이하 이 조에서 "법률상담등"이라 한다)을 할 수 있다.

② 보건복지부장관과 아동보호전문기관의 장은 「법률구조법」 제8조에 따른 대한법률구조공단 또는 대통령령으로 정하는 그 밖의 기관에 법률상담 등을 요청할 수 있다.

③ 법률상담 등에 소요되는 비용은 대통령령으로 정하는 바에 따라 국가가 부담할 수 있다. 다만, 법률상담 등을 받는 자가 다른 법령에 의하여 법률상담 등에 소요되는 비용을 지원받는 경우는 제외한다.

④ 법률상담 등의 요건과 내용 및 절차 등은 대통령령으로 정한다.

제29조의7(아동학대 전담의료기관의 지정)

① 보건복지부장관, 시·도지사 및 시장·군수·구청장은 국·공립병원, 보건소 또는 민간의료기관을 피해아동의 치료를 위한 전담의료기관(이하 이 조에서 "전담의료기관"이라 한다)으로 지정할 수 있다.

② 전담의료기관은 피해아동·가족·친족, 아동보호전문기관 또는 아동복지시설의 장, 경찰관서의 장, 판사 또는 가정법원 등의 요청이 있는 경우 피해아동에 대하여 다음 각 호의 조치를 하여야 한다.

1. 아동학대 피해에 대한 상담

2. 신체적·정신적 치료

3. 그 밖에 대통령령으로 정하는 의료에 관한 사항

③ 보건복지부장관, 시·도지사 및 시장·군수·구청장은 제1항에 따라 지정한 전담의료기관이 다음 각 호의 어느 하나에 해당하는 경우에는 그 지정을 취소할 수 있다. 다만, 제1호에 해당하는 경우에는 그 지정을 취소해야 한다.

1. 거짓이나 그 밖의 부정한 방법으로 지정을 받은 경우

2. 정당한 사유 없이 제2항에 따른 의료 지원을 거부한 경우

3. 그 밖에 전담의료기관으로서 적합하지 아니하다고 대통령령으로 정하
는 경우

④ 제1항과 제3항에 따른 지정 및 지정 취소의 기준, 절차 등에 필요한 사항은
대통령령으로 정한다.

위와 같이, 최근에 제정·개정되는 법률을 보면 이전의 법률보다 훨씬
정밀하고 세세하게 수정되고 있음을 알 수 있지요. 나아가 어떠한 것이
위법행위인지, 이를 예방하려면 부여된 의무는 무엇인지에서부터 사
후의 대책을 법률에 보다 자세하게 담았습니다. 그러므로 의문이 가는
내용이 있거나, 대처법을 알기 위해서는 법률을 해석한 자료에만 의존
할 것이 아니라, 해당 법률 자체를 살펴보기도 해야 합니다.

― 아동학대범죄의 처벌 등에 관한 특례법

이 법은 아동학대범죄의 처벌 및 그 절차에 관한 특례와 피해아동에
대한 보호절차 및 아동학대행위자에 대한 보호처분을 규정함으로써
아동을 보호하여 아동이 건강한 사회 구성원으로 성장하도록 함을
목적으로 합니다(제1조).

여기에서 "아동학대범죄"란 보호자에 의한 아동학대(상해, 폭행, 유기,
학대 등)로서 각 항목의 어느 하나라도 저지르면 해당하는 범죄입니다.
아동복지법에서 "보호자"란 친권자, 후견인, 아동을 보호·양육·교육하
거나 그러한 의무가 있는 자, 또는 업무·고용 등의 관계로 사실상 아동
을 보호·감독하는 자로 그 범위가 넓지요.

이 법은 법률 제12341호로 2014년 01월 28일 신규 제정 되었습니다. 법의 제정 이유는 다음과 같이 밝히고 있습니다. "아동의 양육은 가족 구성원 차원의 과제일 뿐만 아니라 사회구성원 모두의 관심이 필요한 사안이다. 학대행위는 성장 단계에 있는 아동의 정서 및 건강에 영구적인 상처를 남길 수 있다. 그 대상이 성인인 경우보다 엄격한 처벌과 교화가 필요하다. 아동학대범죄에 대한 처벌을 강화하고 아동학대범죄가 발생한 경우 긴급한 조치 및 보호가 가능하도록 제도를 마련함으로써, 아동학대에 대한 강력한 대처와 예방을 통해 아동이 건강한 사회 구성원으로 성장하도록 하려는 것이다."

위 법률은 피해아동에 대한 보호와 아동학대범죄의 처벌을 위해 특별히 규정된 법이지요. 이러한 측면에서 알아둘 만한 조항은 다음과 같습니다.

- 제10조의3 : 신고자에 대한 특별한 보호 적용(신변안전조치, 인적사항 공개 금지 등)
- 제11조 : 현장출동에 관한 조항(신고를 받은 즉시 사법경찰관리 등이 지체 없이 아동학대범죄의 현장에 출동하여야 함)
- 제12조 : 피해아동에 대한 응급조치
- 제35조 : 비밀엄수 등의 의무(피해 아동의 전학 등의 사항 비밀엄수)
- 제62조의2 : 불이익조치 금지 위반죄(신고자 등에게 신분상의 불이익조치를 한 자는 2년 이하의 징역 또는 2천만 원 이하의 벌금)

제10조의3 (아동학대범죄신고자등에 대한 보호조치)

아동학대범죄신고자등에 대하여는 「특정범죄신고자 등 보호법」 제7조 부터 제
13조까지의 규정[1]을 준용한다.[본조신설 2016.5.29] [[시행일 2016.11.30]]

제11조 (현장출동)

① 아동학대범죄 신고를 접수한 사법경찰관리나 아동보호전문기관의 직원
  은 지체 없이 아동학대범죄의 현장에 출동하여야 한다. 이 경우 수사기관
  의 장이나 아동보호전문기관의 장은 서로 동행하여 줄 것을 요청할 수 있
  으며, 그 요청을 받은 수사기관의 장이나 아동보호전문기관의 장은 정당한
  사유가 없으면 사법경찰관리나 그 소속 직원이 아동학대범죄 현장에 동행
  하도록 조치해야 한다.

② 아동학대범죄 신고를 접수한 사법경찰관리나 아동보호전문기관의 직원은
  아동학대범죄가 행하여지고 있는 것으로 신고 된 현장에 출입하여 아동 또
  는 아동학대행위자 등 관계인에 대하여 조사를 하거나 질문을 할 수 있다.
  다만, 아동보호전문기관의 직원은 피해아동의 보호를 위한 범위에서만 아
  동학대행위자 등 관계인에 대하여 조사 또는 질문을 할 수 있다.

③ 제2항에 따라 출입이나 조사를 하는 사법경찰관리나 아동보호전문기관의 직
  원은 그 권한을 표시하는 증표를 지니고 이를 관계인에게 내보여야 한다.

④ 누구든지 제1항에 따라 현장에 출동한 사법경찰관리나 아동보호전문기관
  의 직원이 제2항에 따른 업무를 수행할 때에 폭행·협박이나 현장조사를
  거부하는 등 그 업무 수행을 방해하는 행위를 해서는 안 된다.

제12조 (피해아동에 대한 응급조치)

① 제11조제1항에 따라 현장에 출동하거나 아동학대범죄 현장을 발견한 사법
  경찰관리 또는 아동보호전문기관의 직원은 피해아동 보호를 위하여 즉시

---

1   신변안전조치, 인적 사항의 공개 금지, 증인 소환 및 신문의 특례 등

다음 각 호의 조치(이하 "응급조치"라 한다)를 하여야 한다. 이 경우 제3호의 조치를 하는 때에는 피해아동의 의사를 존중하여야 한다(다만, 피해아동을 보호해야 할 필요가 있는 등 특별한 사정이 있는 경우에는 그러하지 아니하다). [개정 2016.5.29] [[시행일 2016.11.30]]

1. 아동학대범죄 행위의 제지

2. 아동학대행위자를 피해아동으로부터 격리

3. 피해아동을 아동학대 관련 보호시설로 인도

4. 긴급치료가 필요한 피해아동을 의료기관으로 인도

② 사법경찰관리나 아동보호전문기관의 직원은 제1항제3호 및 제4호 규정에 따라 피해아동을 분리·인도하여 보호하는 경우 지체 없이 피해아동을 인도받은 보호시설·의료시설을 관할하는 특별시장·광역시장·특별자치시장·도지사·특별자치도지사 또는 시장·군수·구청장에게 그 사실을 통보해야 한다. [개정 2016.5.29] [[시행일 2016.11.30]]

③ 제1항제2호부터 제4호까지의 규정에 따른 응급조치는 72시간을 넘을 수 없다. 다만, 검사가 제15조제2항에 따라 임시조치를 법원에 청구한 경우에는 법원의 임시조치 결정 시까지 연장된다.

④ 사법경찰관리 또는 아동보호전문기관의 직원이 제1항에 따라 응급조치를 한 경우에는 즉시 응급조치결과보고서를 작성하여야 하며, 아동보호전문기관의 직원이 응급조치를 한 경우 아동보호전문기관의 장은 작성된 응급조치결과보고서를 지체 없이 관할 경찰서의 장에게 송부해야 한다.

⑤ 제4항에 따른 응급조치결과보고서에는 피해사실의 요지, 응급조치가 필요한 사유, 응급조치의 내용 등을 기재해야 한다.

⑥ 누구든지 아동보호전문기관의 직원이나 사법경찰관리가 제1항에 따른 업무를 수행할 때에 폭행·협박이나 응급조치를 저지하는 등 그 업무 수행을 방해하는 행위를 해서는 안 된다.

이렇게 아동학대범죄의 처벌 등에 관한 특례법은 '아동학대'를 범죄로 규정하고, 사건발생 시 경찰관이 긴급출동을 해야 할 일이나 피해

아동에 대한 응급조치를 자세하게 명시하고 있지요. 또한 아동학대의 특성을 고려하여 아이들을 보호하기 위한 비밀엄수 등의 의무나 신고 자에 대한 불이익조치 금지 위반죄에 대해서도 상세히 규정해두었습니다.

제35조 (비밀엄수 등의 의무)

① 아동학대범죄의 수사 또는 아동보호사건의 조사·심리 및 그 집행을 담당 하거나 이에 관여하는 공무원, 보조인, 진술조력인, 아동보호전문기관 직 원과 그 기관장, 상담소 등에 근무하는 상담원과 그 기관장 및 제10조제 2항 각 호에 규정된 사람(그 직에 있었던 사람을 포함한다)은 그 직무상 알게 된 비밀을 누설해서는 안 된다.

② 신문의 편집인·발행인 또는 그 종사자, 방송사의 편집책임자, 그 기관장 또 는 종사자, 그 밖의 출판물의 저작자와 발행인은 아동보호사건에 관련된 아동학대행위자, 피해아동, 고소인, 고발인 또는 신고인의 주소, 성명, 나 이, 직업, 용모, 그 밖에 이들을 특정하여 파악할 수 있는 인적 사항이나 사진 등을 신문 등 출판물에 싣거나 방송매체를 통하여 방송할 수 없다.

③ 피해아동의 교육 또는 보육을 담당하는 학교의 교직원 또는 보육교직원은 정당한 사유가 없으면 해당 아동의 취학, 진학, 전학 또는 입소(그 변경을 포 함한다)의 사실을 아동학대행위자인 친권자를 포함하여 누구에게든지 누설 해서는 안 된다.

제62조의2(불이익조치 금지 위반죄)

① 제10조의2를 위반하여 아동학대범죄신고자등에게 파면, 해임, 해고, 그 밖 에 신분상실에 해당하는 신분상의 불이익조치를 한 자는 2년 이하의 징역 또는 2천만 원 이하의 벌금에 처한다.

② 제10조의2를 위반하여 아동학대범죄신고자등에게 다음 각 호의 어느 하나 에 해당하는 불이익조치를 한 자는 1년 이하의 징역 또는 1천만 원 이하의 벌금에 처한다.

1. 징계, 정직, 감봉, 강등, 승진 제한, 그 밖에 부당한 인사조치

2. 전보, 전근, 직무 미부여, 직무 재배치, 그 밖에 본인의 의사에 반하는 인사조치

3. 성과평가 또는 동료평가 등에서의 차별과 그에 따른 임금 또는 상여금 등의 차별 지급

4. 교육 또는 훈련 등 자기계발 기회의 취소, 예산 또는 인력 등 가용자원의 제한 또는 제거, 보안정보 또는 비밀정보 사용의 정지 또는 취급 자격의 취소, 그 밖에 근무조건 등에 부정적 영향을 미치는 차별 또는 조치

5. 주의 대상자 명단 작성 또는 그 명단의 공개, 집단 따돌림, 폭행 또는 폭언, 그 밖에 정신적·신체적 손상을 가져오는 행위

6. 직무에 대한 부당한 감사 또는 조사나 그 결과의 공개

지금까지 살펴본 바와 같이, 아동복지법과 아동학대범죄의 처벌 등에 관한 특례법은 아동·청소년 대상의 폭력에 대해 구체적으로 그 신고와 보호, 처벌의 측면까지 규정하고 있습니다.

2

법으로 규정되어 있는 '예방교육'의 중요성

의무로 정해져 있는 폭력 예방 교육

2017년 12월, 여성가족부는 2016년 공공기관의 성폭력·가정폭력 등에 대한 예방교육 실적의 현장점검을 완료하고, 그 결과를 공개했습니다. 점검 결과 2년 연속 부진기관 11개소를 확인하고, 그 명단을 공개한 것입니다.[1] 공공기관 등을 대상으로 하여 760개 기관을 선정하여 현장점검을 실시한 결과이지요. 교육부진기관은 82개(10.8%)로 나타났습니다. 예방교육부진기관 중 2년 연속으로 제대로 교육을 이행하지 않은 공공기관이 무려 11개 기관이라는 점이 놀라울 수밖에 없습니다.

그 이유는, '폭력 예방교육'은 단순히 도의적인 의무가 아니라 법적으로 규정되어 있는 사항이기 때문이지요. 위와 같이 여성가족부에서 현장점검을 하고, 부진기관을 발표하는 것도 새로운 정책이 아니라 이미 법에 정해져 있는 사항입니다.

---

1   정책브리핑 사이트, http://www.korea.kr/briefing/pressReleaseView.do?newsId=156244192

한편, 최근에는 한 언론에서 '선생님은 빼놓고… 부실한 학폭 예방교육'이라는 다소 자극적인 제목으로 교사들에 대한 학교폭력 예방교육이 부실하다고 보도했습니다. 이 기사에 따르면, 서울 소재의 중학교 중 교사를 대상으로 하는 학교폭력 예방교육을 학기당 1회 이상 실시하지 않은 학교는 13.06%에 이릅니다. 아래에서 다루겠지만, 학교폭력 예방교육 또한 법령으로 그 실시 횟수와 방법까지 세세하게 규정되어 있습니다. 그럼에도 불구하고 이를 이행하지 않는 것은 사실상 큰 문제가 될 수 있지요.

교육기관 내 실무상 어려움을 고려한다고 하여도, 공공기관의 예방교육의 중요성이나 심각성에 대한 인식이 그 필요성에 비하여 낮은 수준이지요. 다음에서는 가정폭력, 성폭력, 학교폭력 및 아동학대에 이르기까지 그 예방교육이 법률 조항에 어떻게 규정되어 있는지를 살펴보도록 하겠습니다.

— **가정폭력 예방교육**

아동, 청소년에 대한 폭력문제나 아동학대에 관하여는 신고 의무를 정확하게 규정하고 있습니다. '예방'의 측면에서 입법이 이루어진 것이지요. 유사한 취지에서 예방교육 또한 법률이나 그 시행령에 분명하게 규정되어 있으므로 그에 따른 교육을 실시하는 것이 중요합니다. 법률 조항을 제대로 보지 않고 그 해석을 한 지침이나 전례에 따르는 경우도 많은데, 법이 정한 바를 살펴서 시행하는 것이 원칙적이며 합리적인 방법입니다.

'가정폭력방지 및 피해자보호 등에 관한 법률'은 「초·중등교육법」에 따른 각 학교의 장이 가정폭력의 예방하고 방지하기 위해 필요한 교육을 실시해야 한다는 내용을 담고 있습니다. 그리고 그 결과를 여성가족부장 관에게 제출해야 한다고 규정하고 있지요. 여성가족부장관은 가정폭력 예방교육 실시 결과에 대한 점검 결과를 학교 평가에 반영하도록 해당 기관·단체의 장에게 요구할 수 있습니다. 또한, 예방 교육이 부실하다고 인정되는 경우, 관리자 특별교육 등 조치를 취하게끔 되어 있지요.

✛ 가정폭력방지 및 피해자보호 등에 관한 법률

제4조의3 (가정폭력 예방교육의 실시)

① 국가기관, 지방자치단체 및 「초·중등교육법」에 따른 각급 학교의 장, 그 밖에 대통령령으로 정하는 공공단체의 장은 가정폭력의 예방과 방지를 위하여 필요한 교육을 실시하고, 그 결과를 여성가족부장관에게 제출해야 한다.

⑤ 여성가족부장관은 제1항에 따른 가정폭력 예방교육 실시 결과에 대한 점검을 대통령령으로 정하는 바에 따라 매년 실시해야 한다.

⑥ 여성가족부장관은 제5항에 따른 점검결과 교육이 부실하다고 인정되는 기관·단체에 대하여 대통령령으로 정하는 바에 따라 관리자 특별교육 등 필요한 조치를 취해야 한다.

⑦ 여성가족부장관은 제5항에 따른 점검결과를 다음 각 호의 평가에 반영하도록 해당 기관·단체의 장에게 요구할 수 있다.
4. 「초·중등교육법」 제9조제2항에 따른 학교 평가

⑧ 여성가족부장관은 제5항에 따른 점검결과를 대통령령으로 정하는 바에 따라 언론 등에 공표해야 한다. 다만, 다른 법률에서 공표를 제한하고 있는 경우에는 그러하지 아니하다.

⑨ 제1항에 따른 교육의 내용과 방법, 결과 제출 등에 필요한 사항은 대통령령으로 정한다.

위와 같은 가정폭력 예방교육이 형식적인 절차로 변질되지 않도록, 시행령에서는 더욱 구체적으로 횟수와 방법 등에 관해 상세하게 규정하고 있습니다. 즉, 소속 교원, 학생 등을 대상으로 매년 1회 이상, 한 시간 이상의 가정폭력 예방교육을 실시해야 합니다. 이 경우 기관·단체에 신규임용 된 사람에 대해서는 임용된 날부터 2개월 이내에 교육을 실시해야 한다고 비교적 명확한 기준이 있지요.

추가적으로 가정폭력 예방교육을 시행할 때에는 임의로 내용을 구성하는 것이 아니라, 아래의 제3항 각 호의 규정을 참고하여 진행해야 합니다.

✛ 가정폭력방지 및 피해자보호 등에 관한 법률 시행령

제1조의2 (가정폭력 예방교육 계획의 수립 등)

② 국가기관 및 지방자치단체의 장, 「초·중등교육법」에 따른 각 학교의 장 및 제1항 각 호의 기관 또는 단체의 장(이하 "국가기관 등의 장"이라 한다)은 해당 기관·단체에 소속된 사람 및 학생 등을 대상으로 매년 1회 이상, 1시간 이상의 가정폭력 예방교육을 실시해야 한다. 이 경우 기관·단체에 신규임용 된 사람에 대해서는 임용된 날부터 2개월 이내에 교육을 실시해야 한다.

③ 가정폭력 예방교육은 다음 각 호의 사항에 대하여 강의, 시청각교육, 인터넷 홈페이지를 이용한 교육 등의 방법으로 실시할 수 있되, 대면(對面)에 의한 방법으로 하는 교육이 포함되어야 한다. 이 경우 교육대상자가 아동인 경우에는 가정폭력 위기 상황에 대응할 능력을 향상시킬 수 있는 교육 내용이 포함되어야 한다.

　1. 정상적인 가정생활의 영위와 가족구성원 관계의 유지 및 발전에 관한 사항

　2. 성인지(性認知) 관점에서의 가정폭력 예방에 관한 사항

　3. 가정폭력 방지를 위한 관련 법령의 소개 및 홍보에 관한 사항

　4. 그 밖에 정상적인 가정생활을 위한 건전한 가치관 함양과 가정폭력 예방에 필요한 사항

전문적인 지식을 갖춘 강사나 전문가를 통해, 성인지 관점에서의 가정폭력 예방에 관한 사항과 함께 정상적인 가정생활을 위한 건전한 가치관 함양에 이르기까지 가정폭력 예방교육의 내용에 포함시켜야 한다는 것이지요.

가정폭력 사건은 그 위험성이 높고 외부에 발견된 후에는 아이들이 이미 많은 상처를 받은 상황인 경우가 많습니다. 그렇기 때문에 우리 가정, 우리 학급의 문제가 아니라고 할지라도 학교나 공공기관에서 가정폭력 예방교육이 제대로 실시되도록 감독할 필요가 있지요. 그리고 공공기관에서 예방교육이 잘 실시되는지 끊임없이 의견을 제시해야 합니다.

— **성폭력 등 방지를 위한 예방 교육**

최근 10대 학생들을 대상으로 한 성폭력이나 성매매 등이 사회적으로 문제가 되고 있습니다. 특히 스마트폰이나 IT기기, 인터넷을 이용한 성범죄가 증가하면서 아이들에 대한 위협도 심각해졌지요. 때문에 학생들을 교육하는 건 물론 신고의무자에게 예방 교육을 하는 게 중요합니다.

아동·청소년의 성보호에 관한 법률에서는 학교, 어린이집, 청소년활동시설 등의 단체장과 종사자의 자격취득 과정에 아동·청소년대상 성범죄 예방 및 신고의무와 관련된 교육내용을 포함시켜야 하지요. 관계 행정기관의 장은 법 제35조제1항에 따른 아동·청소년대상 성범죄 예방 및 신고의무와 관련된 교육내용에 대하여 여성가족부장관과 협의해야 한다고 규정합니다.

✢ 아동·청소년의 성보호에 관한 법률

제35조 (신고의무자에 대한 교육)

① 관계 행정기관의 장은 제34조제2항 각 호의 기관·시설 또는 단체의 장과 그 종사자의 자격취득 과정에 아동·청소년대상 성범죄 예방 및 신고의무와 관련된 교육내용을 포함시켜야 한다.

② 여성가족부장관은 제34조제2항 각 호의 기관·시설 또는 단체의 장과 그 종사자에 대하여 성범죄 예방 및 신고의무와 관련된 교육을 실시할 수 있다.

③ 제2항의 교육에 필요한 사항은 대통령령으로 정한다.

✢ 아동·청소년의 성보호에 관한 법률 시행령

제6조 (신고의무자 교육)

① 관계 행정기관의 장은 법 제35조제1항에 따른 아동·청소년대상 성범죄 예방 및 신고의무와 관련된 교육내용에 대하여 여성가족부장관과 협의하여야 한다.

② 여성가족부장관은 법 제35조제2항에 따른 교육을 실시하는 경우 교육대상 및 교육시간 등을 관계 행정기관의 장 및 법 제34조제2항 각 호의 기관·시설 또는 단체의 장과 협의할 수 있다.

한편, 성폭력방지 및 피해자보호 등에 관한 법률과 그 시행령은 「초·중등교육법」 제2조에 따라 각 학교의 장이 소속된 사람 및 학생 등을 대상으로 매년 1회 이상, 1시간 이상의 성교육 및 성폭력 예방교육 실시해야 하지요. 이 경우 기관·단체에 신규 임용된 사람에게는 임용된 날부터 2개월 이내에 교육을 실시하여야 한다고 의무를 부여합니다.

특히, 아동·청소년 예방교육에 관하여는 성폭력 위기 상황에 대응할 능력을 향상시킬 수 있는 교육 내용이 포함되어야 하지요.

성폭력방지 및 피해자보호 등에 관한 법률 시행령

제2조(성폭력 예방교육 등의 실시)

② 국가기관 및 지방자치단체의 장, 「유아교육법」 제7조에 따른 유치원의 장, 「영유아보육법」 제10조에 따른 어린이집의 원장, 「초·중등교육법」 제2조에 따른 각급 학교의 장 및 제1항 각 호의 기관 또는 단체의 장(이하 "국가기관 등의 장"이라 한다)은 법 제5조제1항에 따라 다음 각 호의 조치를 해야 한다. 이 경우 「양성평등기본법 시행령」 제20조에 따른 성희롱 방지조치와 통합하여 할 수 있다.

1. 해당 기관·단체에 소속된 사람 및 학생 등을 대상으로 매년 1회 이상, 1시간 이상의 성교육 및 성폭력 예방교육(이하 "성폭력 예방교육"이라 한다) 실시. 이 경우 기관·단체에 신규임용된 사람에 대해서는 임용된 날부터 2개월 이내에 교육을 실시해야 한다.

2. 성폭력 예방교육 연간 추진계획 수립

3. 자체 성폭력 피해 예방지침 마련

4. 해당 기관·단체 내 성폭력 발생 시 재발 방지대책의 수립 및 시행

5. 그 밖에 해당 기관·단체 내 성폭력을 예방하기 위하여 필요한 조치

③ 성폭력 예방교육은 다음 각 호의 사항에 대하여 강의, 시청각교육, 인터넷 홈페이지를 이용한 교육 등 다양한 방법으로 실시할 수 있되, 대면(對面)에 의한 방법으로 하는 교육이 포함되어야 한다. 이 경우 교육 대상자가 「아동·청소년의 성보호에 관한 법률」 제2조제1호에 따른 아동·청소년인 경우에는 성폭력 위기 상황에 대응할 능력을 향상시킬 수 있는 교육 내용이 포함되어야 한다.

1. 건전한 성의식 및 성문화의 창달에 관한 사항

2. 성인지(性認知) 관점에서의 성폭력 예방에 관한 사항

3. 성폭력 방지를 위한 관련 법령의 소개 및 홍보에 관한 사항

4. 그 밖에 성에 대한 건전한 가치관 함양과 성폭력 예방에 필요한 사항

④ 성폭력 예방교육 및 성폭력 예방조치(제2항제2호부터 제5호까지의 규정에 해당

하는 조치를 말한다. 이하 같다)를 실시하는 국가기관 등의 장은 법 제5조제1항에 따라 매년 2월 말일까지 전년도 성폭력 예방교육 및 성폭력 예방조치 실시결과를 여성가족부장관에게 제출해야 한다.

⑤ 법 제5조제6항에 따라 여성가족부장관은 제4항에 따라 제출된 성폭력 예방교육 및 성폭력 예방조치 실시결과를 전산입력, 서면 등의 방법으로 점검하되, 필요한 경우 현장점검을 할 수 있다.

⑥ 법 제5조제7항에 따라 여성가족부장관은 성폭력 예방교육이 부실하다고 인정되는 기관·단체에 대하여 점검 후 6개월 이내에 관리자 특별교육을 실시해야 한다.

⑦ 여성가족부장관은 법 제5조제9항에 따라 성폭력 예방교육 및 성폭력 예방조치 실시에 대한 점검결과를 인터넷 홈페이지 또는 「신문 등의 진흥에 관한 법률」 제9조제1항에 따라 그 보급지역을 전국으로 하여 등록한 일반일간신문 등에 게재하여 공표해야 한다.

　

지금까지 살펴본 바와 같이, 학생들을 대상으로 하는 성폭력에 대하여 교사 등 신고의무자에게 어떤 빈도로 어떻게 교육을 할지가 정확하게 규정되어 있습니다. 나아가, 아동 청소년에 대하여도 성에 대한 건전한 가치관 함양과 성폭력 예방에 필요한 사항 등 필수적으로 교육해야 할 내용까지 법에 정해져 있다는 점을 기억해 두는 것을 권합니다.

― 학교폭력 예방 교육에 관한 규정

학생들 간의 폭력 문제도 교육현장에서 대처하고 해결하기 쉬운 문제가 아닙니다. 일단 한 번 피해가 발생하면, 학생과 그 부모까지 영향을 입을 수 있지요. 학교에서도 그 이후의 후속 절차나 교육에 있어 큰 어려움을 겪기도 합니다. 따라서 법률과 시행령 조항에 따른 예방교육이 필요합니다.

그런데, 정해진 방법대로 예방교육이 시행되지 않거나, 편의 위주 또는 흥미만을 고려한 교육이 되는 경우 이는 오히려 학교폭력예방에 있어서 도움이 되지 않습니다. 다른 법령과 비교해도 학교폭력 예방교육은 상세하게 규정된 면이 있으므로 그 취지에 맞게 교육해야 하지요.

자세한 것은 아래의 법률을 확인하되, 중요한 점 몇 가지를 먼저 살펴보면 다음과 같습니다.

- 학생들에 대한 예방교육은 학기별로 1회 이상 실시해야 한다.
- 교직원 및 학부모에 대한 교육도 학기별로 1회 이상 실시해야 한다.
- 학생들에 대한 교육에는 학교폭력의 개념·실태 및 대처방안 등을 포함해야 한다.
- 학부모에 대한 학교폭력 예방교육은 학교폭력 징후 판별, 학교폭력 발생 시 대응요령, 가정에서의 인성교육에 관한 사항을 포함해야 한다.
- 교직원에 대한 학교폭력 예방교육은 학교폭력 관련 법령에 대한 내용, 학교폭력 발생 시 대응요령, 학생 대상 학교폭력예방 프로그램 운영 방법 등을 포함해야 한다.

✥ 학교폭력 예방 및 대책에 관한 법률

제15조(학교폭력 예방교육 등)

① 학교의 장은 학생의 육체적·정신적 보호와 학교폭력의 예방을 위한 학생들에 대한 교육(학교폭력의 개념·실태 및 대처방안 등을 포함하여야 한다)을 학기별로 1회 이상 실시해야 한다.

② 학교의 장은 학교폭력의 예방 및 대책 등을 위한 교직원 및 학부모에 대한 교육을 학기별로 1회 이상 실시해야 한다.

③ 학교의 장은 제1항에 따른 학교폭력 예방교육 프로그램의 구성 및 그 운용 등을 전담기구와 협의하여 전문단체 또는 전문가에게 위탁할 수 있다.

④ 교육장은 제1항부터 제3항까지의 규정에 따른 학교폭력 예방교육 프로그램의 구성과 운용계획을 학부모가 쉽게 확인할 수 있도록 인터넷 홈페이지에 게시하고, 그 밖에 다양한 방법으로 학부모에게 알릴 수 있도록 노력해야 한다.

⑤ 그 밖에 학교폭력 예방교육의 실시와 관련한 사항은 대통령령으로 정한다.

학교폭력 예방 및 대책에 관한 법률 시행령

제17조(학교폭력 예방교육)

학교의 장은 법 제15조제5항에 따라 학생과 교직원 및 학부모에 대한 학교폭력 예방교육을 다음 각 호의 기준에 따라 실시한다.

1. 학기별로 1회 이상 실시하고, 교육 횟수·시간 및 강사 등 세부적인 사항은 학교 여건에 따라 학교의 장이 정한다.

2. 학생에 대한 학교폭력 예방교육은 학급 단위로 실시함을 원칙으로 하되, 학교 여건에 따라 전체 학생을 대상으로 한 장소에서 동시에 실시할 수 있다.

3. 학생과 교직원, 학부모를 따로 교육하는 것을 원칙으로 하되, 내용에 따라 함께 교육할 수 있다.

4. 강의, 토론 및 역할연기 등 다양한 방법으로 하고, 다양한 자료나 프로그램 등을 활용해야 한다.

5. 교직원에 대한 학교폭력 예방교육은 학교폭력 관련 법령에 대한 내용, 학교 폭력 발생 시 대응요령, 학생 대상 학교폭력예방 프로그램 운영 방법 등을 포함해야 한다.

6. 학부모에 대한 학교폭력 예방교육은 학교폭력 징후 판별, 학교폭력 발생 시 대응요령, 가정에서의 인성교육에 관한 사항을 포함해야 한다.

위와 같이 학교폭력 예방교육 또한 일반적인 예상보다 매우 자세하게 법과 시행령에 규정되어 있습니다. 단순한 흥미위주 교육과 법에 정해진 취지를 반영하지 못하는 예방교육은 지양되어야 합니다. 학교폭력 예방교육을 담당하는 학교뿐 아니라 아이들을 가르치는 교사와 부모가 예방교육 실태를 살피고 적정하게 의견을 제시하는 과정도 필요하지요.

— 아동학대 신고의무자에 대한 교육

지금까지 살펴본 개별 법령 외에도, 아동학대의 측면에서 그 신고의무자에 대한 교육 또한 아동복지법 및 그 시행령에 규정되어 있습니다. 교육 내용에는 아동학대 예방 및 신고의무에 관한 법령, 아동학대 발견시 신고 방법, 피해아동 보호 절차에 대한 내용이 포함되어야 하지요.

✢ **아동복지법 제26조(아동학대 신고의무자에 대한 교육)**

① 관계 중앙행정기관의장은 「아동학대범죄의 처벌 등에 관한 특례법」 제10조 제2항 각 호의 어느 하나에 해당하는 사람(이하 "아동학대 신고의무자"라 한다)의 자격 취득 과정이나 보수교육 과정에 아동학대 예방 및 신고의무와 관련된 교육 내용을 포함하도록 해야 한다.

② 관계 중앙행정기관의 장 및 시·도지사는 아동학대 신고의무자에게 본인이 아동학대 신고의무자라는 사실을 고지할 수 있고, 아동학대 예방 및 신고의무와 관련한 교육(이하 이 조에서 "신고의무 교육"이라 한다)을 실시할 수 있다.

③ 아동학대 신고의무자가 소속된 다음 각 호의 기관의 장은 소속 아동학대 신고의무자에게 신고의무 교육을 실시하고, 그 결과를 관계 중앙행정기관의 장에게 제출하해야 한다.

1. 「영유아보육법」에 따른 어린이집

2. 「유아교육법」에 따른 유치원

3. 「초·중등교육법」에 따른 학교

4. 그 밖에 대통령령으로 정하는 기관

④ 제1항부터 제3항까지에 따른 교육 내용·시간 및 방법 등 그 밖에 필요한 사항은 대통령령으로 정한다.

✝ 아동복지법 시행령 제26조(아동학대 신고의무자에 대한 교육)

① 법 제26조제1항부터 제3항까지의 규정에 따른 아동학대 예방 및 신고의무와 관련한 교육에는 다음 각 호의 사항이 포함되어야 한다.

1. 아동학대 예방 및 신고의무에 관한 법령

2. 아동학대 발견 시 신고 방법

3. 피해아동 보호 절차

② 관계 중앙행정기관의 장은 법 제26조제1항에 따라 아동학대 신고의무자의 자격 취득 과정이나 보수교육 과정에 아동학대 예방 및 신고의무와 관련된 교육을 1시간 이상 포함시켜야 한다.

③ 아동학대 신고의무자가 소속된 기관의 장은 법 제26조제3항에 따라 소속 신고의무자에게 아동학대 예방 및 신고의무와 관련된 교육을 매년 1시간 이상 실시해야 한다.

⑤ 법 제26조제1항부터 제3항까지의 규정에 따른 교육은 집합 교육, 시청각 교육 또는 인터넷 강의 등의 방법으로 할 수 있다.

아동학대는 아이들에게 가해지는 폭력의 모든 것을 뜻합니다. 그렇기 때문에 더욱 신경 써서 예방교육의 내용을 구성할 필요가 있지요. 매년 한 시간 이상 예방 교육을 실시하여야 하되, 집합교육은 물론 인터넷 강의 등의 방법을 활용해야 합니다.

— 학생들에 대한 교육 자료

살펴본 바와 같이 예방교육은 신고의무자는 물론 학생들에게도 필요합니다. 부모나 교사들도 이에 대해 공감하지만 교육 자료의 부족이나 방향 설정에 있어서 어려움을 겪고 있습니다. 어려움을 덜기 위해 참고 또는 활용할 만한 자료 링크는 다음과 같습니다[1].

- 성폭력 및 아동학대 예방 교육 학생 활동지 (중, 고등학생 용)
  http://www.schoolsafe.kr/main5/data_view/b/m/1/1/1/?seq=680&orderby=
- 성폭력 및 아동학대 예방 교육 학생 활동지 (초등학생 용)
  http://www.schoolsafe.kr/main5/data_view/b/e/1/1/1/?seq=618&orderby=

또한, 위 사이트에서는 교사용 지도서도 활용할 수 있도록 게재하고 있습니다. '아동학대 상황 발생 시 대처방법 알아보기', '학대 받을 수 있는 상황에서의 피신, 신고방법 알아보기' (아래 지도서 15면) 등 세부적인 사안까지 다루고 있지요.

- 성폭력 및 아동학대(초등 고학년용)
  http://www.schoolsafe.kr/main5/data_view/b/e/1/1/1/?seq=617&orderby=

이상으로, 아이들을 위협하는 폭력문제에 대하여 예방교육의 측면을 알아보았습니다. 사실, 폭력 문제에 대한 예방책을 전문가들에게 묻

---

1 학교안전정보센터 , http://www.schoolsafe.kr

는다면 대부분 예방교육을 언급할 것입니다. 이렇게 아동, 청소년을 대상으로 한 폭력이나 성폭력 문제, 그리고 학생 간의 학교폭력 문제에 대하여는 예방교육이 중요하다는 데에 교사와 학부모, 나아가 대부분의 사회구성원들의 동의가 이루어졌지요. 관련 법령의 취지에 걸맞게 예방교육을 진행해야 하며, 학교 내에서도 신고의무 및 대처 절차에 대하여 정확히 알고 교육해야 하지요.

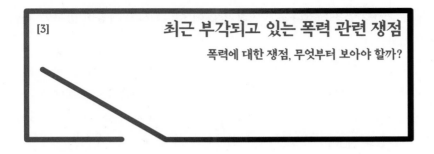

당연한 말이지만, 아이들에게 폭력을 허용해야 한다거나 이를 예방하지 않아도 된다고 생각하는 사람은 없을 겁니다. 다만, 각각의 상황과 경험에 따라 그 우선순위를 다르게 둘 수는 있습니다. 폭력을 경험한 사람, 어린 아이들을 양육 또는 교육하는 사람은 폭력예방에 더 관심이 높을 수 있지요. 결론적으로, 아동·청소년 폭력은 근절되어야 합니다. 그리고 폭력을 예방하기 위해 노력해야 하지요.

그러나 정확하게 어떤 방법으로 예방을 해야 할지, 다각적이고 복잡한 사회 환경 속에서 어떤 측면을 먼저 바라봐야 할지, 한정된 예산과 자원으로 성과를 볼 수 있는 방법은 무엇인지에 관하여 갑론을박이 있어 왔습니다. 자녀와 부모가 함께하는 교육을 강화할 필요가 있다는 의견[1]에서부터, 사회적 약자를 대상으로 반복적인 폭행을 휘둘렀을 경

---

1   내일신문, http://www.naeil.com/news_view/?id_art=267634

우 가중처벌을 하겠다는 방침의 발표[1]에 이르기까지 다양한 방향이 제시되었지요.

아이를 가정에서 보호하는 부모 또는 보호자나 아이를 가르치는 교사는 이런 다양한 논의가 다소 혼란스러울 수 있습니다. 그렇다면 학교폭력과 아동학대 등에 대한 최근의 쟁점과 그에 대한 논의가 무엇인지 살펴보겠습니다.

─ 학교폭력 관련

강의를 나가서 접하게 되는 질문 중 "학교폭력 문제는 왜 사라지지 않을까요?"라는 것입니다. 언론이나 정책 홍보로 학교폭력을 예방하고 안전을 확보하며 교육적 조치를 강화해야 한다고 목소리가 모아지고 있지만, 여전히 학교에서는 학생들 간의 폭력문제와 그로 인한 잡음이 끊이지 않고 있습니다.

특히 학교폭력과 관련해서는 다음 사항이 쟁점이 되고 있지요.

· 학생들의 보호를 강화하는 문제
· 가해학생에 대한 처벌 혹은 교육기회 부여 사이의 균형
· 학내에 설치된 학교폭력대책자치위원회의 역할과 이를 둘러싼 문제제기

학교폭력을 미연에 방지하는 예방교육으로 학생들이 안전한 학교생

---

1 뉴스1, http://news1.kr/articles/?3204329

활을 할 수 있도록 하는 구체적인 방법과 실현가능한 제도와 지원에 대한 논의가 지속되어 왔지요.

학교폭력을 행한 학생들을 제대로 처벌하자는 논의가 있는 동시에, 가해학생 또한 우리 사회의 성숙한 시민으로 교육할 기회를 부여해야 한다는 목소리에도 힘이 실리고 있습니다.

또, 학교폭력대책자치위원회에서 가해학생 조치 사항을 결정하는 교사의 부담, 조치에 대한 학생과 부모의 불만이 가볍게 볼 수준이 아니지요. 결국 학교에서 어떻게 보호조치를 하고 아이들을 가르칠 것인지 철저히 계획해야 합니다.

피해학생의 보호에 관하여 법원[2]의 입장을 살펴보면 다음과 같습니다.

- 학교 폭력이 이미 발생한 뒤에는 피해 학생의 심리적 안정과 자존감 회복, 정확한 사실관계의 파악 및 자료 수집, 가해 학생에 대한 계도 및 필요한 경우 피해 학생과의 격리 등 보복이나 재발 방지를 위한 조치, 학급 내 다른 학생들에 대한 지도 및 교우관계의 복구 등 여러 방법으로 학교 폭력의 피해를 최소화하고 재발을 방지하기 위한 사후적 조치가 요구된다.
- ○○초등학교의 교장은 사이버 폭력의 심각성을 제대로 인식하지 못하고 위와 같이 원고의 어머니로부터 계속해서 가해 학생과 원고를 격리해 줄 것을 요청받고도 이를 거절했다. 가해학생들의 서면 사과, 피해 학생에 대한 접촉 및 협박 금지, 교내봉사활동 등의 미온적인 조치만을 취한 채 피해 학생에 대하여는 별다른 조치를 취하지 않았다.

---

2 2013가단5051301 판결 일부 발췌

- 이로써 원고는 학급에서 매 순간 가해학생과 부딪힐 수밖에 없었고, 담임교사로서 할 수 있는 것도 가해학생에게 주의를 주는 정도에 불과했다. 문제의 해결에 거의 도움이 되지 않았다고 할 것이다. ◎◎초등학교 교장이 위와 같이 분반을 거부한 과실이 결과적으로 2차 따돌림 피해가 발생한 원인을 제공했다. ◎◎초등학교를 관리·감독할 의무가 있는 피고(○○시)는 이로 인해 원고(피해학생)가 입은 손해를 배상할 책임이 있다.
- 피고의 위와 같은 분반 거부 조치로 인한 가해학생과의 마찰, 2차 따돌림 피해로 원고가 심각한 정신적 고통을 입었을 것임은 경험칙상 명백하다. 피고는 원고의 이러한 정신적 손해에 대하여 이를 금전적으로나마 위자할 의무가 있다고 할 것인데, 원고의 연령, 2차적인 따돌림 피해를 입게 된 경위, 피해의 정도 등 변론에 나타난 제반 사정을 종합할 때 위자료 액수는 오백만 원으로 정함이 타당하다.

즉, 위와 같은 판결에서는 1) 피해 학생의 심리적 안정과 자존감 회복, 정확한 사실관계의 파악 및 자료 수집, 2) 가해 학생에 대한 계도 및 필요한 경우 피해 학생과의 격리 등 보복이나 재발 방지를 위한 조치, 학급 내 다른 학생들에 대한 지도 및 교우관계의 복구 등 여러 방법으로 학교 폭력의 피해를 최소화하고 재발을 방지하기 위한 사후적 조치가 요구되지요.

한편, 학교폭력대책자치위원회의 역할과 구성에 관하여는 여러 가지의 논의가 있습니다. 대표적으로는 최근 단위 학교의 학교폭력대책자치위원회 규정을 두지 않고, 시나 군·구에 '학교폭력대책기초위원회'를 설치하자는 취지로 개정안이 발의된 것이 그 예가 될 수 있습니다[1].

학교폭력 사건의 발생 시 교사의 부담이 지나치게 커지고, 전문적인 사안조사와 심의가 이루어지기 어렵다는 전제에서 발의된 것이지요. 반면 학교폭력과 관련하여 사안조사와 학생들에 대한 조치, 사후의 교육이 물리적으로 완전히 유리될 수 있는 것이 아니라는 점, 외부기관으로 지나치게 치우칠 시 학교 내 교육이 오히려 어려워 질 수 있다는 점이 문제로 작용할 수 있습니다.

— 아동학대 관련

앞서 아동의 정신건강 및 발달에 해를 끼치는 정서적 학대 행위 또한 아동학대에 해당한다는 점을 설명했습니다. 아동, 청소년시기에 '정서적 학대'에 대한 경각심이 크지 않은 환경에서 자라난 세대에서는 이 행위의 의미를 지나치게 좁게 해석하는 경우가 있지요.

아동학대에 해당되는 행위를 정확히 알지 못하거나 잘못된 가치관을 가지고 있는 경우, 아이를 양육해 온 부모이거나 오랜 기간 활동해 온 교사라도 아동학대의 가해자가 될 수 있습니다. 다음은 최근의 사례[2]입니다.

[사건의 요약]

▶ 특정 학생을 교사가 '왕따'로 지목

---

1 한국교육신문, http://www.hangyo.com/news/article.html?no=83023
2 2016고단887 판결

▶ 피해학생은 수면야경증, 불안상태 증상

▶ 법원, 교사에게 벌금형 선고 (정서적 학대에 해당함)

[사건의 경위]

▶ 피고인은 198×년 초등학교 교사로 임용된 후 D초등학교 1학년 ×반 담임교사를 맡았다. 피해자 E(7세), G(여, 7세), H(여, 7세)은 위 ×반 학생이었다.

▶ 피고인은 교실에서 피해자 E(7세)가 학교 과제물 숙제를 하지 않았다는 이유로 다른 친구들 앞에서 "E 왕따"라고 지목하고, 피해자로 하여금 하교 시까지 쉬는 시간에 자리에 앉아 있으면서 다른 친구들과 대화를 하거나 어울려 놀지 못하게 했다. 피해자를 비롯한 같은 반 학생들에게 위와 같이 교실에서 왕따로 지목된 사실을 집에 가서 부모에게 말하지 말라, 말하면 배신자라는 취지로 말했다.

▶ 피고인은 교실에서 피해자 F(7세)가 수업시간에 경찰에 장난전화를 하고, 알리미 시계를 가지고 장난을 쳤다는 이유로 화가 나 피해자에게 목에 손가락을 긋는 행동을 보여주었다. 그리고 "알리미 부셔버리고 이렇게 해버리겠다. 넌 왕따야"라고 지목하고 피해자가 하교 시까지 쉬는 시간에 다른 친구들과 대화를 하거나 어울려 놀지 못하게 했다.

▶ 피고인은 교실에서 피해자 G(여, 7세)가 수업시간에 그림을 그리며 집중하지 않았다는 이유로 왕따로 지목하여 피해자로 하여금 쉬는 시간에 다른 친구들과 대화를 하거나 어울려 놀지 못하게 하여 이로 인해 피해자에게 수면야경증, 불안상태 증상을 유발했다.

▶ 피고인은 피해자 H(여, 7세)가 수학 문제를 늦게 푼다는 이유로 왕따를 지목하여 피해자가 하교시 까지 쉬는 시간에 다른 친구들과 대화를 하거나 어울려 놀지 못하게 했다.

▶ 피고인은 피해자 I가 왕따로 지목된 학생들에게 말을 걸었다는 이유로 피해자도 왕따로 지목하여 피해자가 하교 시까지 쉬는 시간에 다른 친구들과 대화를 하거나 어울려 놀지 못하게 했다. 피해자는 급성 스트레스 증상이 생겼다.

▶ 피고인은 6회에 걸쳐 아동인 피해자들의 정신건강 및 발달에 해를 끼치는 정서적 학대행위를 했다.

[법원의 판단]

▶ 피고인을 벌금 8,000,000원에 처한다.

▶ 피고인이 위 벌금을 납입하지 않는 경우 100,000원을 1일로 환산한 기간 피고인을 노역장에 유치한다.

▶ 피고인에게 위 벌금에 상당한 금액의 가납을 명한다.

위와 같은 판결로 비교육적처사를 한 교사는 벌금 8,000,000원의 처벌을 받게 되었습니다.

또한 아동학대의 신고의무자의 범위를 현행법보다 넓게 규정하여 약사나 집배원, 가정방문 학습교사로까지 확대하는 법안이 발의되었습니다[1]. 아동학대의 은폐나 부당한 압력 행사를 막기 위한 대책도 마련되었지요. 아동학대 신고 의무자가 자신의 범죄를 은폐하려는 의도로 아동보호 전문기관 직원 등을 상대로 압력을 행사하는 경우, 가중처벌을 하자는 내용의 개정안이 발의되었습니다[2].

---

1   대구 MBC http://www.dgmbc.com/new/news/view2.do?nav=news&selectedId=211460&class_code1=&news_cate=null
2   YTN http://www.ytn.co.kr/_ln/0101_201708311809240644

— 성폭력 관련

여성 교사가 남성 초등학생을 대상으로 성폭력을 행사한 일이 있습니다. 초등학교에 재학 중인 학생과 교실이나 승용차 등에서 아홉 차례나 성관계를 한 혐의로 많은 사람들의 공분을 샀지요. 위와 같은 성폭력 행위로 인해 해당 교사는 미성년자 의제 강간 등으로 구속기소되었습니다.[1]

이렇듯 최근에는 다른 성폭력 문제보다 아동, 청소년의 지인이거나 보호관계 있는 사람의 성폭력 문제가 예전보다 다양한 양상으로 수면 위로 떠오르고 있지요.

이와 관련해 부모는 물론 보호자, 교사의 경우에도 처벌에 예외를 두고 있지 않습니다. 아래의 판결은 유죄판결 및 해임 징계를 받은 사례입니다.[2]

[사건의 경위]

▶ 학생의 블라우스 단추가 풀린 것을 보고 직접 단추를 채워주면서 가슴을 만지는 등 추행을 했다.

▶ 복도를 지나가는 학생에게 '이리오라'고 하여 이름을 물어보면서 어깨에 팔을 두른 후 손으로 학생의 팔 안쪽을 여러 번 주무르는 등의 추행을 했다.

▶ 손으로 학생의 등과 허리를 쓰다듬으면서 옆구리를 여러 차례 주무르는 등 추행을 했다.

▶ 청소를 하던 학생의 교복 상의 블라우스에 이물질이 묻은 것을 보고 세탁을 해주겠다고 하며 거절하는 학생을 안쪽으로 데려가 블라우스 안으

---

1 금강일보, http://www.ggilbo.com/news/articleView.html?idxno=417369
2 2017구합50397 판결의 내용을 발췌, 설명의 편이를 위한 재구성.

로 한 손을 넣은 후 양손으로 비비면서 가슴을 만지는 등의 추행을 했다.

▸ 학생에게 다가가 열심히 하라며 손으로 엉덩이를 여러 번 치는 등의 추행을 했다.

▸ 학생에게 창문을 닫으라고 지시한 뒤 이를 모두 닫은 학생에게 고맙다며 손으로 등 부위 브래지어 끈 부분을 쓰다듬고, 계속하여 손으로 허리와 골반 부분을 치는 등의 추행을 했다.

▸ 학생의 가슴 쪽에 부착된 명찰을 쿡쿡 찌르는 등의 추행을 했다.

▸ 이상 피해학생 9명을 24회 추행

[처벌 및 징계 과정]

▸ ○○지방검찰청에서 수사가 개시된 후 해당 교사에 대한 공소를 제기했다.

▸ 아동 청소년의 성보호에 관한 법률위반(위계등추행)죄로 1심에서 징역 1년 6월의 실형 선고(항소심 후 대법원에서도 그대로 확정)했다.

▸ ○○교육청 징계위원회의 징계의결을 거쳐 공무원의 품위유지의무 위반 등의 이유로 해임처분을 했다.

▸ 소청심사 청구 및 행정소송(1심)에서 취소를 구하였으나 기각되었다.

[법원의 판단 - 해임취소 청구에 대한 기각]

▸ 공무원의 품위손상행위는 본인은 물론 공직사회에 대한 국민의 신뢰를 실추시킬 우려가 있으므로 공무원에게 직무와 관련된 부분은 물론 사적인 부분에서도 건실한 생활을 할 것을 요구한다. 여기서 품위란 주권자인 국민의 수임자로서 직책을 맡아 수행해 나가기에 손색이 없는 인품을 말하는 것이다.

▸ 교원은 항상 사표가 될 품성과 자질의 향상에 힘쓰고 학문의 연찬과

교육 원리의 탐구 및 학생 교육에 전심전력해야 한다. 일반 직업인보다 높은 도덕성이 요구되고 그 품위손상행위는 본인은 물론 교원 사회 전체에 대한 국민의 신뢰를 실추시킬 우려가 있다. 보다 엄격한 품위유지 의무를 부담하는 것이다.

▶ 형사재판에서 인정된 범죄사실만으로도 해임처분의 타당성을 인정하기에 충분하다. 이 사건 처분으로 달성하려는 교원 사회 전체에 대한 국민의 신뢰 확보 등의 공익상 필요가 원고(징계를 받은 교사)가 입게 되는 불이익보다 더 작다고 단정하기는 어렵다. 때문에 원고의 주장을 기각한다.

▶ 교육공무원 징계양정 등에 관한 규칙에서는 '미성년자에 대한 성폭력' 중 '고의에 의한 행위'에 대해 경중을 불문하고 파면을 하도록 규정하고 있다. 오히려 일반적인 기준으로 제시된 파면 대신 해임이 이루어져 더 가벼운 처분을 받았다고 볼 여지가 있다.

지금까지 실제의 사례를 바탕으로 최근 부각되고 있는 폭력 관련 법률과 그 쟁점에 대해 학교폭력, 아동학대, 성폭력의 논의사항과 유의점을 차례로 짚어보았습니다.

PART3.
가정폭력
예방&대처하기

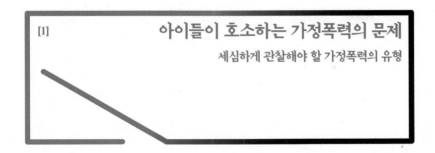

1

아이들이 호소하는 가정폭력의 문제

세심하게 관찰해야 할 가정폭력의 유형

17년 11월, 경찰청 앞 기자회견에서 수사기관의 가정폭력에 대한 대처를 비판하는 시위가 열렸습니다. 이때 여러 가지 잘못된 사례가 거론되었습니다. 아버지에게 맞아 얼굴에 피가 가득 묻은 피해자에게 경찰관이 "네가 아버지에게 반항을 한 것이 문제다"며 "나도 너만 할 때는 맞고 컸다"라는 말을 했다고 하지요[1]. 정확한 진위 파악을 하기는 어렵지만, 적어도 피해자가 호소하는 고통과 그 위험성에 걸맞은 조치를 취하지 않았던 건 확실합니다.

한편, 가정폭력은 TV와 뉴스, 또는 드라마에서만 나오는 일인 줄 알았다며 주변에 생각보다 많은 피해 학생이 있다는 점에 오히려 놀라는 경우를 종종 볼 수 있습니다. 가정 내에서 일어나는 일이라 외부사람들이 가정폭력이 자행된다는 걸 알기는 쉽지 않습니다. 하지만 가정폭

---

1   헤럴드 경제, http://news.heraldcorp.com/view.php?ud=20171130000814

력을 당하는 아이들은 여러 가지 방식으로 그 피해를 호소하고 어른들에게 도움을 요청할 수 있습니다. 그래서 아이들을 세심하게 관찰해야 하지요.

가정폭력의 극단적인 위험성은 아이들의 죽음 이후에서야 세상에 드러나는 경우가 많습니다. 아이들은 자신을 위협하는 가정에서 차가운 멸시와 극심한 폭력, 학대를 당하다가 결국 '지치듯이' 사망에 이르지요. 이 아이들이 죽음으로써 지긋지긋한 폭력을 끝맺은 잔인한 가해자들에게 분노가 들끓어오를 겁니다. 그러나 가해자를 비난하는 것만으로는 또 다른 피해아동이 발생하는 것을 막지 못합니다. 아이를 키우고, 가르치는 우리는 모두 가정폭력과 아동학대를 막아야 할 사회적 책무가 있습니다. 평소에도 어디선가 보이지 않는 폭력이 발생하고 있지 않은지 촉각을 곤두세워 사람들을 의심해보기도 해야 하지요. 그리고 폭력현장을 목격할 시 즉시 신고해야 합니다. 안타깝게도, 우리가 '의심'을 해야 할 대상은 아이들을 보호해주는 사람, 우리의 이웃, 더 심하게는 우리의 배우자일 수도 있습니다. 이제 가정폭력의 사례를 통해 가정폭력이 일어나고 있는지 파악할 수 있는 폭력의 징후에 대해 살펴보지요.

— **가정폭력의 사례들**

다음 판결은 피해를 당한 아이의 교사가 작성한 상담기록지가 제출되어 아동학대범죄의 증거로 인정되었습니다. 학생들이 겪을 수 있는 가정폭력에 관한 판결[1] 사례이지요.

---

1   2014고단3342 판결 발췌, 재구성

[사건의 요약]

▶ 아이가 밥을 하지 않았다는 이유로 30분 동안 폭행

▶ 억지로 아이스크림 6개를 먹이는 학대

▶ 피해아동의 교사가 작성한 상담기록지가 증거로 채택

▶ 징역 8개월, 집행유예 2년 판결

[사건 경위]

▶ 피고인은 피해자 딸 김○○(여, 10세), 피해자 아들 김△△(8세)의 아버지인 김○○과 동거를 하다가, 3년 후 피해자들과 함께 살면서 위 김○○과 혼인신고를 한 법률상 부부인 사람이다.

▶ 딸에 대한 범행 : 피고인은 주거지에서, 피해자(여,10세)가 전날 저녁에 밥솥 취사버튼을 누르지 않아 밥이 되지 않았다는 이유로 피해자를 다그치자 이를 두둔하는 남편과 부부싸움을 벌였다. 이에 화가 난 피고인은 학교에 다녀온 피해자를 안방으로 데려가 고성을 지르며 주먹으로 피해자의 머리를 때렸다. 그리고 손바닥으로 피해자의 뺨을 수차례 때렸다. 피해자가 고통으로 고개를 숙이고, 손으로 얼굴을 감싸며 피하자, 집안에 있던 플라스틱 봉으로 된 걸레자루를 이용하여 서 있던 피해자의 팔, 허벅지를 수차례 폭행했다. 겁을 먹은 피해자는 피고인이 시키는 대로 엎드려뻗쳤다. 피고인은 걸레자루를 이용해 수십회에 걸쳐 약 30분간에 걸쳐 피해자를 폭행하여 피해자의 엉덩이에 멍이 드는 상해를 가했다.

▶ 아들에 대한 학대 : 피고인은 주거지에서, 피해자가 물총을 산다고 돈을 가져간 뒤 물총을 사지 않고 문구점에서 불량식품인 아이스크림을 샀다는 이유로 아이스크림을 빼앗아 피해자를 향해 바닥에 던져 그 아이스크림 덩어리가 피해자의 얼굴에 맞아 코피가 나게 했다. 그뒤 피해자

가 문구점에 있는 위 아이스크림 전부를 사오게 하고 피해자에게 한꺼번에 아이스크림 여섯 개가량을 먹으라고 시켰다.

▸ 이 사건의 증거 : ○○초등학교 보건일지, ○○초등학교 상담기록지, ○○동 ○○호전문기관 현장조사서, 상해 사진 등

[법원의 판단]

▸ 피고인은 아동인 피해자를 폭행하고 강요하여 피해자의 신체에 손상을 주는 신체적 학대행위 및 피해자의 정신건강과 발달에 해를 끼치는 정서적 학대를 했다. 피고인은 피해자들의 부와 결혼한 후, 자신이 돌보고 있는 남매를 신체적·정서적으로 학대하여 그 죄질이 매우 나쁘며, 이는 피고인에게 불리한 양형요소이다.

▸ 그러나 피고인이 범행을 시인하고 반성하고 있는 점, 피고인에게 동종 범죄전력이 없다는 점, 피고인의 학대행위 중 일부 행위에 대한 공소사실이 철회된 점, 피해자들의 법정대리인인 아버지가 피고인에 대한 처벌을 원하지 않는 점, 피고인은 질병이 있어 예민해지고 신경질이 자주 나던 중에 피해자들을 훈육하려다 이 사건 범행에 이르게 된 점, 이 사건 이후 피고인은 피해자들의 아버지와 이혼하기로 합의하고 피해자들과 같이 거주하고 않아 재범 가능성이 없는 점은 피고인에게 유리한 양형요소이다. 그 밖에 피고인들의 연령, 성행, 환경, 범행 후의 정황 등 여러 양형의 조건을 참작하여 주문과 같이 형을 정한다.

▸ 피고인을 징역 8개월에 처한다.

▸ 다만, 이 판결 확정일로부터 2년간 위 형의 집행을 유예한다.

▸ 피고인에게 40시간의 아동학대 치료프로그램의 이수를 명한다.

위에서 알 수 있듯 아이를 폭행하는 것뿐만 아니라 아이에게 행동을 강요를 하는 것도, 정서적 학대를 하는 것도 전부 가정폭력에 해당합니다. 그런데 위의 경우, 아이들의 용서가 아닌 그 아버지(가해자의 남편)가 처벌을 원하지 않아 유리한 양형요소가 되었지요. 물론 이 사건 이후 이혼을 하여 아이들과의 접점이 없어졌다는 점도 판결에 복합적인 영향을 끼쳤습니다.

하지만 고의를 가지고 반복된 가정폭력 사건에는 엄중한 처벌이 고려되어야 할 것입니다.

다음의 사례에서는 피해아동의 담임교사가 미리 피해를 파악하고 부친에게 알렸음에도 불구하고, 이를 방임하여 결국 피해아동은 아동학대로 사망하고 말았습니다. 이 판결[1]에서는 사실관계를 읽는 것만으로도 큰 슬픔과 분노가 솟아오를 겁니다. 그러나 외면하지 말아야 할 가정폭력 문제이기 때문에, 최대한 취지를 살려 설명하겠습니다.

[사건의 요약]

▸ 가해자(아버지의 동거인)는 함께 사는 사실혼 남편의 아이가 고집이 세다는 이유로 폭행을 일삼음

▸ 아버지는 이를 알게 된 담임교사로부터 가정폭력의 방지를 경고 받음

▸ 그러나 별다른 보호조치 없이, 학원에서 다소 늦게 왔다는 이유로 허벅지를 수회 걷어 차 대퇴부 골절상을 입힘

▸ 이외에도 화상을 입히는 등 심각한 가정폭력에도 아버지는 4년 동안이나 학대행위를 묵인, 방치함

---

1   2014고단1454 판결 발췌, 재구성

▸ 결국 가해자는 소풍을 가고 싶다는 아이를, 현금 2,300원을 훔쳐갔다고 의심하여 발로 걷어차고 폭행을 하던 중 양폐 파열로 아이가 사망함

▸ 직접 폭행을 한 가해자는 살인죄, 이를 방치한 아버지도 실형선고.

[상세 경위]

▸ 피고인(피해 아동의 父)은 사실혼 관계인 B와 동거생활을 시작하였으며, 이전에 이혼하였던 C(전처)와 사이에서 낳은 딸 피해자 D도 함께 살았다.

▸ 피고인은, 위 동거 후 B가 평소 '피해자의 도벽과 거짓말, 고집 센 성격' 등의 이유를 내세우며 수시로 손으로 피해자의 머리를 수회 때렸다는 사실을 알고 있었다. B는 회초리(직경 1cm, 길이 60cm, 나무막대기)로 피해자의 엉덩이, 장단지 등을 회초리가 부러지도록 때리고 회초리가 부러지면 또다시 회초리를 구입하여 약 30개의 회초리가 부러지도록 피해자를 학대했다. 피해자가 아침마다 책을 읽고 그 내용을 발표하게 하고, 이를 잘 하지 못한다는 이유로 회초리로 발바닥을 수회 때려, 피해자는 발바닥이 붓고 발목에 피멍이 들고 다리를 절뚝거릴 정도였다. 피고인은 지속적으로 피해자를 폭행당하고 있음을 잘 알고 있었다.

▸ 피고인에게 피해자의 상해흔적을 계속하여 관찰하고 있던 피해자의 담임교사 E가 전화하여 "B가 피해자를 지속적으로 폭행하여 피해자에게 타박상 등의 상처를 입히고 있는 사실을 알고 있냐"고 물었다. "알고는 있는데 그 문제로 싸우기도 하고 좀 그렇다. 바른 가르침을 위하여 매를 허용하고 지금은 발바닥 정도 체벌로 몸에 상처가 없게 한다. 엄마와의 교육관 차이로 많은 고민을 하고 있고 가정의 평화를 원한다. 품어주고 싶지만 잘 되지 않는다"라고 말하면서 B의 피해자에 대한 폭행을 알고 있다고 시인했다. 그리고 E는 피고인에게 그러한 행위가 반복되지 않

도록 조치를 취해 줄 것을 요구했다.

▸ 그럼에도 불구하고 피고인은 B의 학대행위로부터 피해자를 보호하기 위해 필요한 조치를 취하지 않은 채 그대로 방치했다. 이후 B는 손바닥으로 피해자의 등 부위를 수차례 때려 손바닥 자국이 선명히 남을 정도의 피멍이 들도록 상해를 가했다. 이러한 B의 상해로 인해 피고인은 B에게 아동보호전문기관으로부터 직접 자신(B)이 학대행위에 관한 경고를 받은 사실과 함께 이를 방치한 문제로 피해아동의 아버지인 피고인 또한 상담에 응할 것을 요구한 사실을 전해 들었다. 피고인은 "됐다. 내가 알아서 처리하겠다"고 말하며 위 기관의 전화번호를 전달받았다. 피고인은 아동보호전문기관의 상담원인 F에게 전화하여 "아이가 버릇이 없고 자유분방하나 아이에게 허용적인 나 때문에 모가 그런 면을 떠맡을 수밖에 없었다. 아동의 문제행동이 너무 심하여 그럴 수밖에 없었다. 다른 가정의 아이들을 보아도 그렇게 자라지 않는 가정이 있느냐"라고 말하며 B의 학대행위를 두둔했다. 그러자 상담원 F는 "아동의 등에 멍 자국이 크게 펼쳐나 있고 손바닥 자국이 나 있다. 훈육의 목적을 떠나서 그런 멍 자국을 보고도 똑같이 이야기할 수 있느냐"고 B의 학대행위에 대하여 구체적으로 고지했다. 그러나 B는 상담원에게 "기관이나 다른 사람들이 가정사의 일에 참견하는 것은 잘못된 것이다. 법적인 조치를 취하더라도 가만히 있지 않을 것이다"라고 말하면서 아동보호전문기관이 개입하는 것을 반대했다.

▸ 피고인은 위와 같이 아동보호전문기관으로부터 B의 학대행위에 대한 구체적인 내용과 피해자의 상해의 부위 및 정도 등에 대한 명시적인 고지를 받고도 아동보호전문기관의 개입을 거부했다. 피해자에게 B의 폭행 여부, 횟수와 정도에 관해서도 전혀 확인하지 않고, 오히려 B에게 피

해자에 대한 훈육 목적으로 30개의 회초리 매를 사주는 등 B의 학대행위를 묵인했다. B에게 피해자에 대한 체벌을 금지하거나 B를 피해자로부터 격리하는 등 피해자를 보호하기 위하여 필요한 조치를 취하지도 않았다. 피해자의 친부로서 자신의 보호·감독을 받는 피해자에 대한 기본적인 보호를 소홀히 하여 이를 방임했다.

▸ 이후에도 B는 피해자에게 그 나이에 맞지 않는 비정상적으로 엄격한 잣대를 들이대며 이를 지킬 것을 강요했다. 피해자가 그 기준에서 조금이라도 어긋나면 극도의 분노를 표출하며 폭언과 폭행을 하여 피해자를 학대했다. B는 손으로 피해자의 머리를 마구 때리고 러닝머신을 20~30분 동안 타게 하는 등 가혹한 행위를 해왔다. 피고인은 이를 직접 목격한 적도 있어 잘 알고 있었다. 피해자가 머리가 아프다고 호소하여 피고인이 B과 함께 피해자를 병원에 데려다 준 후 '두개 내 열린 상처가 없는 상세불명의 두개 내 손상'으로 진단받았음에도 위 상해의 경위에 관하여도 피해자에게 전혀 확인을 하지 않았다.

▸ 피고인은 위와 같이 B의 학대행위를 방치하던 중, 피해자가 학원에서 마친 후 예정된 귀가시간 보다 30분 가량 늦게 귀가하였다는 이유로 발로 피해자의 허벅지를 수회 걷어찼다. 피해자는 좌측 대퇴골이 두 동강이 나도록 부러졌고 약 10주간의 치료를 요하는 대퇴부 골절상을 입었다.

▸ 피고인은 위와 같이 B의 피해자에 대한 학대행위를 수차례 목격하고 이로 인한 피해자의 상해사실을 알고 있었다. 피해자가 위 대퇴부 골절상을 입은 경위에 대해 담임의사에게 물어보는 등 그 경위에 관하여 의문을 품고 있던 상황에서도, 만연히 B이 '피해자가 학원 계단에서 넘어져 다쳤고, 피해자 스스로 한쪽 발로 걸어서 집으로 왔다'는 말을 그대로 믿었다. 피해자 및 학원 측에 상해 경위에 대하여 전혀 확인하지도 않았다.

▶ B가 ○○아파트에서 피해자에게 책 5권을 머리 위로 들고 있게 하는 방법으로 벌을 줬다는 사실에 2~3주 만에 집에 들른 피고인은 문제로 항의한 후 집을 나가 버렸다. 피해자 때문에 피고인과 싸웠다는 사실에 화가 나 B는 피해자에게 옷을 벗고 욕실로 들어가라고 했다. 그리고 샤워기를 이용해 뜨거운 물을 피해자의 우측 손과 양쪽 다리에 뿌렸다. 뜨겁다고 소리를 지르고 발버둥을 치는 피해자의 손과 다리를 번갈아가며 잡고 물집이 생길 때까지 계속하여 뜨거운 물을 뿌렸다. 피해자는 약 12주간의 치료를 요하는 심재성 2도 화상을 입었다.

▶ 피고인은 위와 같은 B의 피해자에 대한 학대행위를 약 4년 가까이 방치하던 중이었다. B가 주거지인 ○○아파트에서 위와 같이 피해자에 대한 폭력을 지속적으로 행사하여 오던 중 피해자가 소풍을 가기 위하여 식탁 위에 놓아둔 현금 2,300원을 훔쳤냐고 추궁하였으나 피해자가 훔치지 않았다고 대답했다는 이유로 순간 격분해 같은 날 09:15경까지 약 35분 동안 주먹으로 피해자 머리 부위, 발로 피해자의 양쪽 옆구리, 배 부위 등 전신을 닥치는 대로 걷어차고 때렸다. 피해자가 "미안해요 엄마, 소풍을 가고 싶어요"라고 말하자 피해자가 물건을 훔치고도 반성하지 않고 단지 소풍을 가고 싶어서 변명을 한다는 이유로, 재차 격분하여 주먹과 발로 피해자의 머리, 옆구리 부위 등을 때리기 시작하여 급기야 비명을 지르면서 주저앉는 등 고통을 호소하는 피해자를, 피해자의 얼굴이 창백해지는 등 죽을 지경에 이를 때까지 약 20분 동안 주먹과 발로 피해자의 머리, 옆구리, 배 등 급소를 포함한 신체 주요 부위를 닥치는 대로 때렸다. 피해자는 같은 날 11:00경 현장에서 흉부손상으로 다발성 늑골골절로 인한 양폐 파열로 사망했다.

[법원의 판단]

▸ 피고인을 징역 3년에 처한다[1].

▸ 피해아동을 세상의 여러 위험으로부터 보호하고 건강하고 안전하고 행복하게 자랄 수 있도록 양육하여야 할 책임이 있었던 사람은 피고인과 동거하는 B도 아니고, 피고인과 이혼 후 4년 가까이 피해아동과 만난 바 없는 피해아동의 친어머니도 아닌, 오로지 피해아동의 친아버지인 피고인이었다. B가 피해아동에게 상해를 가한 공소사실 기재 여러 일시에 단 한 번만이라도 피고인이 조금만 주의를 기울여 피해 상황을 파악하고 B의 폭행으로부터 피해아동을 격리시키거나 B이 체벌을 하지 못하도록 막는 등 적절한 보호조치를 취하였다면, 피해아동이 사망에 이르는 비극적인 결과를 막을 수 있었을 것이다. 그런데 피고인은 피해아동에게 상해의 경위에 대하여 물어보거나 피해아동의 신체나 정서를 살펴본 바 없다. 오히려 B는 피해아동에게 훈육이라는 미명하에 폭력을 행사하는 순간에는 집을 나가는 등 피해아동의 상황을 외면하고 묵인하여 피해아동은 의붓어머니의 폭행으로부터 자신을 보호해주지 못하는 피고인에게 도움을 요청하는 것조차 포기한 것이다. (중략) 그 밖에 피고인의 연령, 성행, 가정환경, 범행의 동기, 수단과 결과 및 범행 후의 정황 등 변론에 나타난 여러 양형요소들을 참작하여 주문과 같이 형을 정한다.

다소 긴 내용이었지만, 아이가 당한 가정폭력의 양상을 정확히 이해할 수 있었을 것입니다. 폭력의 특성 중 하나는 묵인되는 경우 지속적

---

1 항소심에서 징역 4년 선고 이후 확정, 이 사건에서 직접 아동학대를 한 B는 살인죄로 징역 18년 확정. (한국경제 http://news.hankyung.com/article/2015111555421?nv=o)

으로 심각한 수준으로 발전한다는 것이지요. 가정폭력과 관련해서는 주변의 관찰과 적극적인 개입이 필요할 수밖에 없습니다.

— 가정폭력의 징후

위 사례에서 충분히 알 수 있는 것처럼, 무엇보다 가정폭력의 징후를 파악하여 아이들을 보호하는 것이 중요합니다. 중앙아동보호전문기관 홈페이지에서는 각 가정폭력(학대)의 유형별로 학생들이 보일 수 있는 징후를 제시하고 있지요. 그중 교사들이 발견할 수 있을 만한 사항들을 아래에 발췌했습니다. 이를 잘 살펴보고 아래와 같은 행동을 하거나 피해를 호소하는 아이들을 보호하도록 해야합니다.

[신체적 학대의 경우]
· 어른과의 접촉회피
· 다른 아동이 울 때 공포를 나타냄
· 공격적이거나 위축된 극단적 행동
· 부모에 대한 두려움
· 집에 가는 것을 두려워함
· 위험에 대한 지속적인 경계
· 발생 및 회복에 시간차가 있는 상처
· 비슷한 크기의 반복적으로 긁힌 상처
· 담배 불 자국, 뜨거운 물에 잠겨 생긴 화상자국, 알고 있는 물체 모양 (다리미 등)의 화상자국, 회복속도가 다양한 화상자국

· 겨드랑이, 팔뚝 안쪽, 허벅지 안쪽 등 다치기 어려운 부위의 상처

· 고막 천공이나 귓불이 찢겨진 상처와 같은 귀 손상

[정서적 학대의 경우]

· 발달지연 및 성장장애

· 신체발달저하

· 특정물건을 계속 빨고 있거나 물어뜯음

· 행동장애(반사회적, 파괴적 행동장애)

· 신경성 기질 장애(놀이장애)

· 정신신경성 반응(히스테리, 강박, 공포)

· 언어장애, 극단행동, 과잉행동, 자살시도

· 실수에 대한 과잉 반응

· 부모와의 접촉에 대한 두려움

[방임행위의 경우]

· 발달지연 및 성장장애

· 비위생적인 신체상태

· 예방접종과 의학적 치료 불이행으로 인한 건강상태 불량

· 아동에게 악취가 지속적으로 나는 경우

· 계절에 맞지 않는 부적절한 옷차림

· 음식을 구걸하거나 훔침, 비행 또는 도벽

· 학교에 일찍 등교하고 집에 늦게 귀가함

· 지속적인 피로 또는 불안정감 호소

· 수업 중 조는 태도, 잦은 결석

[성적 학대의 경우]

- 나이에 맞지 않는 성적 행동
- 해박하고 조숙한 성지식
- 명백하게 성적인 묘사를 한 그림들
- 타인과의 성적인 상호관계
- 동물이나 장난감을 대상으로 하는 성적인 상호관계
- 비(非)성적인 행동지표
- 위축, 환상, 유아적 행동(퇴행행동)
- 자기 파괴적 또는 위험을 무릅쓴 모험적인 행동
- 충동성, 산만함 및 주의집중장애
- 혼자 남아 있기를 거부 또는 외톨이
- 특정 유형의 사람들 또는 성에 대한 두려움
- 방화/동물에게 잔혹함(주로 남아의 특징)
- 비행, 가출, 약물 및 알콜 남용
- 자기 파괴적 행동(자살시도)
- 범죄행위, 우울, 불안, 사회관계의 단절, 섭식장애(폭식증/거식증), 수면장애
- 외상 후 스트레스 장애
- 저조한 학업수행

사회적으로 큰 물의를 일으켰던 아동학대 사례를 통해 그 끔찍한 실상을 파악하고, 가정폭력의 징후를 파악하는 것의 중요성을 함께 알아보았습니다. 학생들이 가족에 대한 두려움을 보이거나 집에 가는 것을 두려워하는 등 가정폭력의 징후를 보일 시 확신이 서지 않더라도 아동보호전문기관 등에 상담을 통해 보호조치를 강구해야 합니다.

2

가정폭력의 본질적 특성이 아이들에게 미치는 영향

묵인될수록 잔인해 지는 폭력, 아이들을 위협한다.

얼마 전, 가해자에 의지해 살 수밖에 없던 장애인 피해자가 흉기로 상해를 입은 가정폭력 사건이 일어났습니다. 곧 수사가 시작되었지만, 피해자는 스스로 자신을 찔렀다며 가해자를 변호했습니다. 하지만 가정 내의 폭력 상황을 인지하고 있던 사회복지사의 설득으로 고소를 하게 됐지요. 이 사건에서 재판부는 판결문을 통해 "가정 내 문제는 사생활 관계라는 시각 아래 가급적 당사자에게 맡겨 무마·봉합시키는 것이 가정을 지켜주는 것이라는 사고방식이 여전히 뿌리 깊게 만연해 있는 것으로 드러났고, 이러한 그릇된 인식이 공권력의 강력한 개입을 가로막는 주요 요인"이라고 판시했습니다.[1]

위 사건에서 알 수 있듯, 가정폭력을 적극적으로 개입하기 어렵다는 것이 심각한 폭력을 발생시키는 원인 중 하나로 제시되어 왔습니다. 이

---

1 이 사건의 가해자는 특수상해죄로 징역 4년이 선고되었다. 뉴시스, http://www.newsis.com/view/?id=NIS X20171109_0000143600&cID=10807&pID=10800

러한 문제제기로 인해 최근에는 가정폭력을 사생활의 문제로 보는 것을 지양하지요. 그래서 적극적 신고와 개입을 중심으로 한 정책이 시행되고 있습니다. 그러나 아직까지도 극심한 가정폭력으로 고통 받고 있는 아이들이 상당히 많습니다. 이러한 노력은 전사회적인 것으로 확대되어야 합니다.

가정 폭력 발생의 영향요인을 연구한 자료[2]에 따르면, 가해자가 성 역할에 대한 인식이 부정적일수록, 문제해결 과정에서 폭력적일수록, 화의 표출을 많이 하는 사람일수록, 열등의식이 강할수록 가정폭력의 발생이 높은 것으로 나타났습니다.

위 연구에 의하면 가정 내에서 일어나고 있는 가정폭력은 외부로 노출되는 경우가 적어서 해결되기 어렵다고 하지요. 가정폭력 피해자들은 사회적 통념과 자책감으로 외부에 도움을 요청하기 어렵습니다. 사회적인 기관들이 가정폭력에 개입하는 것이 쉬운 일이 아니므로 피해자들을 반복적이고 지속적인 폭력에 노출되고 있지요. 다음으로 가정폭력의 특성을 실제의 사례를 통해 살펴보고, 피해자는 어떤 후유증을 겪는지 알아보도록 하겠습니다.

— **가정폭력 및 그 피해의 특성**

가정폭력의 가해자가 가해 횟수를 더할수록, 가정폭력이 장기화될수록 폭력에 무뎌지는 특징이 있습니다. 이러한 가해자에 의하여 점

2　임구원 (2009), 가정폭력 가해자 특성분석을 통한 폭력발생 영향요인 연구, 교정복지연구, 105~119

점 더 강하고 심한 학대로 이어지기도 합니다. 앞서 살펴본 바 있는 2015노743판결 사건의 경위에서도 시간이 지날 수록 점점 더 심한 폭력을 자행하여 결국 피해 아동이 사망에 이른 바가 있지요. 그 내용을 다시 한 번 보겠습니다.

[사건의 경위]
▶ 길에서 손으로 피해아동의 입 부위를 5회가량, 손바닥으로 피해아동의 뒤통수를 2회가량 때리고, 밀어 길바닥에 넘어뜨림
▶ 집에 돌아와서도 아이가 울면서 먹지 않자, 또다시 격분하여 밀걸레 봉을 무릎으로 부러뜨린 뒤, 걸레가 달려 있는 부분은 쓰레기봉투에 넣고 나머지 부분인 밀걸레 봉(길이 54cm, 두께 2cm가량)을 이용하여 피해아동의 머리 왼쪽 부위를 2회가량 때리고, 약간 몸을 든 상태로 피해아동의 뒤통수를 1회가량 때림
▶ 이후에도 위 밀걸레 봉이 움푹 들어가고 휘어질 정도로 강한 힘으로 피해아동의 머리,팔, 다리, 몸통 등 전신을 3~4회가량 때리는 행동을 7~8회가량 더 반복함
▶ 결국, 피해아동의 머리 전체 부위를 비롯한 팔, 다리, 몸통 등 전신을 30~40회가량 때려 '광범위한 피하출혈 및 다발성 타박상 등에 의한 외상성 쇼크'로 사망하게 됨

또한 앞서 언급한 아동학대 및 살인 사건에서도 처음에는 회초리로 아이를 체벌하다가 등에 피멍이 들도록 상해를 가하는 폭력을 자행했습니다. 그리고 발로 아이의 허벅지를 걷어차서 아이의 대퇴골이 두 동강이 나도록 부러뜨려 약 10주간의 치료를 요하는 대퇴부 골절상을 입

혔지요. 이에 그치지 않고 가해자는 아이에게 뜨거운 물을 아이에게 뿌려 약 12주 간의 치료를 받아야 하는 화상을 입혔습니다.

이런 폭력이 4년 동안 심각하게 진행되어 오다가 결국, 아이의 전신을 닥치는 대로 걷어차고 때려 늑골이 골절되고 폐가 파열되어 아이가 사망했습니다. 이렇게 가정폭력은 아이와 가해자 두 명만 있는 폐쇄된 공간에서 아무런 제지 없이 점점 심각해지는 특성이 있습니다.

위와 같이, 가정폭력은 그 고유의 특성으로 아동·청소년들에게 장기간 극심한 피해를 입힐 수 있지요. 가정폭력 피해 아동·청소년 실태에 관한 연구[1]에 따르면, 가정폭력의 피해를 당한 아이들이 어떠한 어려움을 겪는지 알 수 있습니다.

- 부모가 폭력을 행사할 경우 피해 아동·청소년들은 주변에 도움을 요청하는 경우가 매우 적으며, 도움을 요청하더라도 주변 성인들이 가정에서 일어날 수 있는 일이라고 여겨 도움을 주지 않거나 별다른 조치행동을 취하지 않는 경우가 대부분이다.
- 학교나 전문기관 담당자들은 상담이나 출동의 조치를 취해주긴 하나 실질적인 도움이 되지 않는 경우가 많다.
- 부모 간 폭력 목격을 경험한 경우에도 피해 아동·청소년들은 주변 성인에게 도움을 요청하는 비율이 낮긴 하나, 도움을 요청하더라도 가정폭력을 심각한 일로 여기지 않거나 가정에서 일어날 수 있는 일로 여겨 별다른 행동을 취해주지 않는다.
- 부모에게 폭력을 당한 적이 있는 아동·청소년들은 그렇지 않은 아

1 김승경, 송미경, 김미경. (2014). 가정폭력 피해 아동·청소년 실태 및 대응방안 연구. 한국청소년정책연구원 연구보고서, , 1299.

동·청소년에 비해부모에 대한 폭력가해경험이 높은 것으로 나타나 폭력 피해 자녀들이 이후 부모에 대한 폭력 가해자로 변화될 가능성을 시사한다.

· 중복폭력 피해 경험 아동·청소년들이 폭력이 없는 가정에서 자란 아동·청소년에 비해 폭력 허용도가 높은 것으로 나타남. 이는 다른 사람과의 관계에서 스트레스 상황이나 갈등에 직면하였을 때 폭력을 통해 해결할 가능성이 높음을 시사한다.

· 가정폭력 피해 아동·청소년들은 가정폭력이 일어난 후 가해자인 아버지에게는 미움과 불쌍함이 공존하는 양가감정을, 피해자인 어머니에게는 보호해주지 못했음에 대한 미안함이 가장 크다고 보고함. 가해자와 피해자인 부모 사이에서의 심리적 상처와 분노와 죄책감과 같은 양가감정으로 인한 심리적 불편감을 치유하기 위한 심리치료 지원이 요구된다.

· 가정폭력 발생 후 피해 아동·청소년들은 자신에 대해 자책과 연민의 마음을 가진다.

· 폭력 경험 후 시설입소과정에서는 대체로 어머니의 결정을 따르는 것으로 나타남. 피해 어머니를 보살펴야 한다는 책임감, 자신이 도움이 되지 못한다는 것에 대한 미안함, 폭력에 대한 무서움과 공포 등으로 인해 어머니의 의견을 따르고 어머니를 위해 생활해야 한다는 생각이 지배적이다.

한편, 가정폭력을 당하던 피해자가 결국 가해자인 부모를 상해하거나 살인하는 사건이 사회적 이슈가 되었습니다. 다음 판결에서도 부친이 술을 마시고 장기간 가정폭력을 행사한 전력이 있었고, 사건 당일에도 아무런 이유 없이 칼을 휘두르자 이에 격분하여 폭행·살인에 이르게 된 처참한 사건[1]을 다루고 있지요.

[사건의 경위]

▶ 피고인의 부친은 가족들을 돌보지 않았다. 그는 술만 마시면 가족들을 폭행하는 등 가정불화를 유발한다고 생각해왔다. 피고인의 집에서, 피해자가 뚜렷한 이유 없이 욕설을 하면서 다가와 부엌칼을 휘둘러 피고인에게 안면부 열창을 가했다.

▶ 이에 격분하여 피고인은 피해자의 가슴을 손으로 밀쳐 넘어뜨린 후 피해자의 얼굴 부위를 주먹으로 수차례 때리고, 머리와 배 부위를 발로 각 1회 세게 걷어차 피해자는 그 자리에서 외상성 뇌저부 지주막하출혈상으로 사망에 이르렀다.

[법원의 판단]

▶ 피고인을 징역 3년에 처한다.

▶ 다만, 이 판결 확정일부터 4년간 위형의 집행을 유예한다.

▶ 집행유예의 이유 : 초범, 우발적이고 동기에 참작할 점이 있는 점, 상습적으로 가정폭력을 행사한 피해자에게도 잘못이 있는 점, 피해자의 처 및 딸이 간절히 피고인의 선처를 호소하고 있는 점

▶ 피고인은 칼로 자신의 얼굴에 상해를 가하는 피해자의 공격을 받고 이를 방어하기 위해 폭력을 행사해 정당방위에 해당된다고 한다. 그래서 죄가 되지 않는다고 주장하나, 증거에 의하면, 피고인이 피해자의 얼굴 부위를 주먹으로 수차례 때리고 피해자의 머리와 배 부위를 발로 각

---

1 2006고합265 판결 발췌 및 재구성

1회 세게 걷어찼을 당시 피해자는 이미 피고인에 의하여 거실 바닥에 넘어진 상태였다. 피고인은 그 후에도 피해자의 몸 위에 올라타 위와 같이 주먹과 발로 피해자의 얼굴, 머리, 배 부위를 때렸다. 당시 피해자는 피고인의 구타를 피하고자 얼굴을 돌리며 몸통을 뒤집기도 하였다. 당시 피고인의 나이는 24세인 반면, 피해자는 65세였던 사실을 인정할 수 있는바, 피고인의 행위는 방어행위인 동시에 공격행위의 성격을 가진다. 정당방위 또는 과잉방어행위라고 볼 수 없어 위 주장은 근거가 되지 않는다.

추가적으로, 가정폭력을 당해오다 강력범죄를 저지른 피고인에 관해 검사가 처벌이 너무 가볍다는 이유로 항소를 제기했습니다. 법원이 이를 기각하면서 내린 판단의 내용도 눈여겨 볼 만하지요.

▶ 양형조사결과 등에 의하면 피해자가 생전에 가족들에게 행한 폭력은 쉽사리 감내할 수 없을 만큼 그 정도가 매우 심했던 것으로 보인다. 이러한 가정폭력에 오랜 기간 동안 노출되어왔을 피고인의 심리상태를 고려하면, 단순히 범행 당시의 상황만으로 피고인의 범행동기에 참작할 사유가 없다고 단정하기 어렵다. 이 사건 범행과 피해자의 사망 일시 사이의 간격이나 피해자의 병력 및 범행 이후의 정황(이 사건 범행 직후 피고인의 신고를 받은 경찰이 출동하였는데, 피해자는 병원 후송을 거부하고 주거지에서 피해자 진술을 마쳤다)에 비추어 볼 때, 피해자의 사망이라는 중한 결과의 발생에는 피해자의 지병이 상당한 영향을 미친 것이 분명하다. 피고인의 직업, 연령, 가정환경 등의 양형조건을 함께 고려하면, 원심이 피고인에게 선고한 형은 적정하고 너무 가벼워서 부당하다고는 인정되지 않는다. 위 주장은 채택될 근거가 되지 않는다.

─ 가정폭력 피해의 영향

한 일간지의 보도에 따르면[1], 강력범죄자 중에 부모의 이혼·외도·불화·알코올 중독·정신질환 등으로 성장기에 고통을 받은 경우가 66.7%에 달했다고 합니다. 이는 실제 살인·강도·성범죄 혐의로 유죄 판결을 받은 강력범죄자 159명의 가정환경 등을 조사한 자료에 기반한 통계였습니다. 비록 그 대상이 된 인원이 적어서 일반화하기는 어렵지만요. 적어도 가정폭력에 대한 사회적 책무를 강화해야 한다는 근거가 될 수 있을 겁니다.

또한, 가정폭력 피해 청소년 심리특성과 관련된 한 연구자료[2]에서는 다음과 같은 후유증에 대해 선행연구 및 이론의 검토를 통해 언급하고 있습니다.

- 가정폭력에 노출된 청소년은 정체성 확립이 힘들며, 부적응 문제행동을 보인다. 이는 청소년 비행과 일탈행동을 동반한다. 이들은 문제해결 대처방법으로서의 폭력을 상대에게 외현하며, 부모에게 저항하는 수단으로서 가출과 비행, 절도, 성적 일탈, 자살시도 등 심각한 문제행동을 한다.
- 정서적·심리적 학대를 당한 아동은 자존감이 낮고 우울경향을 보이며 자기주장에 미숙하다. 대인관계를 잘 맺지 못하기도 한다. 산만한 행동을 하고, 타인의 평가에 민감하며 늘 수동적인 자세를 보인다.

---

1 중앙일보, http://news.joins.com/article/8308602
2 김미애. (2011). 가정폭력 피해 청소년 심리특성에 따른 임상적 개입 방안에 관한 연구. 지역사회연구, 19(3), 123144.

- 청소년들은 자신이 경험하는 가정폭력이 타인에게 노출될 것을 걱정한 나머지 걱정과 불안으로 위축된다. 무가치한 자기상을 갖게 되면서 심리 내부적으로 심각한 수치심을 갖는다. 이는 대인관계 시 심각한 고립으로 연결된다.
- 학대받은 아동들은 부정적인 사고를 가져 자신감 없어지고 자신을 곧잘 평가절하한다. 이러한 특징은 인간관계에서 낮은 자존감으로 원만한 대인관계 구축에 많은 장애를 가진다.
- 가정폭력 피해 청소년은 공격성이 상황보다 과한 행동을 표출한다. 외적 공격과 행동화를 통해 억압된 불안과 공격성이 스트레스 상황 시 더 이상 심리적 긴장을 보유할 수 없을 때 행동화로 외현되는 경향이 있다.
- 자녀의 비행행동과 부모의 폭력행동 간에는 밀접한 관계가 있다. 부모의 문제행동이 청소년의 문제행동(절도, 무분별한 성행동, 자학, 자살시도, 폭력행동 표출 등)을 유발한다. 스트레스 상황에서 감정의 통제력을 상실하기도 한다.

가정폭력 피해 경험이 비행 위험성에 미치는 영향에 관한 연구[1]에 따르면, 가정폭력 피해와 관련된 불안, 정신증, 대인예민성, 자살에 친숙한 사고, 수동적인 대인관계를 가진 청소년들은 비행위험성에 노출되었을 때 더 취약하게 반응합니다.

또, 가정폭력으로 인한 만성적인 정서적 불안이 대인관계를 형성하는데 부정적 영향을 끼치지요. 우울, 정신분열증과 같은 정신건강의 문

1   이혜지, 이수정, 윤희진. (2015). 가정폭력 피해 경험이 비행 위험성에 미치는 영향. 한국심리학회지: 사회 및 성격, 29(2), 4156.

제는 피해자가 합리적인 판단을 내리는데 어려움을 야기합니다.

한편, 헌법재판소 결정(2014헌바266)자체에서도 정서적 학대에 관해 다음과 같은 판단을 한 바가 있습니다.

- 정서적 학대행위가 오랫동안 지속될 경우, 그로 인한 피해는 신체 손상에 비하여 상대적으로 치유가 어렵고 원상회복이 어려운 경우가 적지 않아, 아동에 대해 미치는 부정적인 영향은 신체적·성적 학대행위 못지않게 심각할 수 있다. 그럼에도 불구하고 그동안 아동 학대행위가 가정 내부의 문제 또는 아동훈육의 문제로 취급되면서 국가의 개입이 소극적으로 이루어졌고, 학대행위자가 대부분 부모나 보호자라는 이유로 '원가정보호'라는 목적 하에 비교적 경미하게 처벌됨에 따라 아동학대가 근절되지 않고 있다.

가정폭력의 피해자들은 사회적 통념과 자책감 등으로 외부에 도움을 요청하기 어렵습니다. 사회적으로도 가정폭력에 개입하는 것이 쉬운 일이 아닙니다. 그래서 피해자들은 반복적이고 지속적으로 폭력에 노출되고 있지요.

나아가 가정폭력의 후유증으로 피해자들은 오랜 기간 고통을 겪게 될 수 있습니다.

가정폭력의 징후는 미리 발견해야 합니다. 조기에 아동, 청소년을 보호할 수 있도록 세심하게 관찰해야 한다는 사실은 몇 번 강조해도 지나치지 않습니다. 또, 지침과 법령에 정해진 바대로 조치를 취하는 것도 중요하지요.

[3] 유의하여야 할 가정폭력 및 아동학대의 사례들
사례를 통해 알게 되는 가정폭력의 심각성

최근 법원의 판결을 살펴보면, 가정폭력 범죄행위를 한 가해자들에 대하여 실형을 선고하는 사례가 늘고 있는 것으로 보입니다. 얼마 전 아내를 폭행해 전치 8주의 상해를 입히고 이를 말리던 아이의 얼굴을 때린 남성에게 징역 6개월의 실형이 선고된 바가 있지요.

이 재판에서 가해자는 폭행을 하려거나 피해자들에게 상해를 입히려는 고의가 없었다고 합니다. 오히려 방어를 하는 과정에서 어쩔 수 없이 행한 정당방위라고까지 주장했지요. 하지만 폭행을 당한 아내와 아이의 진술은 달랐습니다. 이전에도 아내를 밀쳐 넘어뜨리는 등 폭행의 전력이 있는 것도 밝혀졌습니다. 결국, 재판부는 정당방위로 볼 수 없다는 판단을 내렸습니다. 특히 아내에게 입힌 상해 정도가 가볍지 않다는 점, 합의 노력도 없었다는 점으로 엄격한 판단을 내리게 되었지요. 나아가 어머니를 폭행하는 과정을 목격하고, 이를 막으려다가 상처를 입은 피해아동이 받았을 충격과 피해를 고려한 처벌입니다.

이러한 처벌이 굉장히 약한 수준이라고 주장하는 사람도 있을 겁니다. 하지만 예전에는 가정폭력을 단지 가정 내 문제라고 여겨 누구도 개입하지 못했던 시절이 있습니다. 재판을 받아도 집행유예 등 실형을 선고하지 않기도 했지요. 이에 비하면 훨씬 엄격하게 처리되고 있는 것입니다. 물론 안타깝게도 이렇게 변화된 배경에는 많은 아이들의 고통과 희생이 있었습니다.

위 사례뿐 아니라, 우리는 가정폭력으로 인해 아이들이 큰 피해를 입거나 치유하는 과정에서도 고통을 호소하는 것을 간접적으로나마 목격해왔습니다. 모든 아동학대 행위가 안타까움과 분노의 대상이 되지만, 사망에 이르는 경우 분노를 넘어 극심한 두려움마저 듭니다. 또한 아이들을 보호해야할 어른이, 사회의 구성원으로서 죄책감이 들 겁니다. 다음은 사회적으로 큰 물의를 일으켰던 사건의 실제 판결을 통해 그 심각성과 유의점을 살펴보도록 하겠습니다.

— 가정폭력으로 인한 사망 사건[1]

이 사건에서의 가해자인 피고인은 피해자 전○○(여, 13세)와 전△△(11세)의 친어머니입니다. 이 가해자는 입양을 하여 가정폭력을 행한 것이 많은 관심의 중심이 된 이유 중의 하나였습니다. 남편B와 별거하고 있던 중 ○○복지회 D로부터 피해자 C(여, 위탁 당시 14개월)을 위탁받아 함께 생활하다가 정식으로 입양을 한 것이지요. 이 사건을 요약하면 다음과 같습니다.

---

1   2014고합356 판결 발췌, 재구성

[사건의 요약]

▶ 25개월에 불과한, 입양한 아이를 학대(전신을 무차별적으로 폭행, 찬물을 전
신에 뿌림, 매운 고추를 먹임)하여 사망에 이르렀다.

▶ 가해자는 재판 과정에서도 살인의 고의가 없었고 훈육 목적에 불과하
므로 살인이나 학대가 아니라고 주장했다(쇠파이프로 때린 것이 아니라 사
무용 자로 때렸다고 주장함).

▶ 공판 과정에서 가해자가 쇠파이프를 다급하게 숨겼다는 점이 드러났으
며, 아이가 사망에 이르는 동안 병원에 가지 않고 검색한 기록이 증거로
제출되었다.

▶ 피고인은 징역 20년에 처해졌다(살인죄 및 아동학대 인정).

이 사건에서 재판부는 "사망 당시 25개월이었던 아이는, 가해자가 보
호자인 역설적인 상황에서 죽음으로써만 피해 사실을 사회에 알릴 수
있었다"고 명시했습니다. 자세한 사건의 경위와 판단을 보면서 가정폭
력의 위험성과 특징 파악에 도움이 되기를 바랍니다.

[사건의 경위(공소사실)]

▶ **입양자녀인 피해자 C에 대한 학대 및 그로 인한 사망**

피고인은 주거지에서, 피해자(당시 17개월)가 말을 듣지 않는다는 이유로
피해자의 머리를 피고인의 손바닥에 멍이 들 정도로 수 회 때렸다. 피해
자의 온몸을 손과 쇠파이프(행거용 지지대, 전체길이 75㎝, 두께 2.7㎝)로 수
회 때렸으며, 이에 그치지 아니하고 매운 고추를 잘라서 물과 함께 숟가
락으로 강제로 먹였다. 심지어 찬물을 피해자의 전신에 뿌리기까지 했다.

▶ 피고인은 위 주거지에서, 피해자(당시 25개월)가 행사에서 소란을 피웠다

는 이유로 피해자의 등 부위를 손바닥으로 세게 2회가량 때리고, 집안 현관문 주변 신발장 앞에 서 있게 했다. 같은 날 18시경 피해자들과 닭을 먹으면서 닭껍질을 매운 소스에 찍어서 피해자에게 먹였으며, 닭 뼈(7~8cm, 다리 부위)를 피해자에게 강제로 먹였다.

▸ 피고인은 2014년 10월 25일 오후(당시 피해자 나이 25개월) 위 주거지에서, 보쌈을 먹으면서 불상의 이유로 피해자에게 생마늘을 5개가량을 강제로 먹였다. 같은 날 21시경 피고인의 다른 두 자녀들과 저녁식사를 하면서 피해자에게 식사를 제공하지 않았다.

▸ 위와 같은 사건이 발생할 즈음, 피고인은 전남편 B에게 알리지 않고 구입한 차량문제로 B와 문자메시지를 주고받으며 다툼이 있었다. B는 '앞으로 연락하지 않겠다, 생활비를 지급하지 않겠다'는 취지로 회신하여 기분이 나쁜 상태였다. 또, 피고인은 5,000여만 원 상당의 채권을 가지고 있던 S로부터 채무 독촉 문자메시지를 수차례 전송받아 극도로 스트레스를 받았다.

▸ 그러던 중 피고인은 저녁식사 후 설거지를 하는 동안 피해자 C(여, 사망 당시 25개월)가 거실에서 놀다가 밥 먹을 때 사용하던 쇠젓가락으로 전기콘센트 구멍에 집어넣는 장난을 치자 이를 본 큰딸 전○○이 피고인을 불러 거실로 나왔다.

▸ 이때 피해자의 장난을 목격한 피고인은 양손으로 피해자의 양 볼을 잡고서 훈계하다가 피해자의 양 손목을 잡았으나 피해자가 잘못을 뉘우치지 않는다고 생각하여 그 피해자의 머리 부위를 손바닥으로 3~4회 때려 바닥에 넘어뜨렸다. 그전부터 피해자를 체벌하는 데 사용한 쇠파이프(행거용 지지대, 전체길이 75cm, 두께 2.7cm)를 가져와 때릴 시늉을 하면서 피해자에게 "다시 한 번 더 해봐"라고 말하였으나 피해자가 그 말을

제대로 알아듣지 못하고 같은 행동을 반복했다.

▶ 피고인은 약 30분 동안 격분하여 왼손으로 서 있던 피해자의 왼손을 잡고서 위 쇠파이프를 이용하여 피해자의 머리, 허벅지, 종아리, 엉덩이, 팔 등을 포함한 전신을 수십 회 가량 때렸다. 피해자의 멱살을 잡고 강하게 흔드는 그 과정에서 피해자가 극도의 공포심을 느껴 피고인에게 잡혀 있던 왼팔을 빼다가 뒤로 바닥에 강하게 부딪치며 넘어졌다. 그러나 피고인은 재차 넘어진 피해자를 일으켜세워 위 쇠파이프를 이용해 계속 피해자의 머리, 허벅지, 종아리, 엉덩이, 팔 등을 폭행했다. 이 과정에서 피해자가 무릎을 꿇고 양손을 비비며 "잘못했어요"라고 수차례 용서를 빌었음에도 위 쇠파이프를 이용하여 계속해서 무릎을 꿇고 있던 피해자의 무릎, 허벅지, 엉덩이 등 전신을 수차례 가격했다.

▶ 그런 후 피고인은 같은 날 23시경 거실에 있던 피해자를 데리고 부엌으로 들어가, 그때부터 약 20분 동안 그곳 부엌에 보관 중이던 매운 고추(빨간색 청양고추) 3개를 가위로 1cm 내지 1.2cm가량 너비로 자른 다음, 밥그릇에 담고는 거기에 물을 부어 피해자에게 강제로 떠먹였다.

▶ 피고인은 이에 그치지 아니하고 같은 날 23:20경 위 주거지 화장실로 피해자를 데리고 간 다음, 그때부터 같은 날 23:30경까지 약 10분 동안 피해자의 옷을 모두 벗기고 추위로 몸을 웅크리고 화장실 벽면에 기대어 앉아 있던 피해자의 얼굴을 향하여 샤워기를 이용하여 찬물을 뿌리고, 다시 피해자를 일으켜 세운 다음 피해자의 머리 위에서 샤워기를 이용하여 찬물을 뿌렸다.

▶ 피고인은 위와 같이 위험한 물건인 쇠파이프를 이용하여 약 30분 동안 무참히 피해자의 머리, 허벅지, 종아리, 엉덩이, 팔 등을 포함한 전신을 가격하면 피해자가 사망에 이를 수도 있다는 것을 충분히 인식하고도

위와 같이 피해자를 무차별적으로 가격했다.

▸ 피고인은 위와 같이 피해자 C을 때려 피해자로 하여금 병원 응급실에서 외상성 뇌경막하 출혈, 다발성 타박상 등으로 사망하게 하여 피해자를 살해했다.

▸ **피해자 전○○에 대한 학대행위**

피고인은 큰딸인 피해자 전○○가 미용실에서 머리를 짧게 이발하고 왔다는데 화가 나, 한손에 가위를 들고 다른 한손으로 피해자의 머리카락을 잡아당기면서 "가위로 더 잘라줄 테니까, 이리오라"고 하면서 야단을 쳤다. 피해자의 머리가 피고인의 마음에 들지 않으니까 "집 밖에서는 절대로 머리를 풀지 않겠다. 이를 어길시 삭발함. 엄마허락 없이 뭐든지 마음대로 시행하지 않겠다"라는 내용의 각서를 작성하게 했다. 그리고 이를 누구든지 읽어볼 수 있는 곳인 위 주거지 거실 장식장에 붙였다. 이로써 피고인은 피해자의 정신건강 및 발달에 해를 끼치는 정서적 학대행위를 했다.

▸ **피해자 전○○, 전△△에 대한 정서적 학대행위**

피고인은 피해자들이 있는 자리에서 위 입양자녀 C을 학대했다. C을 무참히 가격하고, 매운 고추를 다량 먹이고, 찬물을 뿌리는 등 가혹행위를 한 후 C으로 하여금 병원응급실에서 외상성 경막하 출혈, 다발성 타박상 등으로 사망하게 하여 C을 살해하는 등 8개월 동안 18개월 내지 25개월인 C을 상대로 한 잔혹한 폭행 등 학대행위를 그대로 목격하게 했다. 피고인은 피해자들의 정신건강 및 발달에 해를 끼치는 정서적 학대행위를 한 것이다.

[피고인 측의 주장]

▶ 입양자녀인 피해자 C을 살해하였다는 공소사실에 대하여, 피고인은 쇠파이프가 아니라 사무용 자로 위 피해자의 엉덩이, 허벅지, 다리 등을 때렸을 뿐 머리를 가격하지 않았고 살인의 고의가 없었으므로 위 공소사실을 인정할 수 없다.

▶ 피해자 C 및 전○○, 전△△에 대한 공소사실 기재와 같은 학대행위는 없었고 설령 그러한 행위가 있었더라도 훈육 목적에 불과하므로 학대라고 평가할 수 없다.

[법원의 판단]

▶ 피고인을 징역 20년에 처한다. (살인죄 및 아동학대 인정)

▶ 친딸인 전○○은 입양자녀 피해자 C이 사망한 직후 피고인과 함께 응급실에 있으면서 피고인과 말을 맞추고, 전△△에게 연락을 취하여(당시 전△△는 게임을 너무 많이 한다는 이유로 피고인에게 휴대전화를 빼앗긴 상태여서 전○○은 옆집 주민을 통해서 전△△와 연락할 수 있었다) 우선적으로 쇠파이프를 버릴 것을 지시했다.

▶ 피해자 C의 사체 하지에는 다수의 광범위한 좌상이 있다. 특히 좌측 하지측면부에는 수십 차례에 걸친 구타흔이 있는데, 피고인이 피해자 C을 때릴 때 사용하였다고 주장하는 사무용 자는 너무 넓어 그에 의해서는 발생하기 어렵다. 하지만 쇠파이프의 두께는 2.7cm로 위 구타흔적의 폭과 부합된다(부검의 O의 진술).

▶ 위 각 사정을 종합하면, 만일 피고인이 사무용 자로 피해자 C을 때린 것이라면 전○○과 전△△가 군이 사무용 자가 아닌 쇠파이프를 다급하게 숨길 이유가 없다. 중선출혈의 폭과 쇠파이프의 두께 등을 고려할 때

피고인은 피해자 C를 쇠파이프로 때린 것이다.

▶ 위 피해자를 데리고 응급실을 찾는 등의 상식적이고 일반적인 구조 방법을 미룬 채, 전문가가 아님에도 피고인이 임의로 인터넷을 검색하여 스스로 구호조치를 취했다. 피고인은 폭행 및 상해를 가한 바로 다음 날 4시 58분경 "저체온증"을, 같은 날 6시 30분 "아기 열 내리는 방법, 아기 해열제" 등을 각 검색하였는데 피고인이 입력한 검색어에 비추어 볼 때, 피해자 C의 출혈량이 많아 체온이 낮아졌거나 두부 손상에 의해 체온조절중추가 마비된 상황으로 판단되고 피해자 C의 나이와 체격 등을 고려하면 매우 위급한 상황이었던 것으로 보인다. 피고인은 같은 날11시 47분경에는 "곤장 맞고 어혈 풀어주는 것"을 검색하였는데 피고인 스스로도 피해자 C을 폭행한 정도가 심각하였음을 인식하고 범행이 발각될 것이 두려워 피해자 C을 병원에 데려가지 않고 119에도 신고하지 않았던 것으로 보인다.

▶ 한편, 각 증거에 의하면, 이 사건 각 학대행위가 있었다고 인정되는 바, 피해자 전○○의 나이와 당시 상황 등을 고려할 때 피고인이 직접 가위를 들고 전○○의 머리를 가위로 자르는 시늉을 하며 각서를 작성하게 한 행위는 전○○에 대해 충분한 위협이 된다. 그리고 정신건강 및 발달에 해를 끼치는 행위로 평가된다. 또한, 피고인이 피해자 전○○, 전△△에게 C을 학대하는 모습을 고스란히 노출하여 그들로 하여금 그러한 장면을 목격하게 한 것은 위 피해자들이 만성적인 폭력 행위에 대하여 무감각해지고 비정상적인 상황을 정상적인 것으로 인식하게 한다. 위 피해자들의 정서 발달에 부정적인 영향을 미친 것이다. 모두 아동복지법상 처벌되는 학대행위이다.

▶ 피고인은 어린 아기를 좋아하여 제대로 키우고 싶은 마음에 입양하였

을 뿐 다른 의도는 없었다고 주장한다. 하지만 입양 절차에서 관련 문서를 위·변조하면서까지 입양을 했다. 입양 당시는 남편과 별거한지 약 1년가량 되었다. 피고인의 소비 수준이 경제력에 비하여 과다한 편이었다. 월세도 거의 내지 못할 정도로 어려움을 겪기도 했다. 이에 비추어 보면 금전적 동기가 있었던 것은 아닌지 의심이 든다. 피고인은 피해자 C를 애정으로 키웠다고 하지만 피해자를 학대하는 이중적인 태도를 보였다. 이는 피해자 C을 마치 자신의 소유물인 것처럼 생각하며 순간적인 자신의 감정에 따라 피해자 C을 대했기 때문이다.

▶ 피해자 C은 사망 당시 25개월에 불과했다. 피고인이 학대행위를 하더라도 피해자는 이를 외부에 호소할 방법이 없었다. 가해자가 보호자인 역설적인 상황에서 죽음으로써만 피해 사실을 사회에 알릴 수 있었다. 피고인은 일부러 입양하여 잘 키우겠다는 약속과 함께 피해자 C을 자신의 가정에 데리고 왔다. 때문에 피해자 C을 보호·양육함에 있어 더 세심한 배려가 필요했다. 그러나 피고인의 폭행으로 어린 생명이 희생되는 돌이킬 수 없는 결과가 초래되었다. 피고인은 엄중한 형사 책임을 부담해야 한다.

▶ 이와 같이 이 사건 변론에 나타난 양형의 조건이 되는 여러 사정, 즉 이 사건 범행으로 침해된 법익의 중대성과 범행동기의 비합리성, 범행 과정 및 범행 후의 정황에 따르면 아동학대범죄에 대한 처벌을 강화하기 위해 새로이 시행된 아동학대범죄의 처벌 등에 관한 특례법의 취지에 따라 처벌되어야 마땅하다. 아동학대범죄는 보호자의 지위에 있는 사람이 그 책임을 저버리고 방어능력이 전무하다시피 한 아동을 대상으로 아동의 정상적 발달을 저해할 수 있는 신체적·정신적·성적 폭력 등을 저지르는 것이다. 피고인은 아동의 현재뿐만 아니라 미래에 상당한 부정적

영향을 미치는 중대한 범죄를 저질렀다. 엄한 처벌이 불가피하다는 국민적 공감대도 충분히 형성되어 있는 점까지 종합적으로 고려할 때, 피고인에게는 엄중한 처벌이 내려져야 한다. 이에 주문과 같은 형(20년 형)을 정한다.

— 정서적 폭력, 가혹행위 판결[1]

한편, 생명·신체에 위험을 가져올 수 있는 반인륜적 침해행위에 이르지 않는다 할지라도, 아동 및 청소년을 유기하거나 방임하는 행위에 준하여 정서적 폭력이나 가혹행위 등 아동의 정신건강 및 발달에 위험을 가져오는 경우에도 처벌을 결정한 판결이 있습니다. 비록 이 사건의 경우, 피해아동이 어리고 어린이집에서 일어난 일이지만, 가정 내에서도 유사한 양상이 발견될 수 있습니다.

[사건의 요약]

▶ 보육교사가 만 3세 아동에게 휴대전화로 무서운 영상을 틀어준 사건

▶ 아이는 극도의 공포심을 호소하였으며 심리치료를 받기도 함

▶ 보육교사는 아이가 사소한 것에 놀라는 성격이며 학대한 적이 없다고 주장했다

▶ 법원은 당시 피해아동의 반응과 행동을 근거로 정서적 학대가 있었다고 인정했다(벌금형선고)

---

1 2015고단651 판결 발췌, 재구성

이 사건에서는 정서적 학대에 대한 법원의 해석에 주목해야 합니다. 비단 보육교사뿐 아니라 아이를 보호하고 양육하는 모든 사람들이 잘 알아두어야 하는 내용입니다. 가정폭력의 경우에도 이와 비슷한 정서적 학대가 이루어질 가능성이 높습니다. 그러므로 '아동을 유기하거나 방임하는 행위에 준하여 정서적 폭력이나 가혹행위 등으로 아동의 정신건강 및 발달에 위험을 가져올 것이 명백히 인정되는 행위'도 학대이며, 이 사례처럼 '무서운 영상을 보여주어 위협을 한 행위'도 처벌대상이 될 수 있다는 점을 기억해두기 바랍니다.

[사건의 경위]

▶ 보육교사인 피고인이, 낮잠을 자기 위해 누워 있던 원아인 피해자(3세)에게 휴대전화로 무서운 영상을 틀어 주었다. 이를 시청한 피해자는 다리가 떨릴 정도로 극도의 공포심을 느껴 울었다. 아동복지법상 정서적 학대행위를 하였다는 내용으로 기소된 사안이다.

[피고인의 주장]

▶ 무서운 영상을 보여준 사실이 없고, 오히려 피해 아동이 종종 사소한 것에 놀라 다리와 팔을 떨면서 우는 소양이 있었으며, 피고인도 이를 알고 있었기에 이불로 덮어주고 달래주어 곧 잠들 수 있도록 하였을 뿐 정서적으로 학대한 사실이 없다고 주장함.

[법원의 판결]

▶ 정서적 학대행위는 유형력 행사를 동반하지 아니한 정서적 학대행위나 유형력을 행사하였으나 신체의 손상에까지 이르지는 않고 정서적 학대

에 해당하는 행위를 가리킨다(2011도6015판결 참조).

▶ 각 증거에 의하면, 피고인이 보육교사로 근무하던 위 어린이집 낮잠 시간에 피해아동(2011년 5월생)이 낮잠을 자지 않자, 피고인의 휴대폰에 저장된 영상을 피해아동에게 보여주려고 했다. 피해아동이 이를 보기도 전에 다리를 떨며 거부 반응을 보인 사실, 그럼에도 피고인은 피해아동으로 하여금 강제로 이를 보게 했고, 이에 피해아동이 경기를 일으키듯이 팔과 다리를 떨며 울음을 터뜨린 사실, 피고인의 휴대폰에는 소위 도깨비 어플이 설치되어 있는 사실, 피해 아동이 '어머니에게 엄마 말을 듣지 않거나 밥을 먹지 않으면 유령이 나타나서 잡아가는지' 묻기도 한 사실, 불안감과 두려움을 호소하여 심리 치료를 받기도 한 사실을 인정할 수 있다.

▶ 아동복지법상 아동학대죄에서 정서적 학대행위는 유기에 준할 정도로 아동을 보호 없는 상태에 두었다. 생명·신체에 위험을 가져올 수 있는 반인륜적 침해행위가 아니더라도, 최소한 아동의 신체에 손상을 주는 등의 행위나 보호·감독 아래에 있는 아동을 유기하거나 방임하는 행위에 준하여 정서적 폭력이나 가혹행위 등으로 아동의 정신건강 및 발달에 위험을 가져올 것이 명백히 인정된다.

▶ 피고인은 무서운 영상을 보여준 것이 아니라고 주장하고 있다. 물론 영상이나 사진의 내용이 무엇인지 증거능력이 있는 증인에 의해 증명되지도 않았다. 그러나 당시 피해아동의 반응과 행동을 면밀히 살펴볼 때, 피고인이 피해아동에게 1회적으로 문제의 영상이나 사진을 보여준 것이라면, 그 영상을 보기도 전에 거부반응을 보이진 않았을 것이다. 그렇다면 피고인은 그전에도 최소한 한 차례 이상 피해아동이 두려워하는 영상을 보여주어 위협했다는 것이다. 피해아동이 쉽게 공포심을 느끼더라

도 이를 이용해 공포심을 야기하는 영상을 강제로 보게 하는 행위가 정당화될 수는 없다. 피해아동은 어머니에게 불안감과 두려움을 호소했고 그로 인해 심리 치료를 받았다. 피고인의 행위는 피해아동의 정신건강 및 발달에 해를 끼치는 정서적 학대행위가 된다.

▶ 피고인을 벌금 150만 원에 처한다.

지금까지 아동학대 및 가정폭력의 양상을 실제 사례를 통해 살펴보았습니다. 직접 연관이 있는 경우가 아니더라도, 우리 모두에게는 가정폭력의 극심한 피해를 당하고 있는 아이들을 발견하여 보호조치를 취해야 하는 사회적 의무가 있습니다. 극단적으로는 사망으로 이어질 수 있는 가정폭력 문제를 민감하게 바라보고 경각심을 가져야할 것입니다.

4

가정폭력방지 및 피해자보호에 관하여 알아둘 점

가정폭력의 안전망, '법률'을 알아 두자

2017년에는 가정폭력방지 및 피해자보호 등에 관한 법률 제정 20주년을 맞아 토론회 등 여러 행사가 열렸습니다. 다른 법에 비해 역사가 길진 않지만, 이 법이 우리 사회에서 자리잡기 위해 지난 세월 동안 많은 사람들이 노력했지요. 하지만 여전히 가정폭력에 있어서의 대응이나 피해회복에 개선이 필요하다는 지적이 나오고 있습니다.

그중 대표적인 것은, 건강한 가정 육성이라는 '가정보호'를 우선시했다는 점입니다. 즉, 피해자의 고통을 외면하거나 가볍게 보고 '건강하지도 못한' 가정을 유지하는 데에 중심을 둔 것은 아닌가라는 점이 비판의 대상이 된 것이지요. 이러한 비판에 따라, 2002년에는 법률에 피해자 보호의 목적을 추가했습니다. 그럼에도 여전히 가정폭력의 근절과 피해자보호라는 입법취지를 제대로 구현하지 못하고 있다는 비판적 견해가 존재합니다[1].

그런데 우리는 현행의 가정폭력방지 및 피해자보호 등에 관한 법률은 잘 알고, 그것을 활용하고 있을까요? 가끔 가정폭력의 문제에 관하여 해결책을 묻는 질문에 대해 '현재 법률에 이러한 내용이 있다'는 취지로 대답할 때가 있습니다. 그때마다 많은 사람들이 그러한 법의 내용을 처음 들어보았다는 이야기를 하지요. 그만큼, 우리는 가정폭력 문제를 해결할 수 있는 법률과 제도를 일정 부분 마련해놓았다는 사실을 모릅니다. 사람들이 가정폭력과 관련된 법률을 심도있게 알아 보지 못해서 아닐까요?

아래에서는 가정폭력방지 및 피해자보호 등에 관한 법률이 어떻게 만들어지게 되었으며, 어떤 측면을 개선하고 강조하기 위해 법이 개정되었는지를 알아보도록 하겠습니다.

— 가정폭력방지법은 어떻게 만들어졌을까?

가정폭력방지 및 피해자보호 등에 관한 법률(약칭: 가정폭력방지법)은 법률 제5487호로 1997년 12년 31일에 제정되어 1998년 7월 1일 시행되었습니다. 수많은 가정폭력 문제를 해결하라고 촉구하는 국민들의 높아진 목소리를 반영한 것입니다. 그 제정 이유를 살펴보지요.

---

[1]　정현미(2017). 가정폭력 사건에 대한 수사단계의 문제점과 효율적 대응방안. 법학논집, 22(2) : 177202

⚜ 제정 이유

가정폭력방지 및 피해자보호 등에 관한 법률은 가정 내의 폭력으로 인하여 가정이 파산되고 가정구성원이 신체적·정신적 피해를 당하고 있어 가정폭력을 예방하고 가정폭력으로 인한 피해자를 보호함으로서 건전한 가정을 육성하려는 것이다.

가. 국가와 지방자치단체는 가정폭력의 예방과 피해자의 보호를 위하여 법적·제도적 장치를 마련하고, 이에 필요한 예산상의 조치를 취하도록 한다(법 제4조).

나. 국가와 지방자치단체는 가정폭력상담소와 가정폭력피해자보호시설을 설치·운영할 수 있도록 하고, 민간이 설치·운영하는 가정폭력상담소는 신고제로 하는 한편, 가정폭력피해자보호시설은 사회복지법인 기타 비영리법인이 인가를 받아 설치·운영할 수 있도록 한다(법 제5조 및 제7조).

다. 국가 또는 지방자치단체는 이 법에 의한 상담소 또는 보호시설의 설치·운영에 소요되는 경비의 일부를 보조할 수 있도록 한다(법 제13조).

라. 의료기관은 가정폭력 피해자본인·가족·친지 또는 상담소나 보호시설의 장 등의 요청이 있는 경우 피해자에 대한 치료·상담 등을 실시하여야 하며, 이에 필요한 비용은 가정폭력을 행한 자가 부담하도록 하되, 다만, 가정폭력을 행한 자가 비용을 부담할 능력이 없는 때에는 국가 또는 지방자치단체가 이를 부담한 후 구상권을 행사하도록 한다(법 제18조).

마. 상담소 또는 보호시설에서 업무에 종사했거나 하고 있는 자는 그 업무상 알게 된 비밀을 누설해서는 안 되며 이를 위반할 시에는 1년 이하의 징역 또는 500만 원 이하의 벌금에 처하도록 한다(법 제20조).

이후, 가정폭력방지법은 사회적 필요성에 기하여 여러 논의가 진행되었고 여러 차례의 개정과정을 거치게 됩니다. 근래에 개정된 조항들 중 중요한 부분을 살펴보면 아래와 같습니다.

(1) 2006년의 개정 (2006.10.29.시행)

개정이유

현행법은 건전한 가정의 육성 및 가정의 보호와 유지를 그 기본으로 하고 있어 피해자의 관점에서 실질적인 지원은 미흡한 실정인 바, 피해자에 대한 보호와 지원을 이 법의 궁극적인 목적으로 하는 한편, 피해자에 대한 신속하고 적절한 보호와 지원을 통하여 피해자가 가정폭력의 위험으로부터 벗어나 주체적인·삶을 영위할 수 있도록 보호 및 지원체계를 정비하고, 피해자가 동반한 가정구성원에 대한 보호의 내용을 구체적으로 명시하려는 것이다.

주요내용

가. 가정폭력 실태조사(법 제4조의2 신설)

여성가족부장관은 3년마다 가정폭력 실태조사를 실시하여 이를 가정폭력의 예방을 위한 정책수립에 활용하도록 한다.

나. 가정폭력 예방교육 실시(법 제4조의3 신설)

「초·중등교육법」에 의한 각급 학교의 장은 가정폭력의 예방 및 방지를 위한 교육을 실시하도록 한다.

다. 아동에 대한 취학지원(법 제4조의4 신설)

국가 또는 지방자치단체는 피해자 또는 피해자가 동반한 가정구성원이 아동인 경우 주소지 외의 지역에서 취학할 필요가 있을 때, 취학이 원활히 이루어지도록 지원해야 한다.

(2) 2009년의 개정 (2009.11.9.)

개정이유

가정폭력피해자들이 폭력 피해로부터 벗어나기 위해 기존에 살던 집을 떠나는 경우, 경제적 자립을 위한 안정적인 기반을 제공하기 위해 가정폭력 피해자에게 임대주택에 대한 우선입주권을 부여해야 한다. 또, 가정폭력피해자를 즉각적으로 보호하기 위해 여성부장관 또는 시·도지사는 가정폭력피해자의 신고

접수, 상담, 관련 기관·시설로의 연계 및 긴급한 구조를 위한 긴급전화센터를 설치·운영하도록 하고, 긴급전화센터·상담소 및 보호시설 종사자의 자질향상을 위하여 교육을 실시하도록 하는 등 현행 제도의 운영상 나타난 일부 미비점을 개선·보완하려는 것이다.

주요내용

가. 임대주택에 대한 우선입주권 부여(안 제4조제1항)

  1) 피해자의 안정적인 주거지원을 통해 경제적자립기반을 마련하여 줄 필요가 있다.

  2) 가정폭력피해자에게 임대주택에 대한 우선입주권을 부여한다.

나. 긴급전화센터의 설치·운영(안 제4조의6 신설)

  1) 시·도 권역별 여성긴급전화 1366센터와 여성부 이주여성 긴급전화 1366센터가 설치·운영 중이나 안정적인 운영을 위하여 법률에 그 근거를 마련할 필요가 있다.

  2) 여성부장관 또는 시·도지사는 가정폭력피해자의 신고접수, 상담, 관련 기관·시설로의 연계 또는 긴급한 구조를 위하여 긴급전화센터를 설치·운영하도록 하는 등 긴급전화센터의 설치·운영 근거를 법제화한다.

다. 가정폭력피해자 보호시설의 입소 및 퇴소(안 제7조의3 및 제7조의4 신설)

  1) 가정폭력피해자의 보호시설 입소 및 퇴소에 관한 사항은 법률상 중요사항임에도 불구하고 현재는 여성부령에 규정되어 있어, 법률에 이를 명시할 필요가 있다.

  2) 가정폭력피해자 중 본인이 입소를 희망하거나 입소에 동의하는 경우 보호시설에 입소하게 하는 한편, 본인의 의사 또는 입소에 동의한 보호자의 요청에 따라 보호시설을 퇴소할 수 있도록 하고, 보호시설의 장은 보호목적이 달성되거나 보호기간이 끝난 경우 퇴소를 명할 수 있도록 한다.

  3) 이와 같이 법률에 가정폭력피해자 보호시설의 입소·퇴소에 관하여 명확히 규정함으로써 가정폭력피해자의 인권보호가 강화될 수 있을 것으로 기대된다.

라. 보수교육의 실시(안 제8조의4 신설)(생략)

(3) 2013년의 개정 (2014.1.31.시행)

개정이유

가정폭력에 대한 사회적 인식을 개선하기 위하여 각급학교의 장 외에 국가기관 및 지방자치단체의 장, 그 밖에 대통령령으로 정하는 공공단체의 장도 가정폭력 예방교육을 실시하도록, 국가와 지방자치단체는 가정폭력행위자로부터 협박과 위협을 겪고 있는 가정폭력 관련 시설 종사자의 신변보호를 위한 대책을 마련하도록 해야한다. 가정폭력범죄의 신고가 접수된 때에는 지체 없이 현장에 출동하고 피해자나 신고자 등은 가정폭력행위자로부터 분리된 곳에서 조사하며, 가정폭력 행위자가 경찰의 현장조사 거부 등 업무수행을 방해하는 경우 과태료를 부과할 수 있는 근거를 마련하고, 가정폭력범죄에 경찰이 보다 적극적으로 대응할 수 있도록 하려는 것이다.

주요내용

가. 국가와 지방자치단체는 피해자와 가정폭력 관련 시설 종사자의 신변보호를 위한 안전대책 마련하도록 하고, 가정폭력행위자로부터 가정폭력 관련 시설 종사자를 긴급히 구조할 필요가 있는 경우 수사기관의 협조를 요청할 수 있도록 한다(안 제4조제1항제6호 신설, 안 제9조의2).

나. 국가기관, 지방자치단체 및 그 밖에 대통령령으로 정하는 공공단체의 장은 가정폭력 예방교육을 실시하도록 한다(안 제4조의3).

다. 상담소의 업무에 신고자·상담요청자 및 그 가족에 대한 상담 업무와 가정폭력 예방교육을 추가한다(안 제6조제1호의2 신설, 안 제6조제5호).

라. 보호시설입소자에 대한 지원 내용에 직업훈련비를 추가한다(안 제7조의5제1항제4호 신설).

마. 사법경찰관리는 가정폭력범죄의 신고가 접수된 때 지체 없이 현장에 출동하도록 하고, 긴급전화센터, 상담소 또는 보호시설의 장에게 소속 직원의 동행을 요청할 수 있으며, 피해자와 신고자 등이 자유롭게 진술할 수 있도록 가정폭력 행위자로부터 분리된 곳에서 조사하도록 한다(안 제9조의4).

바. 가정폭력 행위자가 현장조사 거부 등 업무 수행을 방해하는 경우 5백만원 이하의 과태료를 부과하도록 한다(안 제22조제1항 신설).

(4) 2015년의 개정 (2015.12.23. 시행)

개정이유

가정폭력 피해자의 신변노출 방지 및 보호·지원 체계를 구축하고, 긴급지원센터의 업무에 피해자 및 피해자가 동반한 가정구성원의 임시보호 기능을 추가하며, 가정폭력 추방주간을 신설하고, 보호시설의 업무에서 구상권 청구 규정을 삭제하며, 긴급지원센터 등의 종사자의 자격기준을 정비하는 등 피해자 지원체계를 정비하기 위함이다.

주요내용

가. 국가 등의 책무에 피해자 신변노출 방지 및 보호·지원 체계 구축을 추가한다(제4조제1항 제7호 신설).

나. 긴급전화센터의 업무에 경찰관서 등으로부터 인도받은 피해자 및 피해자가 동반한 가정구성원의 임시 보호 기능을 추가한다(제4조의6제1항제4호 신설).

다. 가정폭력 추방 주간을 신설한다(제4조의7 신설).

라. 보호시설의 업무에서 가정폭력행위자에 대한 구상권 청구 조항을 삭제한다(제8조제3항 삭제).

마. 긴급전화센터, 상담소 및 보호시설 종사자의 자격기준 중 금치산자 또는 한정치산자를 피성년후견인 또는 피한정후견인으로 변경한다(제8조의2제1항제1호).

위와 같은 개정과정을 보면, 피해자의 보호나 지원체계에 관하여 보다 상세하고 실질적인 정비를 하려는 노력을 알 수 있습니다. 아직 부족한 점은 있으나 현재의 법률에 대한 활용도를 높이는 것과 함께 개선되어 가야 할 내용입니다.

─ 가정폭력방지법을 실제로 활용하려면!

(1) 신고

가정폭력방지법은 긴급전화센터를 설치, 운영해야 한다고 규정하여 신고접수는 물론 상담, 시설과의 연계, 긴급한 구조의 지원, 임시 보호 등의 업무를 수행하도록 하고 있습니다.

제4조의6(긴급전화센터의 설치·운영 등)

① 여성가족부장관 또는 특별시장·광역시장·도지사·특별자치도지사(이하 "시·도지사"라 한다)는 다음 각 호의 업무 등을 수행하기 위하여 긴급전화센터를 설치·운영하여야 한다. 이 경우 외국어 서비스를 제공하는 긴급전화센터를 따로 설치·운영할 수 있다.
  1. 피해자의 신고접수 및 상담
  2. 관련 기관·시설과의 연계
  3. 피해자에 대한 긴급한 구조의 지원
  4. 경찰관서 등으로부터 인도받은 피해자 및 피해자가 동반한 가정구성원(이하 "피해자등"이라 한다)의 임시 보호

또한, 가정폭력방지법은 가정폭력 상담소를 설치, 운영할 수 있다고 규정하고 있으며 가정폭력을 신고 받거나 이에 관한 상담에 응하는 일은 물론 피해자 등을 임시로 보호하거나 의료기관 또는 가정폭력피해자 보호시설로 인도하는 것도 업무내용으로 합니다.

제5조(상담소의 설치·운영)

① 국가나 지방자치단체는 가정폭력 관련 상담소(이하 "상담소"라 한다)를 설치·운영할 수 있다.

② 국가나 지방자치단체 외의 자가 상담소를 설치·운영하려면 특별자치도지사·시장·군수·구청장(구청장은 자치구의 구청장을 말하며, 이하 "시장·군수·구청장"이라 한다)에게 신고하여야 한다.

③ 상담소의 설치·운영기준, 상담소에 두는 상담원의 수와 신고절차 등에 필요한 사항은 여성가족부령으로 정한다.

상담소의 업무는 다음과 같습니다.

제6조(상담소의 업무)

1. 가정폭력을 신고 받거나 이에 관한 상담에 응하는 일

   1의2. 가정폭력을 신고하거나 이에 관한 상담을 요청한 사람과 그 가족에 대한 상담

2. 가정폭력으로 정상적인 가정생활과 사회생활이 어렵거나 그 밖에 긴급히 보호를 필요로 하는 피해자등을 임시로 보호하거나 의료기관 또는 제7조 제1항에 따른 가정폭력피해자 보호시설로 인도(引渡)하는 일

3. 행위자에 대한 고발 등 법률적 사항에 관하여 자문하기 위한 대한변호사협회 또는 지방변호사회 및 「법률구조법」에 따른 법률 구조법인(이하 "법률구조법인"이라 한다) 등에 대한 필요한 협조와 지원의 요청

4. 경찰관서 등으로부터 인도받은 피해자등의 임시 보호

5. 가정폭력의 예방과 방지에 관한 교육 및 홍보

6. 그 밖에 가정폭력과 그 피해에 관한 조사·연구

이러한 법률만 살펴보면 정확하게 어떻게 접근해야 할지 체감이 되지 않을 수 있지요. 법률에 따라 운영되거나, 그와 관련하여 신고 또는 관련 정보를 확인할 수 있는 곳은 다음과 같습니다.

- 경찰 민원포털 112 (아동학대, 가정폭력)
- 중앙아동보호전문기관 www.korea1391.go.kr
- 여성긴급전화 국번없이 1366
- 다누리콜센터(이주여성) 15771366
- 한국가정법률상담소 16447077
- 대한법률구조공단 국번 없이 132

(2) 사법경찰관리[1]의 현장출동 등

위 (1)과 같이 신고가 있는 경우 경찰은 지체 없이 가정폭력의 현장에 출동해야 합니다. 이때 경찰은 피해자 보호의 목적 아래 조사나 질문을 할 수 있으며 정당한 사유 없이 현장조사를 거부·기피하는 등 업무 수행을 방해한 가정폭력행위자에게는 500만 원 이하의 과태료를 부과하도록 규정되어 있습니다.

제9조의4(사법경찰관리의 현장출동 등)

① 사법경찰관리는 가정폭력범죄의 신고가 접수된 때에는 지체 없이 가정폭력의 현장에 출동해야 한다.

② 제1항에 따라 출동한 사법경찰관리는 피해자를 보호하기 위하여 신고 된 현장 또는 사건 조사를 위한 관련 장소에 출입하여 관계인에 대하여 조사를 하거나 질문을 할 수 있다.

③ 가정폭력행위자는 제2항에 따른 사법경찰관리의 현장 조사를 거부하는 등 그 업무 수행을 방해하는 행위를 해서는 안 된다.

---

1 형사소송법 제196조 (사법경찰관리)
① 수사관, 경무관, 총경, 경정, 경감, 경위는 사법경찰관으로서 모든 수사에 관하여 검사의 지휘를 받는다.
② 사법경찰관은 범죄의 혐의가 있다고 인식하는 때에는 범인, 범죄사실과 증거에 관하여 수사를 개시·진행하여야 한다.
⑤ 경사, 경장, 순경은 사법경찰리로서 수사의 보조를 하여야 한다.

④ 제2항에 따라 출입, 조사 또는 질문을 하는 사법경찰관리는 그 권한을 표시하는 증표를 지니고 이를 관계인에게 내보여야 한다.

⑤ 제1항에 따른 현장출동 시 수사기관의 장은 긴급전화센터, 상담소 또는 보호시설의 장에게 가정폭력 현장에 동행하여 줄 것을 요청할 수 있고, 요청을 받은 긴급전화센터, 상담소 또는 보호시설의 장은 정당한 사유가 없으면 그 소속 상담원을 가정폭력 현장에 동행해야 한다.

⑥ 제2항에 따라 조사 또는 질문을 하는 사법경찰관리는 피해자·신고자·목격자 등이 자유롭게 진술할 수 있도록 가정폭력행위자로부터 분리된 곳에서 조사하는 등 필요한 조치를 해야 한다.

제22조(과태료)

① 정당한 사유 없이 제9조의4제3항을 위반하여 현장조사를 거부·기피하는 등 업무 수행을 방해한 가정폭력행위자에게는 500만 원 이하의 과태료를 부과한다.

(3) 취학지원, 보호, 치료보호, 등

여러 사례에서 보았듯이 가정폭력은 주로 주거지에서 자행되는 경우가 많습니다. 그렇기 때문에 피해 아동이 주소지 외로 이사를 가는 것이 필요할 수 있습니다. 이때 교육의 기회를 그 취지대로 부여하고 안전하게 교육받을 수 있는 권리를 보장하기 위하여 다음과 같이 취학지원조항이 명확하게 정해져 있지요.

제4조의4(아동의 취학 지원)

① 국가나 지방자치단체는 피해자나 피해자가 동반한 가정구성원이 아동인 경우 주소지 외의 지역에서 취학(입학·재입학·전학 및 편입학을 포함한다. 이하 같다)할 필요가 있을 때에는 그 취학이 원활히 이루어지도록 지원해야 한다.

또한, 보호시설을 설치해 해당 아동이 입소를 희망하거나 입소에 동의하는 경우 보호시설에 입소할 수 있도록 했습니다. 아동교육지원비나 아동양육비 등을 지원받을 수 있지요. 보호시설에서는 숙식의 제공뿐 아니라 심리적 안정과 사회적응을 위한 상담 및 치료, 수사기관의 조사와 법원의 증인신문(證人訊問)에의 동행 등을 업무내용으로 합니다. 나아가 가정폭력 피해자가 치료를 필요로 하는 경우, 의료기관에서 치료보호를 실시할 수 있으며 이에 대한 일체의 비용은 원칙적으로 가정폭력행위자(가해자)가 부담합니다. 그러나 '피해자 의사의 존중 의무' 규정을 두어 상담소나 보호시설의 장은 피해자 등의 명시한 의사에 반하여, 보호나 치료보호를 할 수 없도록 하고 있으므로 알아둘 필요가 있답니다.

제7조의3(보호시설의 입소대상 등)

① 보호시설의 입소대상은 피해자등으로서 다음 각 호의 어느 하나에 해당하는 경우로 한다.

1. 본인이 입소를 희망하거나 입소에 동의하는 경우
2. 「장애인복지법」 제2조에 따른 지적장애인이나 정신장애인, 그 밖에 의사능력이 불완전한 자로서 가정폭력행위자가 아닌 보호자가 입소에 동의하는 경우
3. 「장애인복지법」 제2조에 따른 지적장애인이나 정신장애인, 그 밖에 의사능력이 불완전한 자로서 상담원의 상담 결과 입소가 필요하나 보호자의 입소 동의를 받는 것이 적절하지 못하다고 인정되는 경우

제7조의5(보호시설에 대한 보호비용 지원)

① 국가나 지방자치단체는 보호시설에 입소한 피해자나 피해자가 동반한 가정구성원의 보호를 위하여 필요한 경우 다음 각 호의 보호비용을 보호시설의

장 또는 피해자에게 지원할 수 있다. 다만, 보호시설에 입소한 피해자나 피해자가 동반한 가정 구성원이 「국민기초생활 보장법」 등 다른 법령에 따라 보호를 받고 있는 경우에는 그 범위에서 이 법에 따른 지원을 하지 않는다.

1. 생계비

2. 아동교육지원비

3. 아동양육비

4. 직업훈련비

5. 그 밖에 대통령령으로 정하는 비용

제8조(보호시설의 업무)

① 보호시설은 피해자등에 대하여 다음 각 호의 업무를 행한다. 다만, 피해자가 동반한 가정 구성원에게는 제1호 외의 업무 일부를 하지 아니할 수 있고, 장기보호시설은 피해자등에 대하여 제1호부터 제5호까지에 규정된 업무(주거편의를 제공하는 업무는 제외한다)를 하지 않을 수 있다.

1. 숙식의 제공

2. 심리적 안정과 사회적응을 위한 상담 및 치료

3. 질병치료와 건강관리(입소 후 1개월 이내의 건강검진을 포함한다)를 위한 의료기관에의 인도 등 의료지원

4. 수사기관의 조사와 법원의 증인신문(證人訊問)에의 동행

5. 법률구조기관 등에 필요한 협조와 지원의 요청

6. 자립자활교육의 실시와 취업정보의 제공

7. 다른 법률에 따라 보호시설에 위탁된 사항

8. 그 밖에 피해자등의 보호를 위하여 필요한 일

② 장애인보호시설을 설치·운영하는 자가 제1항 각 호의 업무를 할 때에는 장애인의 특성을 고려하여 적절하게 지원할 수 있도록 해야 한다.

제9조(피해자 의사의 존중 의무) 상담소나 보호시설의 장은 피해자 등

의 명시한 의사에 반하여 제8조제1항과 제18조의 보호를 할 수 없다.

제18조(치료보호)

① 의료기관은 피해자 본인, 가족, 친지나 긴급전화센터, 상담소 또는 보호시설의 장 등이 요청하면 피해자에 대하여 다음 각 호의 치료보호를 실시해야 한다.

1. 보건에 관한 상담 및 지도

2. 신체적·정신적 피해에 대한 치료

3. 그 밖에 대통령령으로 정하는 의료에 관한 사항

② 제1항의 치료보호에 필요한 일체의 비용은 가정폭력행위자가 부담한다.

③ 제2항에도 불구하고 피해자가 치료보호비를 신청하는 경우에는 국가나 지방자치단체는 가정폭력행위자를 대신하여 제1항의 치료보호에 필요한 비용을 의료기관에 지급하여야 한다.

④ 국가나 지방자치단체가 제3항에 따라 비용을 지급한 경우에는 가정폭력행위자에 대하여 구상권(求償權)을 행사할 수 있다. 다만, 피해자가 보호시설 입소 중에 제1항의 치료보호를 받은 경우나 가정폭력행위자가 다음 각 호의 어느 하나에 해당하는 경우에는 그러하지 아니하다.

1. 「국민기초생활보장법」 제2조에 따른 수급자(受給者)

2. 「장애인복지법」 제32조에 따라 등록된 장애인

지금까지 현행의 법률을 통해 우리 사회가 어떠한 해결책을 가지고 있는지를 살펴보았습니다. 가정폭력방지법은 그 신고나 상담을 위한 절차를 규정하고 있으며 경찰의 현장출동에 관한 규정도 자세하게 두고 있습니다. 또한 보호나 치료보호, 취학지원 등의 제도를 구비하고 있으므로 가정폭력의 징후가 아이들에게 보일 시 상세한 사항은 바로 상담 및 신고 절차를 활용할 수 있을 것입니다.

5

가정폭력범죄의 처벌에 관한 특례가 있다!

더욱 무겁게 다루어지는 가정폭력범죄와 그 적용

많은 경우 '왜 가정폭력을 엄격하게 다루지 않느냐'라는 질문을 받을 때가 있습니다. 또한, 법을 제정하거나 개정해야 한다는 목소리도 높지요. 이렇게 가정폭력에 대해 경각심을 갖자는 논의는 충분히 귀 기울여야 합니다. 사회 구성원들로 하여금 조금 더 책임감을 갖도록해야 합니다. 같은 취지에서, 현재는 어떻게 법이 적용되고 있으며 왜 처벌을 받는지 알아두는 것은 매우 중요합니다.

가정폭력범죄의 처벌 등에 관한 특례법(약칭:가정폭력처벌법)은 가정폭력범죄의 형사처벌 절차에 관한 특례를 정하고 가정폭력범죄를 범한 사람에 대해 환경의 조정과 성행(性行)의 교정을 위한 보호처분을 합니다. 가정폭력범죄로 파괴된 가정의 평화와 안정을 회복하고 건강한 가정을 가꾸며 피해자와 가족구성원의 인권을 보호함을 목적으로 하고 있지요(제1조).

가정폭력처벌법 또한 가정폭력방지법과 비슷한 시기인 1997년 12월

13일에 제정되었고 1998년 7월 1일에 시행되었습니다. 가정폭력처벌법의 제정 이유와 배경은 이렇습니다. '가정폭력이 그 문제의 심각성에도 불구하고 가정 내의 문제로 치부되어 사회적으로 방치되어 왔으나 최근 가정폭력이 다른 사회적 폭력보다 지속적이고 상습적으로 행하여지고 있다는 우려가 제기되면서 가정폭력에 사회와 국가가 적극 개입하여 해결하여야 한다는 여론이 증가하고 있어, 가정폭력범죄행위자에 대한 보호처분을 도입하고 가정폭력으로 입은 손해에 대한 민사처리 특례를 규정하는 등 궁극적으로 건강한 가정을 육성하고 가정의 평화와 안정을 회복하려는 것임'이라고 하여 가정폭력에 사회와 국가가 적극 개입하여 해결하려는 의도입니다.

보호처분										불처분	기타	미제
1호 접근 행위 제한	2호 접근 행위 제한 (전기통 신이용)	4호 사회 봉사·수강 명령	5호 보호 관찰	7호 치료 위탁	8호 상담 위탁	1·5호	4·5호	5·8호	기타			
78	2	2,614	1,622	104	4,393	63	1,356	455	681	9,792	642	6,603

연도 \ 구분	접수	처리	전년에 대한 증감비율(%) (▽는 감소)	
			접수	처리
2007	4,737	4,550	12.5	▽ 5.1
2008	4,865	5,132	2.5	12.8
2009	4,714	4,822	▽ 3.1	▽ 6.0
2010	3,257	3,812	▽ 30.9	▽ 20.9
2011	3,087	2,971	▽ 5.2	▽ 22.1
2012	3,801	3,626	23.1	22.0
2013	6,468	5,699	70.2	57.2
2014	9,489	8,586	46.7	50.7
2015	20,131	16,868	112.2	96.5
2016	22,482	21,802	11.7	29.3

가정폭력처벌법 상 가정보호사건 접수사례

이에 따라 법원에 가정폭력처벌법 상 가정보호사건으로 접수되는 사례는 최근 3년간 다음과 같이 증가하고 있습니다. 따라서 보호관찰이나 상담위탁 등의 처분이 결정되고 있지요[1].

현재 시행되고 있는 법률은 많은 한계에도 불구하고 우리가 활용할 만한 장치를 구비하고 있는 것은 사실입니다. 이를 잘 알아두어야 가정폭력으로부터 아이들을 지키는 첫걸음이 될 수 있지요. 이제 이러한 장치들에 대해 알아보도록 하겠습니다.

— 가정폭력처벌법 상의 조치

(1) 응급조치, 긴급임시조치와 고소의 특례

가정폭력범죄가 진행 중인 경우, 경찰은 즉시 현장에 나가서 폭력행위를 제지하는 등의 조치를 해야 합니다. 일반적인 범죄와 달리 특례를 두어 가정폭력행위자가 자기 또는 배우자의 직계존속인 경우에도 고소할 수 있지요.

또한, 사법경찰관[2]은 응급조치에도 불구하고 가정폭력범죄가 재발될 우려가 있고, 긴급을 요하여 법원의 임시조치 결정을 받을 수 없을 때에는 직권 또는 피해자나 그 법정대리인의 신청에 의하여 100미터 이내의 접근 금지 등의 긴급임시조치를 할 수 있습니다.

---

1   2017사법연감 http://www.scourt.go.kr/portal/news/NewsViewAction.work?pageIndex=1&searchWord=&searchOption=&seqnum=3&gubun=719
2   형사소송법 제196조 (사법경찰관리)
① 수사관, 경무관, 총경, 경정, 경감, 경위는 사법경찰관으로서 모든 수사에 관하여 검사의 지휘를 받는다.
⑥ 경사, 경장, 순경은 사법경찰리로서 수사의 보조를 하여야 한다.

제5조(가정폭력범죄에 대한 응급조치)

진행 중인 가정폭력범죄에 대하여 신고를 받은 사법경찰관리는 즉시 현장에 나가서 다음 각 호의 조치해야 한다.

1. 폭력행위의 제지, 가정폭력행위자·피해자의 분리 및 범죄수사

2. 피해자를 가정폭력 관련 상담소 또는 보호시설로 인도(피해자가 동의한 경우만 해당한다)

3. 긴급치료가 필요한 피해자를 의료기관으로 인도

4. 폭력행위 재발 시 제8조에 따라 임시조치를 신청할 수 있음을 통보

제8조의2(긴급임시조치)

① 사법경찰관은 제5조에 따른 응급조치에도 불구하고 가정폭력범죄가 재발될 우려가 있고, 긴급을 요하여 법원의 임시조치 결정을 받을 수 없을 때에는 직권 또는 피해자나 그 법정대리인의 신청에 의하여 제29조 제1항 제1호부터 제3호까지의 어느 하나에 해당하는 조치(이하 "긴급임시조치"라 한다)[1]를 할 수 있다.

② 사법경찰관은 제1항에 따라 긴급임시조치를 한 경우에는 즉시 긴급임시조치결정서를 작성해야 한다.

③ 제2항에 따른 긴급임시조치결정서에는 범죄사실의 요지, 긴급임시조치가 필요한 사유 등을 기재해야 한다.

나아가, 검사는 이러한 가정폭력범죄의 재발 우려가 있는 사건에서

---

1 가정폭력처벌법 제29조(임시조치)
① 판사는 가정보호사건의 원활한 조사·심리 또는 피해자 보호를 위하여 필요하다고 인정하는 경우에는 결정으로 가정폭력행위자에게 다음 각 호의 어느 하나에 해당하는 임시조치를 할 수 있다
　1. 피해자 또는 가정구성원의 주거 또는 점유하는 방실(房室)로부터의 퇴거 등 격리
　2. 피해자 또는 가정구성원의 주거, 직장 등에서 100미터 이내의 접근 금지
　3. 피해자 또는 가정구성원에 대한 「전기통신기본법」 제2조제1호의 전기통신을 이용한 접근 금지
　4. 의료기관이나 그 밖의 요양소에의 위탁
　5. 국가경찰관서의 유치장 또는 구치소에의 유치

법원에 접근금지 등의 임시조치를 청구할 수 있습니다. 만약, 이미 경찰관이 긴급임시조치를 했을 때는 48시간 이내에 청구해야 합니다.

제8조(임시조치의 청구 등)

① 검사는 가정폭력범죄가 재발될 우려가 있다고 인정하는 경우에는 직권으로 또는 사법경찰관의 신청에 의하여 법원에 제29조 제1항 제1호·제2호 또는 제3호의 임시조치를 청구할 수 있다.

② 검사는 가정폭력행위자가 제1항의 청구에 의하여 결정된 임시조치를 위반하여 가정폭력범죄가 재발될 우려가 있다고 인정하는 경우에는 직권으로 또는 사법경찰관의 신청에 의하여 법원에 제29조 제1항 제5호의 임시조치를 청구할 수 있다.

③ 제1항 및 제2항의 경우 피해자 또는 그 법정대리인은 검사 또는 사법경찰관에게 제1항 및 제2항에 따른 임시조치의 청구 또는 그 신청을 요청하거나 이에 관하여 의견을 진술할 수 있다.

④ 제3항에 따른 요청을 받은 사법경찰관은 제1항 및 제2항에 따른 임시조치를 신청하지 아니하는 경우에는 검사에게 그 사유를 보고해야 한다.

제8조의3(긴급임시조치와 임시조치의 청구)

① 사법경찰관이 제8조의2제1항에 따라 긴급임시조치를 한 때에는 지체 없이 검사에게 제8조에 따른 임시조치를 신청하고, 신청 받은 검사는 법원에 임시조치를 청구해야 한다. 이 경우 임시조치의 청구는 긴급임시조치를 한 때부터 48시간 이내에 청구하여야 하며, 제8조의2제2항에 따른 긴급임시조치결정서를 첨부해야 한다.

② 제1항에 따라 임시조치를 청구하지 아니하거나 법원이 임시조치의 결정을 하지 아니한 때에는 즉시 긴급임시조치를 취소해야 한다.

한편, 형사소송법에는 '자기 또는 배우자의 직계존속을 고소하지 못한다'고 규정되어 있었기 때문에, 가해자가 직계존속인 가정폭력범죄에 있어서 고소의 제한이 있었습니다. 그러나 가정폭력처벌법에서는 이에 대한 명확한 특례를 두고 있지요.

제6조(고소에 관한 특례)

① 피해자 또는 그 법정대리인은 가정폭력행위자를 고소할 수 있다. 피해자의 법정대리인이 가정폭력행위자인 경우 또는 가정폭력행위자와 공동으로 가정폭력범죄를 범한 경우에는 피해자의 친족이 고소할 수 있다.

② 피해자는 「형사소송법」 제224조에도 불구하고 가정폭력행위자가 자기 또는 배우자의 직계존속인 경우에도 고소할 수 있다. 법정대리인이 고소하는 경우에도 또한 같다.

③ 피해자에게 고소할 법정대리인이나 친족이 없는 경우에 이해관계인이 신청하면 검사는 10일 이내에 고소할 수 있는 사람을 지정하여야 한다.

(2) 판사의 피해자보호명령

위와 같은 제도 외에도, 가정폭력 피해자나 그 법정대리인은 직접 판사의 결정으로 친권행사의 제한 등을 할 수 있는 '피해자보호명령' 결정에 대한 청구를 할 수 있으며, 이를 위해 소요되는 시간 동안의 피해를 고려하여 임시보호명령이 가능합니다.

어떠한 피해자 보호명령이 가능한지 우선 요약해보지요.

· 가해자를 집에서 퇴거시키는 등의 격리
· 집뿐 아니라 직장에서 100미터 이내는 접근을 금지함
· 전화, 문자 등의 전기통신을 이용한 접근금지
· 친권행사의 제한

이렇게 알아두면 요긴하게 활용할 수 있을 것입니다. 그런데 이러한 보호명령을 받기 전까지 어느 정도 시간이 걸리기 때문에 피해자의 보호가 시급한 문제가 될 수 있습니다. 이럴 때에는 '신변안전조치'를 신청하여 피해자의 안전을 위한 조치를 취할 수 있지요.

이는 기본적으로 판사의 피해자보호명령을 받는 절차로 진행되며, 자세한 사항은 다음의 규정과 같이 정해져 있습니다.

제55조의2(피해자보호명령 등)

① 판사는 피해자의 보호를 위하여 필요하다고 인정하는 때에는 피해자 또는 그 법정대리인의 청구에 따라 결정으로 가정폭력행위자에게 다음 각 호의 어느 하나에 해당하는 피해자보호명령을 할 수 있다.

1. 피해자 또는 가정구성원의 주거 또는 점유하는 방실로부터의 퇴거 등 격리

2. 피해자 또는 가정구성원의 주거, 직장 등에서 100미터 이내의 접근금지

3. 피해자 또는 가정구성원에 대한 「전기통신사업법」 제2조제1호의 전기통신을 이용한 접근금지

4. 친권자인 가정폭력행위자의 피해자에 대한 친권행사의 제한

② 제1항 각 호의 피해자보호명령은 이를 병과할 수 있다.

③ 피해자 또는 그 법정대리인은 제1항에 따른 피해자보호명령의 취소 또는 그 종류의 변경을 신청할 수 있다.

④ 판사는 직권 또는 제3항에 따른 신청에 상당한 이유가 있다고 인정하는 때에는 결정으로 해당 피해자보호명령을 취소하거나 그 종류를 변경할 수 있다.

⑤ 법원은 피해자의 보호를 위하여 필요하다고 인정하는 경우에는 피해자 또는 그 법정대리인의 청구 또는 직권으로 일정 기간 동안 검사에게 피해자에 대하여 다음 각 호의 어느 하나에 해당하는 신변안전조치를 하도록 요청할 수 있다. 이 경우 검사는 피해자의 주거지 또는 현재지를 관할하는 경찰서장에게 신변안전조치를 하도록 요청할 수 있으며, 해당 경찰서장은 특별한 사유가 없으면 이에 따라야 한다.

1. 가정폭력행위자를 상대방 당사자로 하는 가정보호사건, 피해자보호명령 사건 및 그 밖의 가사소송절차에 참석하기 위하여 법원에 출석하는 피해자에 대한 신변안전조치

2. 자녀에 대한 면접교섭권을 행사하는 피해자에 대한 신변안전조치

3. 그 밖에 피해자의 신변안전을 위하여 대통령령으로 정하는 조치

⑥ 제5항에 따른 신변안전조치의 집행방법, 기간, 절차, 그 밖에 필요한 사항은 대통령령으로 정한다.

제55조의3(피해자보호명령의 기간)

① 제55조의2제1항 각 호의 피해자보호명령의 기간은 6개월을 초과할 수 없다. 다만, 피해자의 보호를 위하여 그 기간의 연장이 필요하다고 인정하는 경우에는 직권이나 피해자 또는 그 법정대리인의 청구에 따른 결정으로 2개월 단위로 연장할 수 있다.

② 제1항 및 제55조의2제3항에 따라 피해자보호명령의 기간을 연장하거나 그 종류를 변경하는 경우 종전의 처분기간을 합산하여 2년을 초과할 수 없다.

제55조의4(임시보호명령)

① 판사는 제55조의2제1항에 따른 피해자보호명령의 청구가 있는 경우에 피해자의 보호를 위하여 필요하다고 인정하는 경우에는 결정으로 제55조의2제1항 각 호의 어느 하나에 해당하는 임시보호명령을 할 수 있다.

② 임시보호명령의 기간은 피해자보호명령의 결정 시까지로 한다. 다만, 판사는 필요하다고 인정하는 경우에 그 기간을 제한할 수 있다.

③ 임시보호명령의 취소 또는 그 종류의 변경에 대하여는 제55조의2제3항 및 제4항을 준용한다. 이 경우 "피해자보호명령"은 "임시보호명령"으로 본다.

(3) 가정폭력행위자(가해자)의 처리

범죄를 저지른 자에게는 관련 법령에 따라 공소제기공판 과정을 거쳐 형벌이 결정됩니다. 그러나 가정폭력 사건에서 친고죄나 반의사불벌죄

에 해당하는 행위가 문제가 될 때가 있지요. 쉽게 설명해볼까요? 일정한 행위에 있어서는 피해자가 처벌을 원하지 않거나, 고소를 하지 않는 경우 가해자를 처벌할 수 없다는 뜻입니다. 이뿐만 아니라 다양한 사정 하의 피해자 보호나 처벌이 공백이 생길 수가 있지요. 가정폭력처벌법은 아래와 같이 '가정보호사건'의 관한 처리 규정을 두어 이를 해결하고자 합니다.

제9조(가정보호사건의 처리)

① 검사는 가정폭력범죄로서 사건의 성질·동기 및 결과, 가정폭력행위자의 성행 등을 고려하여 이 법에 따른 보호처분을 하는 것이 적절하다고 인정하는 경우에는 가정보호사건으로 처리할 수 있다. 이 경우 검사는 피해자의 의사를 존중해야 한다.

② 다음 각 호의 경우에는 제1항을 적용할 수 있다.

1. 피해자의 고소가 있어야 공소를 제기할 수 있는 가정폭력범죄에서 고소가 없거나 취소된 경우

2. 피해자의 명시적인 의사에 반하여 공소를 제기할 수 없는 가정폭력범죄에서 피해자가 처벌을 희망하지 아니한다는 명시적 의사표시를 하였거나 처벌을 희망하는 의사표시를 철회한 경우

제9조의2(상담조건부 기소유예)

검사는 가정폭력사건을 수사한 결과 가정폭력행위자의 성행 교정을 위하여 필요하다고 인정하는 경우에는 상담조건부 기소유예를 할 수 있다.

위와 같이, 가정폭력범죄에서 고소가 없거나, 고소를 했더라도 취소를 할 경우 일반적인 절차로는 처벌이 되기 어렵습니다. 때문에 검사는 이를 '가정보호사건'이라는 특별한 절차로 처리하여 판사 앞에서 심리

(재판)을 받도록 하지요. 가해자에게 보호관찰과 수강명령 등의 불이익을 처분하여 교정이 되도록 하는 것입니다. 그 자세한 절차는 아래의 조항에서 확인할 수 있습니다.

제21조(조사명령 등)

① 판사는 가정보호사건조사관, 그 법원의 소재지 또는 가정폭력행위자의 주거지를 관할하는 보호관찰소의 장에게 가정폭력행위자, 피해자 및 가정구성원에 대한 심문(審問)이나 그들의 정신·심리상태, 가정폭력범죄의 동기·원인 및 실태 등의 조사를 명하거나 요구할 수 있다.

② 제1항에 따라 판사가 보호관찰소의 장에게 하는 조사요구에 관하여는 「보호관찰 등에 관한 법률」 제19조제2항 및 제3항을 준용한다.

제29조(임시조치)

① 판사는 가정보호사건의 원활한 조사·심리 또는 피해자 보호를 위하여 필요하다고 인정하는 경우에는 결정으로 가정폭력행위자에게 다음 각 호의 어느 하나에 해당하는 임시조치를 할 수 있다.

1. 피해자 또는 가정구성원의 주거 또는 점유하는 방실(房室)로부터의 퇴거 등 격리

2. 피해자 또는 가정구성원의 주거, 직장 등에서 100미터 이내의 접근 금지

3. 피해자 또는 가정구성원에 대한 「전기통신기본법」 제2조제1호의 전기통신을 이용한 접근 금지

4. 의료기관이나 그 밖의 요양소에의 위탁

5. 국가경찰관서의 유치장 또는 구치소에의 유치

② 동행영장에 의하여 동행한 가정폭력행위자 또는 제13조에 따라 인도된 가정폭력행위자에 대하여는 가정폭력행위자가 법원에 인치된 때부터 24시간 이내에 제1항의 조치 여부를 결정해야 한다.

③ 법원은 제1항에 따른 조치를 결정한 경우, 검사와 피해자에게 통지해야 한다.

④ 법원은 제1항 제4호 또는 제5호의 조치를 한 경우에는 그 사실을 가정폭력
행위자의 보조인이 있는 경우에는 보조인에게, 보조인이 없는 경우에는 법
정대리인 또는 가정폭력행위자가 지정한 사람에게 통지해야 한다. 이 경우
제1항 제5호의 조치를 했을 때에는 가정폭력행위자에게 변호사 등 보조인을
선임할 수 있으며 제49조제1항의 항고를 제기할 수 있음을 고지해야 한다.

⑤ 제1항 제1호부터 제3호까지의 임시조치기간은 2개월, 같은 항 제4호 및 제
5호의 임시조치기간은 1개월을 초과할 수 없다. 다만, 피해자의 보호를 위
하여 그 기간을 연장할 필요가 있다고 인정하는 경우에는 결정으로 제1항
제1호부터 제3호까지의 임시조치는 두 차례만, 같은 항 제4호 및 제5호의
임시조치는 한 차례만 각 기간의 범위에서 연장할 수 있다.

⑥ 제1항 제4호의 위탁을 하는 경우에는 의료기관 등의 장에게 가정폭력행위
자를 보호하는 데에 필요한 사항을 부과할 수 있다.

⑦ 민간이 운영하는 의료기관 등에 위탁하려는 경우에는 제6항에 따라 부과할
사항을 그 의료기관 등의 장에게 미리 고지하고 동의를 받아야 한다.

⑧ 판사는 제1항 각 호에 규정된 임시조치의 결정을 한 경우에는 가정보호사
건조사관, 법원공무원, 사법경찰관리 또는 구치소 소속 교정직공무원으로
하여금 집행하게 할 수 있다.

⑨ 가정폭력행위자, 그 법정대리인이나 보조인은 제1항에 따른 임시조치 결정
의 취소 또는 그 종류의 변경을 신청할 수 있다.

⑩ 판사는 직권으로 또는 제9항에 따른 신청에 정당한 이유가 있다고 인정하
는 경우에는 결정으로 해당 임시조치를 취소하거나 그 종류를 변경할 수
있다.

⑪ 제1항 제4호의 위탁의 대상이 되는 의료기관 및 요양소의 기준과 그 밖에
필요한 사항은 대법원규칙으로 정한다.

제33조(피해자의 진술권 등)

① 법원은 피해자가 신청하는 경우에는 그 피해자를 증인으로 신문해야 한다.
다만, 다음 각 호의 어느 하나에 해당하는 경우에는 그러지 않는다.

1. 신청인이 이미 심리 절차에서 충분히 진술하여 다시 진술할 필요가 없다고 인정되는 경우

2. 신청인의 진술로 인하여 심리 절차가 현저하게 지연될 우려가 있는 경우

② 법원은 제1항에 따라 피해자를 신문하는 경우에는 해당 가정보호사건에 관한 의견을 진술할 기회를 주어야 한다.

③ 법원은 심리를 할 때에 필요하다고 인정하는 경우에는 피해자 또는 가정보호사건조사관에게 의견 진술 또는 자료 제출을 요구할 수 있다. 이 경우 판사는 공정한 의견 진술 등을 위해 필요하다고 인정할 때에는 가정폭력행위자의 퇴장을 명할 수 있다.

④ 제1항부터 제3항까지의 경우 피해자는 변호사, 법정대리인, 배우자, 직계친족, 형제자매, 상담소등의 상담원 또는 그 기관장으로 하여금 대리하여 의견을 진술하게 할 수 있다.

⑤ 제1항에 따른 신청인이 소환을 받고도 정당한 이유 없이 출석하지 아니한 경우에는 그 신청을 철회한 것으로 본다.

제40조(보호처분의 결정 등)

① 판사는 심리의 결과 보호처분이 필요하다고 인정하는 경우에는 결정으로 다음 각 호의 어느 하나에 해당하는 처분을 할 수 있다.

1. 가정폭력행위자가 피해자 또는 가정구성원에게 접근하는 행위의 제한

2. 가정폭력행위자가 피해자 또는 가정구성원에게 「전기통신기본법」 제2조 제1호의 전기통신을 이용하여 접근하는 행위의 제한

3. 가정폭력행위자가 친권자인 경우 피해자에 대한 친권 행사의 제한

4. 「보호관찰 등에 관한 법률」에 따른 사회봉사·수강명령

5. 「보호관찰 등에 관한 법률」에 따른 보호관찰

6. 「가정폭력방지 및 피해자보호 등에 관한 법률」에서 정하는 보호시설에의 감호위탁

7. 의료기관에의 치료위탁

8. 상담소등에의 상담위탁

② 제1항 각 호의 처분은 병과(併科)할 수 있다.

③ 제1항제3호의 처분을 하는 경우에는 피해자를 다른 친권자나 친족 또는 적당한 시설로 인도할 수 있다.

④ 법원은 보호처분의 결정을 한 경우에는 지체 없이 그 사실을 검사, 가정폭력행위자, 피해자, 보호관찰관 및 보호처분을 위탁받아 하는 보호시설, 의료기관 또는 상담소등(이하 "수탁기관"이라 한다)의 장에게 통지하여야 한다. 다만, 수탁기관이 민간에 의하여 운영되는 기관인 경우에는 그 기관의 장으로부터 수탁에 대한 동의를 받아야 한다.

⑤ 제1항제4호부터 제8호까지의 처분을 한 경우에는 가정폭력행위자의 교정에 필요한 참고자료를 보호관찰관 또는 수탁기관의 장에게 보내야 한다.

⑥ 제1항제6호의 감호위탁기관은 가정폭력행위자에 대하여 그 성행을 교정하기 위한 교육해야 한다.

제41조(보호처분의 기간)

제40조제1항제1호부터 제3호까지 및 제5호부터 제8호까지의 보호처분의 기간은 6개월을 초과할 수 없으며, 같은 항 제4호의 사회봉사·수강명령의 시간은 200시간을 각각 초과할 수 없다.

제48조(비용의 부담)

① 제29조제1항제4호의 위탁 결정 또는 제40조제1항제7호 및 제8호의 보호처분을 받은 가정폭력행위자는 위탁 또는 보호처분에 필요한 비용을 부담한다. 다만, 가정폭력행위자가 지급할 능력이 없는 경우에는 국가가 부담할 수 있다.

② 판사는 가정폭력행위자에게 제1항 본문에 따른 비용의 예납(豫納)을 명할 수 있다.

③ 제1항에 따라 가정폭력행위자가 부담할 비용의 계산, 청구 및 지급 절차, 그 밖에 필요한 사항은 대법원규칙으로 정한다.

그런데 이러한 결정과 처분에 대하여 가해자가 이행하지 않는 경우가 있으므로, 이를 대비하여 '보호처분 등의 불이행 죄' 규정을 두고 있습니다. 즉, 접근제한이나 친권행사의 제한, 피해자보호명령을 가해자가 위반할 시에는 2년 이하의 징역 또는 2천만 원 이하의 벌금 또는 구류에 처하게 됩니다. 만약에 가해자가 상습적으로 불이행죄를 범한다면 3년 이하의 징역이나 3천만 원 이하의 벌금에 처해집니다.

⁺가정폭력범죄의 처벌 등에 관한 특례법

제63조(보호처분 등의 불이행죄)

① 다음 각 호의 어느 하나에 해당하는 가정폭력행위자는 2년 이하의 징역 또는 2천만 원 이하의 벌금 또는 구류(拘留)에 처한다.

  1. 제40조제1항제1호부터 제3호(접근제한, 친권행사의제한 등)까지의 어느 하나에 해당하는 보호처분이 확정된 후에 이를 이행하지 아니한 가정폭력행위자

  2. 피해자보호명령 임시보호명령을 받고 이를 이행하지 아니한 가정폭력행위자

② 상습적으로 제1항의 죄를 범한 가정폭력행위자는 3년 이하의 징역이나 3천만 원 이하의 벌금에 처한다.

이외에도 아동학대범죄의 처벌 등에 관한 특례법에 따라 아동학대범죄를 범한 사람이 아동의 생명에 대한 위험을 발생하게 하거나, 불구 또는 난치의 질병에 이르게 한 때에는, 3년 이상의 징역에 처해집니다. 상습범의 경우 가중처벌이 되므로 알아둘 만한 사항이지요.

(4) 부양비 및 손해배상의 청구

한편 가정폭력 피해자는 피해를 당하면서도 앞으로의 생계 유지에 대한 우려 때문에 신고를 꺼리기도 합니다. 치료비 등의 손해를 감수하여야 하기도 하지요. 이로 인해 장기간 동안 아이들까지 가정폭력에 시달리게 되는 상황도 많습니다. 관련 법을 살펴보면, 가정보호사건 절차를 거치면서 동시에 가해자에게 부양에 필요한 금전의 지급이나 물적 피해 및 치료비 손해의 배상을 하도록 법원에 배상명령신청을 할 수 있습니다.

> ### ✛ 가정폭력범죄의 처벌 등에 관한 특례법
>
> **제57조(배상명령)**
>
> ① 법원은 제1심의 가정보호사건 심리 절차에서 보호처분을 선고할 경우 직권으로 또는 피해자의 신청에 의하여 다음 각 호의 금전 지급이나 배상(이하 "배상"이라 한다)을 명할 수 있다.
>
>   1. 피해자 또는 가정구성원의 부양에 필요한 금전의 지급
>   2. 가정보호사건으로 인하여 발생한 직접적인 물적 피해 및 치료비 손해의 배상
>
> ② 법원은 가정보호사건에서 가정폭력행위자와 피해자 사이에 합의된 배상액에 관하여도 제1항에 따라 배상을 명할 수 있다.

지금까지 살펴본 바와 같이 가정폭력처벌법은 많은 조치를 취할 수 있도록 규정해놓고 있습니다. 그 이해도나 활용도가 낮아서 취지가 몰각되는 것은 안타까운 일입니다. 응급조치, 긴급임시조치와 고소의 특례, 피해자보호명령, 가정보호사건의 처리 등의 규정을 두어 가정폭력 문제를 사회와 국가가 적극 해결하고자 하는 의지를 담고 있습니다.

때문에 가정폭력범죄 발견 시 신고는 물론, 적극적으로 법조항에 확인하여 적정한 조치를 취하도록 조언하거나 요청하는 것이 도움이 될 것입니다.

6

가정폭력 피해 학생 지도 시에 각별히 유의할 사항은

훈육으로 포장되는 가정폭력에서 아이들을 구하는 방법

TV나 다른 매체를 통하여 가정 내에서 발생한 극악한 폭력은 물론 살해에 이르는 사건을 목격한 경험이 있을 것입니다. 이러한 상황을 접하게 되면 아이의 고통을 안타까워하며, 가해자의 행위에 분통을 터뜨리는 것은 당연하다. 하지만 그것만으로는 턱없이 부족하다는 것도, 우리 모두가 잘 알고 있지요.

아이들을 가정폭력과 아동학대로부터 구하는 일은 좀 더 큰 용기가 필요합니다. 그 모든 짐을 하나의 기관, 몇 명의 공무원이나 담당자가 지게 하는 것은 아이들을 구할 확률이 그만큼 낮아지는 이유가 될 것입니다. 보다 많은 사람들이 폭력문제에 민감하게 반응하고 그 특징을 알고 조기에 대처하는 것은 심각한 폭력으로부터 아이들을 구하는 길이 될 것입니다.

특히 가정폭력 사건에서 아이를 훈육하려다 피해를 입혔다거나, 생활고 때문에 어쩔 수 없다거나, 우울증 또는 알콜의존증 탓이라는 가해자의 주장을 자주 보게 됩니다. 만약 그들이 어쩔 수 없는 생활고에 시달리거나 특별한 병을 앓고 있다면, 그것을 미리 관리하지 못한 사회의 책임도 없다고 할 수 없습니다. 그러나 그러한 문제들이 아이에게 잔인한 고통을 안겨준 행위를 정당화할 수는 없습니다.

여전히 우리 사회에는 아이들의 유일한 보호자이면서 동시에 잔인한 가해자인 사람들이 존재합니다. 그리고 보호자에게 의지할 수밖에 없는 아이들은 그 고통을 드러내어 도움을 구하기가 어렵습니다. 그 사이에 아이들은 더욱 멍들고, 치유하기 어려운 상처를 오롯이 감당해내야 하지요. 우리가 더 이상 물러서 있을 수 없는 이유입니다. 이제 가정폭력의 사례를 통해 그 특성을 파악하고, 피해아동의 보호를 위하여 활용할만한 법률 조항을 알아보도록 하지요.

— 가정폭력 사례[1]에서 알 수 있는 보호의 필요성

가정폭력 가해행위를 하는 부모의 경우, 1) 자신에게 어떤 불행한 사정이 있다는 점을 강조하고 2) 자신의 행위에 대하여 '훈육'이라고 여기며 3) 자신이 상처 입힌 자녀의 피해 호소에 대하여 공감하지 못하는 태도를 보이는 경우가 많습니다.

모든 가정폭력에서 위와 같은 양상이 일률적으로 나타나는 것은 아니지만, 이러한 특성을 두면 아이들의 보호에 있어서 교사나 이웃, 주변의 어른들은 매우 중요한 지위를 가질 수밖에 없지요. 아래의 판결

1　2012고단2866 판결 발췌 및 재구성.

에서도 이를 확인할 수 있습니다.

[사건의 요약]

▶ 친아버지가 중학교 여학생인 딸에 대한 학대행위를 한 사례

▶ 아이가 거부하는 데도 힘든 일을 돕도록 강제하는 한편, 칼심을 던져 위협하거나 술을 마시고 야구방망이로 아이의 엉덩이를 때리는 등의 학대행위를 함

가해자는 훈육이라는 변명을 하였으나, 법원은 이를 학대로 인정하여 징역형의 집행유예, 보호관찰 및 알콜치료강의 수강명령을 선고함.

[사건의 경위]

▶ 피고인은 피해자 이◎◎(중학교 여학생)의 친아버지이다.

▶ 피해자에게 학교에 가지 않는 날이면 피고인의 일을 돕도록 강제하고, 피해자가 일을 돕는 날에는 15:00경부터 익일 03:00경까지 10 ~ 20㎏ 가량의 통을 나르는 일에 종사시켜 아동의 발달에 해를 끼치는 정서적 학대행위를 했다.

▶ 피해자가 피고인의 일을 돕는 것이 싫다고 하자, 커터 칼심을 피해자에게 던져 위협했다. 피해자가 커터 칼심을 피해 도망을 갔다는 이유로 술을 마시고 들어와 집 안에 있던 카메라 받침대로 피해자의 엉덩이를 수차례 때렸다. 그렇게 치료일수를 알 수 없는 상해를 가했다.

▶ 피해자가 학교에서 장학금으로 받은 30만 원으로 옷 등을 사 입었다는 이유로, 피해자를 엎드리게 한 후 그곳 방안에 있던 야구방망이로 피해자를 수회 때려 치료일 수를 알 수 없는 상해를 가했다.

▶ 피해자가 ◎◎◎을 만나 가정폭력에 대한 상담을 받았다는 이유로, 집

안에 있던 삽자루로 피해자의 엉덩이를 수차례 때렸다. 그리고 피해자에게 두 시간동안 머리를 땅에 디디고 엎드리게 하는 자세(일명 '머리박아')를 취하게 했다. 이는 아동의 신체에 손상을 주는 학대행위를 한 것이다.

[피고인(가해자) 측 주장]

▶ 피해자에게 강제로 일을 시킨 적이 없고, 피해자를 체벌한 적도 없으며 다만 피해자를 양육하는 과정에서 일탈을 일삼는 피해자를 훈육하기 위하여 꾸짖은 적이 있을 뿐이라는 취지의 주장을 했다.

[법원의 판단]

▶ 피해자가 이 법정, 수사기관, 보호시설에서 한 일관된 피해 진술, 피고인도 수사기관에서 ○○중학교 때부터 지팡이 등으로 엎드리게 한 후 허벅지를 주로 때렸고, 피고인의 일과 관련하여 피해자가 가기 싫다고 하여도 피고인 혼자 가면 지루해서 피해자를 데리고 갔다는 취지로 한 진술 등을 종합하면, 피고인이 판시 각 범죄사실에 기재된 바와 ○○중학교 여학생이던 피해자에게 생업을 위해 일을 시키고, 훈육에 필요하고 상당한 정도를 벗어난 체벌행위를 하여 피해자에게 신체적, 정신적으로 상처를 주는 학대행위를 하였음을 인정할 수 있다.

▶ 이 사건의 피고인은 여러가지 사정으로 실의에 빠져 불면증에 시달려 매일 술을 마셨고, 그때마다 어린 피해자에게 폭언과 폭행을 했으며, 주말에는 자신의 일터로 피해자를 데리고 나가 일을 시켰다. 그 과정에서 결국 피해자가 견디다 못해 보호시설로 도피하여 드러난 범행이다. 피고인의 엄한 체벌과 가혹행위로 인해 나이 어린 피해자가 입었을 정신적

피해가 상당했을 것으로 보인다. 피해자는 현재 피고인의 보복이 두려워서 보호시설 밖으로 나오지도 못한다. 결국 학업도 중단하고 있는 상황이다. 이런 점을 비추어 피고인의 범행의 죄질이 결코 가볍다고 할 수는 없는 바, 징역형을 선택하기로 한다.

▶ 다만 (생략) 양형의 조건이 되는 여러가지 사정을 참작하여 형을 정하고 그 형의 집행을 유예하되, 피고인이 범행을 부인하고 있고, 향후에도 음주상태에서 피해자에게 폭언·폭행 등 학대행위를 지속할 여지가 농후한 관계로 보호관찰 및 알콜치료강의 수강을 함께 명하여 재범을 방지하고 피고인에게도 자숙할 기회를 부여하기로 한다.

— 우리가 먼저 알아 두어야 할 '표준'

가정폭력 피해학생의 징후로는 어떤 것이 있을까요? 이제 자세히 다룰 교육부의 자료가 그 이해에 도움이 됩니다. 상처나 비위생적인 신체상태 등도 있겠지만, 계절에 맞지 않는 부적절한 옷차림, 공격적이거나 위축된 극단적행동, 어른과의 접촉회피, 나이에 맞지 않는 성적 행동, 주의집중장애, 비행 등도 징후에 속합니다. 그런데 피해학생이 공격적인 행동을 하거나 성적인 행동을 할 경우, 그리고 비행 행위를 하는 경우 등에서는 해당 학생을 사회에 부적응하고 반항하는 학생으로만 여겨 잘못된 대처를 할 수 있습니다.

이러한 상황에서는 피해를 당한 아이들에게는 어른보다 훨씬 복잡한 사정이 있다는 점을 전제해 둘 필요가 있습니다. 하지만 실제적인 현장에서 아이들을 지도하는 교사를 비롯한 보호자 역할을 할 수 있는 어른들은 가정폭력의 피해를 당한 아이들을 어떻게 보호해야 할지 고민이 많을 수밖에 없습니다. 그래서 교육부는 교사를 대상으로 하여 이에 관한 안내를 적극적으로 하고 있습니다. 인터넷 홈페이지를 통해 언제든지 안내를 열람할 수 있도록 '학교안전 정보센터'를 운영하고 있지요. 아래에서는 이에 관한 내용을 중심으로 살펴보도록 하겠습니다.

교사 및 청소년 지도자용 가정폭력 예방교육 표준강의안[1]에 따르면 '피해학생에 대한 교사의 대처방법' 등에 대해 다음과 같이 제시되어 있습니다.

피해학생에 대한 대처방법

- 학생을 안심시키고, 학교나 센터 내 학생들의 안전 강화
- 교사의 책임, 학교의 책무 공유
- 피해학생과 가족에게 필요한 자원에 대한 정보제공,
- 학생의 부모와 면담
- 학교장 또는 학교나 센터 내 사회복지사, 상담교사와 논의
- 지역사회 상담소 문의

신고의무자의 경우, 아동학대 신고의무를 다하지 않으면 과태료가 부과 처분됩니다. 이러한 신고 위반으로 과태료가 부과된 사례는 2013년한 건도 없었지만 2014년 10건, 2015년 21건으로 늘었지요[2].

위와 같은 사항들도 매우 중요하지만, 무엇보다 필수적인 것은 가정폭력 신고 후 피해학생을 보호하고 원만히 학교생활을 할 수 있도록

---

1 교육부 학교안전 정보센터, http://www.schoolsafe.kr/main5/data_view/b/m/12/14/1/?seq=220&orderby=
2 데일리팜, http://www.dailypharm.com/News/231533

교사가 돕는 일입니다.

가정폭력 신고 후 피해학생을 대하는 방법

· 신고 전과 후, 동일한 태도로 아동과 청소년을 대하기
· 아동이나 청소년의 욕구에 민감히 반응하고 존중과 이해로 대하기
· 아동의 분위기 변화를 파악하기
· 가해부모로부터 피해자의 신변보호와 피신처의 비밀보장하기
· 다른학생에게 관련 사실을 비밀보장하기

특히, '가해부모로부터 피해자의 신변보호와 피신처의 비밀보장하기'
는 가정폭력 피해자가 가해자(행위자)로부터의 보복이 두려워 신고를
꺼리는 경향이 있다는 점을 고려하면 매우 중요한 부분이지요. 또한,
가정폭력범죄의 처벌 등에 관한 특례법은 '피해자인 아동의 교육 또는
보육을 담당하는 학교의 교직원 또는 보육교직원은 정당한 사유가 없
으면 해당 아동의 취학, 진학, 전학 또는 입소(그 변경을 포함한다)의 사
실을 가정폭력행위자인 친권자를 포함하여 누구에게든지 누설해서는
안 된다'고 규정하고 있습니다.

✢ **가정폭력범죄의 처벌 등에 관한 특례법**

제18조 (비밀엄수 등의 의무)

① 가정폭력범죄의 수사 또는 가정보호사건의 조사·심리 및 그 집행을 담당
하거나 이에 관여하는 공무원, 보조인, 상담소등에 근무하는 상담원과 그
기관장 및 제4조 제2항 제1호에 규정된 사람(그 직에 있었던 사람을 포함한다)
은 그 직무상 알게 된 비밀을 누설해서는 안 된다.

② 이 법에 따른 가정보호사건에 대하여는 가정폭력행위자, 피해자, 고소인, 고발인 또는 신고인의 주소, 성명, 나이, 직업, 용모, 그 밖에 이들을 특정하여 파악할 수 있는 인적 사항이나 사진 등을 신문 등 출판물에 싣거나 방송매체를 통해 방송할 수 없다.

③ 피해자가 보호하고 있는 아동이나 피해자인 아동의 교육 또는 보육을 담당하는 학교의 교직원 또는 보육교직원은 정당한 사유가 없으면 해당 아동의 취학, 진학, 전학 또는 입소(그 변경을 포함한다) 사실을 가정폭력행위자인 친권자를 포함하여 누구에게든지 누설해서는 안 된다.

— 아동학대범죄의 처벌 등에 관한 특례법 상의 조치

피해아동 또는 비가해부모인 보호자 등을 상담할 시 정확하게 우리 법제에서 어떤 보호와 처리가 되는지를 알아두면 보다 세심한 조언이 가능할 것입니다. 몇 가지 조항을 안내하면 다음과 같습니다.

첫 번째, 피해아동에 대해서는 변호사 선임을 해주어 아동을 보호의 측면을 강화하고 있습니다. 아동이 형사절차상 입을 수 있는 피해를 방어하고, 법률적 조력을 보장하기 위해 변호사를 선임할 수 있는 것입니다. 특히, 검사는 피해자에게 변호사가 없는 경우 국선변호사를 선정하여 형사절차에서 피해자의 권익을 보호할 수 있다는 것을 기억해두어야 합니다.

제16조 (피해아동에 대한 변호사 선임의 특례)

아동학대범죄사건의 피해아동에 대한 변호사 선임 등에 관하여는 「성폭력범죄의 처벌 등에 관한 특례법」 제27조를 준용한다. 이 경우 "성폭력범죄"는 "아동학대범죄"로, "형사절차"는 "형사 및 아동보호 절차"로, "피해자"는 "피해아동"으로 본다.

① 피해자 및 그 법정대리인은 형사절차상 입을 수 있는 피해를 방어하고 법률적 조력을 보장하기 위하여 변호사를 선임할 수 있다.

② 제1항에 따른 변호사는 검사 또는 사법경찰관의 피해자등에 대한 조사에 참여하여 의견을 진술할 수 있다. 다만, 조사 도중에는 검사 또는 사법경찰관의 승인을 받아 의견을 진술할 수 있다.

③ 제1항에 따른 변호사는 피의자에 대한 구속 전 피의자심문, 증거보전절차, 공판준비기일 및 공판절차에 출석하여 의견을 진술할 수 있다. 이 경우 필요한 절차에 관한 구체적 사항은 대법원규칙으로 정한다.

④ 제1항에 따른 변호사는 증거보전 후 관계 서류나 증거물, 소송계속 중의 관계 서류나 증거물을 열람하거나 등사할 수 있다.

⑤ 제1항에 따른 변호사는 형사절차에서 피해자등의 대리가 허용될 수 있는 모든 소송행위에 대한 포괄적인 대리권을 가진다.

⑥ 검사는 피해자에게 변호사가 없는 경우 국선변호사를 선정하여 형사절차에서 피해자의 권익을 보호할 수 있다.

한편, 가해자가 친권자이거나 후견인인 경우 그들이 친권을 행사하는 것은 아이들에게 또 다른 피해를 끼칠 수 있습니다. 그래서 검사가 법원에 친권상실의 선고를 청구해야 한다고 규정되어 있지요. 만약, 검사가 이를 하지 않을 경우에는 아동보호전문기관의 장이 검사에게 요청할 수 있습니다. 그럼에도 해결이 안 될 시에는 위 기관의 장이 직접 법원에 청구할 수 있습니다.

제9조 (친권상실청구 등)

① 아동학대행위자가 제5조(아동학대중상해) 또는 제6조의 범죄(상습범)를 저지른 때에는 검사는 그 사건의 아동학대행위자가 피해아동의 친권자나 후견인인 경우에 법원에 「민법」 제924조의 친권상실의 선고 또는 같은 법 제940조의 후견인의 변경 심판을 청구해야 한다. 다만, 친권상실의 선고 또

는 후견인의 변경 심판을 하여서는 안 될 특별한 사정이 있는 경우에는 그렇지 않는다.

② 검사가 제1항에 따른 청구를 하지 아니한 때에는 아동보호전문기관의 장은 검사에게 제1항의 청구를 하도록 요청할 수 있다. 이 경우 청구를 요청받은 검사는 요청받은 날부터 30일 내에 그 처리 결과를 아동보호전문기관의 장에게 통보해야 한다.

③ 제2항 후단에 따라 처리 결과를 통보받은 아동보호전문기관의 장은 그 처리 결과에 대하여 이의가 있을 경우 통보받은 날부터 30일 내에 직접 법원에 제1항의 청구를 할 수 있다.

가해자나 그 관계자가 자신의 처벌을 면하거나 경감시킬 목적으로 피해자를 괴롭히거나 업무수행을 방해하는 경우가 있습니다. 이러한 때를 대비하여 징역형 등의 처벌을 규정해두고 있지요.

제60조 (피해자 등에 대한 강요행위)

폭행이나 협박으로 아동학대범죄의 피해아동 또는 보호자를 상대로 합의를 강요한 사람은 7년 이하의 징역에 처한다.

제61조 (업무수행 등의 방해죄)

① 제11조제2항(현장출동시 조사, 질문), 제12조제1항(피해아동에 대한 응급조치), 제19조제1항 각 호(아동학대행위자에 대한 임시조치) 또는 제36조제1항 각 호(접근 금지 등 보호처분의 결정)에 따른 업무를 수행 중인 아동보호전문기관의 직원에 대하여 폭행 또는 협박하거나 위계 또는 위력으로써 그 업무수행을 방해한 사람은 5년 이하의 징역 또는 1천500만 원 이하의 벌금에 처한다.

② 단체 또는 다중의 위력을 보이거나 위험한 물건을 휴대하여 제1항의 죄를 범한 때에는 그 정한 형의 2분의 1까지 가중한다.

③ 제1항의 죄를 범하여 아동보호전문기관의 직원을 상해에 이르게 한 때에는 3년 이상의 유기징역에 처한다. 사망에 이르게 한 때에는 무기 또는 5년 이상의 징역에 처한다.

또한 가정폭력 피해자들이 두려워하는 것은, 내밀한 가정의 문제가 외부로 알려지거나, 가해자에게 알려져 또 다른 고통을 겪게 되는 상황입니다. 그래서 관계자들은 엄격한 비밀엄수 의무를 지닙니다. 이를 위반할 시, 단순히 도덕적인 책임을 지는 것이 아니라, 자격 정지나 벌금, 징역형에 처해질 수 있습니다.

제62조 (비밀엄수 등 의무의 위반죄)

① 제35조제1항에 따른 비밀엄수 의무를 위반한 보조인, 진술조력인, 아동보호전문기관 직원과 그 기관장, 상담소 등에 근무하는 상담원과 그 기관장 및 제10조제2항 각 호에 규정된 사람(그 직에 있었던 사람을 포함한다)은 3년 이하의 징역이나 5년 이하의 자격정지 또는 3천만 원 이하의 벌금에 처한다. 다만, 보조인인 변호사에 대하여는 「형법」제317조제1항을 적용한다.

② 제10조제3항을 위반하여 신고인의 인적사항 또는 신고인임을 미루어 알 수 있는 사실을 다른 사람에게 알려주거나 공개 또는 보도한 자는 3년 이하의 징역이나 3천만 원 이하의 벌금에 처한다.

③ 제35조제2항의 보도 금지 의무를 위반한 신문의 편집인·발행인 또는 그 종사자, 방송사의 편집책임자, 그 기관장 또는 종사자, 그 밖의 출판물의 저작자와 발행인은 500만 원 이하의 벌금에 처한다.

이상에서 살펴본 것과 같이, 많은 가정폭력행위자(가해부모)는 자신의 사정을 먼저 고려하며 아이들을 학대하면서도 그것을 '훈육'이라고 주장합니다. 이웃에서 벌어지는 문제를 외면하지 않고 용기를 내어 도움의 손길을 내밀어야 합니다. 특히, 교사는 가정폭력으로 인해 피해를 입은 아동을 초기에 발견하고 신고하며, 다시 학교생활로 원만하게 복귀할 수 있도록 치유과정을 돕는 데 큰 역할을 할 수 있습니다. 그렇기 때문에 보호절차와 준수사항을 정확하게 알아두는 것이 필요합니다.

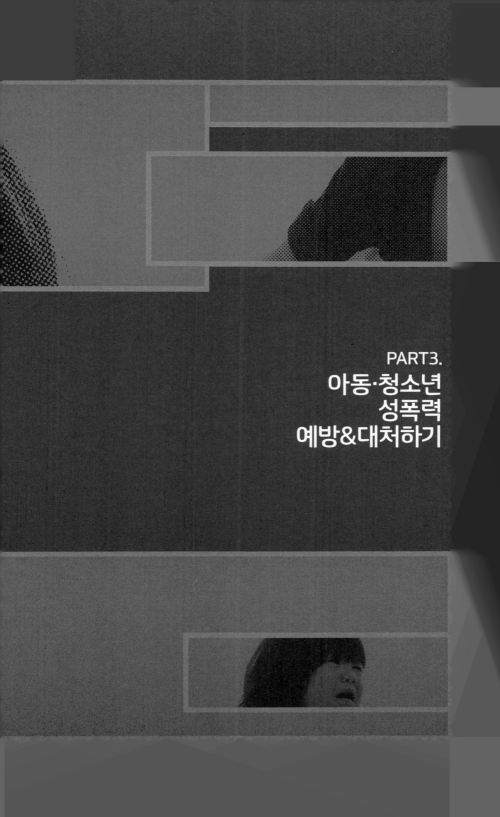

PART3.
아동·청소년
성폭력
예방&대처하기

아동·청소년 성폭력의 가해자는 누구일까?

잔인하게도, 모르는 사람보다 '친족이나 지인'에 의한 가해가 많다

아이들은 언제나 보호가 필요합니다. 성폭력의 위험이 도사리고 있는 상황에서 더욱 그렇습니다. 가해자는 어떠한 상황이나 관계를 이용하여 아이들에게 접근하는 경우가 많지요. 아이들도 아예 처음 보는 사람은 경계하기 때문입니다. 그러한 이유로 일반적으로 예상되는 바와 달리 가해자는 '괴물'의 형상이 아닌 친근한 모습을 하고 있을 수 있습니다. 친족이나 주변의 지인이 가해자일 때, 아이들은 더욱 큰 고통을 겪을 수밖에 없지요. 안타까운 것은, 이러한 '지인'에 의한 성폭력범죄가 지속적으로 발생하고 있다는 겁니다.

경찰청에 따르면 2016년 연간 친족성폭력 범죄는 총 725건으로, 이 중 강간·강제추행이 675건(93%)입니다. 이는 아동·청소년에 대한 것이 아닌 전체 친족 성폭력에 대한 통계입니다. 그렇다면 아동청소년에 대한 친족성폭력범죄는 어떨까요? 한국여성변호사회에서 연구한 '2014 아동청소년대상 성폭력범죄 판례분'에 따르면 친족성폭력 피고인

중 친부는 44%로 가장 많다고 분석되었습니다. 또한 계부(27%), 삼촌(13%)이 친족성폭력에 큰 부분을 차지했지요.[1]

누구나 언론매체를 통해 아동, 청소년에 대한 성범죄 사건이 일어났다는 얘기를 들어본 적 있을 겁니다. 어린 시절 성폭력에 노출된 아이들은 이후의 성장과정에서 큰 어려움을 겪습니다. 성범죄의 사례를 보면 처음 만났거나 보호자가 파악할 수 없는 제3자인 경우도 많지만, 가까운 지인이 가해자인 사례도 많습니다. 이렇게 가해자가 친족이거나 평소에 자주 접하는 성인일 경우에 더욱 그 후유증이 클 수밖에 없지요. 아래에서는 이러한 사례에 대해 다루어 보도록 하겠습니다.

― 유의하여야 할 성범죄 사례

(1) 할아버지가 가해자인 사례 (2013도2396 판결 사례[2])

이 사건은 사정 상 할머니에 의하여 양육되던 여아의 대리, 할머니의 남편(의붓할아버지)이 성폭력을 행한 사례입니다. 위 할아버지는 아이의 보호자라는 명목으로 친밀한 관계를 유지하면서, 아이를 강제추행했다는 점에서 사회의 공분을 살 수밖에 없었습니다.

가해자는 아이가 어려서 아직 성과 추행행위의 의미를 알지 못하거나 할아버지를 신뢰하는 점을 이용했습니다. 그래서 추행행위를 하면서도 '얼마나 컸는지 보겠다'는 식으로 말하며 손녀의 성장을 확인하는 행위인 것처럼 아이를 속였던 것이지요. 이는 위계를 이용해 추행을 한

---

1 파이낸셜뉴스, http://www.fnnews.com/news/201804041222129055
2 위 판례 중 사실관계를 발췌하여 강의 목적에 맞게 자극적일 수 있는 내용을 수정함.

것으로, 엄격하게 처벌해야 하는 행위입니다. 다음의 사건의 경위와 법원의 판단을 자세히 확인하여 그 의미를 정확히 파악하기를 바랍니다.

[사건의 경위]

▸ 피해자는 이 사건 당시 만 10세 내지 12세의 여자이고, 피고인은 이 사건 당시 만 59세 내지 61세의 선원인 남자로서 피해자의 친할머니의 남편(의붓할아버지)임. 약 3년간 지속된 성폭력 사건.

▸ 피고인과 피해자(당시 만 10세 내지 11세)는 위 D아파트에 둘이 남아 안방에서 텔레비전을 보고 있었는데 피고인이 배가 아프다면서 피해자를 배 위에 올려놓고 추행했다. 피해자의 어깨를 잡고 위 아래로 흔들기를 20분 정도 했고, 피해자는 피고인이 그렇게 하면 배가 안 아프다고 하여 이를 거부하지 않았다.

▸ 피고인과 피해자(당시 만 11세 내지 12세)는 아파트에 둘이 남아 거실에 있었는데, 피고인은 이때도 위와 같이 피해자를 배 위에 올려놓고 위아래로 흔들기를 10분에서 15분 정도 한 다음, '얼만큼 컸나'라고 말하면서 피해자의 옷 속으로 손을 넣어서 피해자의 가슴을 5분 정도 만졌다. 피해자는 그런 행위가 무슨 의미인지 몰라서 거부하지는 않았다.

▸ 피고인과 피해자(당시 만 12세)는 아파트 안방 침대에 누워 있었는데, 피고인이 '한번 봐 볼게'라고 말하면서 피해자의 바지를 벗기고, 피해자의 양쪽 다리를 들어 피고인의 어깨에 걸친 상태에서 피해자를 추행했다. 더욱 심각한 추행을 하려하자, 피해자가 너무 아파하여 그만 두었다. 피해자는 피고인이 '이런 것은 할아버지들이 다 해주는 것이다'라고 말하여 텔레비전 프로그램에서 할머니들이 손자를 보면 얼마나 컸는지 보자고 하는 것처럼 당연한 줄 알고 별다른 말을 하지 않았다. 피고인은 이

러한 행동들을 하면서 피해자에게 '아무한테도 말하지 마라'고 말했다.

▶ 피고인과 피해자(당시 만 12세)는 피고인이 일하는 선박의 내실에 둘이 있게 되었는데, 피고인이 '피곤하니 조금만 누워있다가 가자'라고 한 다음, 피해자를 끌어서 왼손을 피해자의 옷 속으로 넣어 피해자의 가슴을 1분에서 2분 정도 만졌다.

▶ 한편 피해자는 이후 부모님과 함께 살게 되면서 피고인과 떨어져 중학교에서 성교육을 받게 되자 비로소 피고인의 위와 같은 행동들이 추행에 해당한다는 것을 알게 되어 고민하던 중 피고인을 고소했다.

[법원의 판단]

▶ 위계에 의한 13세 미만의 미성년자에 대한 추행죄는 '13세 미만의 아동이 외부로부터의 부적절한 성적 자극이나 물리력의 행사가 없는 상태에서 심리적 장애 없이 성적 정체성 및 가치관을 형성할 권익'을 보호법익으로 하는 것이다. 위 죄에 있어서 '위계'는 행위자가 추행의 의사로 상대방에게 오인, 착각, 부지를 일으키고, 상대방의 그런 심적 상태를 이용해 추행의 목적을 달성하는 것을 말한다. 여기에서 오인, 착각, 부지란 추행행위 자체에 대한 오인, 착각, 부지를 말한다.

▶ 위 죄에 있어서 '추행'은 객관적으로 상대방과 같은 처지에 있는 일반적, 평균적인 사람으로 하여금 성적 수치심이나 혐오감을 일으키게 하고 선량한 성적 도덕관념에 반하는 행위이다. 또한, 피해자의 성적 자유를 침해하는 것이다. 이 사건이 이에 해당하는지는 피해자의 의사, 성별, 연령, 행위자와 피해자의 이전부터의 관계, 그 행위에 이르게 된 경위, 구체적 행위 태양, 주위의 객관적 상황과 그 시대의 성적 도덕관념 등을 종합적으로 고려하여 신중히 결정해야 한다(대법원 2001.12.24.선고 2001도

5074 판결, 대법원 2009.9.24.선고 2009도2576 판결 등 참조).

▸ 피고인은 피해자가 성과 추행행위의 의미를 알지 못하고 사리판단력이 부족하며, 할아버지를 믿고 따르는 것을 이용했다. 위와 같은 추행행위가 마치 할아버지의 배를 낫게 하는 행위인 것처럼 속이거나 할아버지가 손녀의 육체적 성장을 확인하는 행위인 것처럼 속였다. 피해자에게 오인, 착각, 부지를 일으키고는 피해자의 그러한 심적 상태를 이용하여 위와 같은 추행행위를 했다. 고인이 위 법률 조항에서 말하는 '위계'를 행사하였다고 평가할 수 있다.

✤ 성폭력범죄의 처벌 등에 관한 특례법

제7조 (13세 미만의 미성년자에 대한 강간, 강제추행 등)

③ 13세 미만의 사람에 대하여 「형법」 제298조(강제추행)의 죄를 범한 사람은 5년 이상의 유기징역 또는 3천만 원 이상 5천만 원 이하의 벌금에 처한다.

⑤ 위계 또는 위력으로써 13세 미만의 사람을 간음하거나 추행한 사람은 제1항부터 제3항까지의 예에 따라 처벌한다.

(2) 학원 강사가 가해자인 사례 – 2014노462 판결

이 사례는 아이의 진술만으로 학원 강사인 피고인에게 징역 2년 6개월의 실형을 결정한 사건입니다. 법원은 성범죄자인 '피고인에 대한 정보를 5년간 정보통신망에 공개하고, 고지한다'고 결정했습니다.

[사건의 경위]

▸ 1차 : ○○구에 있는 D학원에서 피고인은 수업을 하던 중 피해자 E(여, 9세)에게 답을 알려준다고 하면서 피고인의 무릎에 피해자를 앉게 한

후 한손으로 종이에 글씨를 쓰게 했다. 피고인은 갑자기 한손으로 피해자의 허리를 감으면서 손을 뻗어서 피해자의 성기 부분을 만져 13세 미만의 사람을 강제로 추행했다.

▶ 2차: 수업을 하던 중 피해자에게 교실 앞에 있는 칠판에 영어단어 쓰기와 칫솔 그림을 그리기를 시킨 후 그림 그리기를 도와준다며 피해자의 뒤쪽에 앉아 갑자기 한손으로 피해자의 허리를 감아 안았다. 그리고 손을 뻗어 피해자의 성기 부분을 만져 13세 미만의 사람을 강제 추행했다.

▶ 사건 당시 만 9세의 아동인 피해자의 사건 피해 진술은, 강제추행 직후 피해자 스스로 자신의 어머니에게 피해사실을 말한 데서 시작되었다. 피해자는 1차의 강제추행은 그냥 우연히 스친 줄 알고 자신의 어머니에게 말을 하지 않았다가 2차의 강제추행이 발생한 직후 자신의 어머니에게 피해사실을 알렸다.

[법원의 판단]

▶ 재판부는, 피고인(가해자)의 주장에도 불구하고 아이의 진술에 신빙성이 있다고 판단을 하여 유죄의 판결을 하게 된다. 그 이유 중의 하나는 수사에 참여한 '아동 진술분석 전문가'는 피해자의 수사과정에서의 진술을 분석하면서 전체적으로 직접 경험하지 않을 경우 표현할 수 없는 내용들을 포함하고 있기 때문이다. 피해자가 어떤 의도를 가지고 꾸며내기에는 어려운 내용으로 판단된다고 한 부분이었다.

▶ 또한, 이 사건의 '전문심리위원' 또한 아이가 한 진술이 신빙성이 있다고 보았다. 피해자의 진술은 전체적으로 일관되고 사건에 대한 맥락 정보와 세부내용이 구체적이며 상호작용과 주관적 인지에 대한 묘사 등이 존재하여 경험에 근거한 진술일 가능성이 높다. 피해자가 최초로 피해 사실을

폭로한 상황은 자연스러우며 피해자의 진술에 부모나 다른 사람이 영향을 주었을 가능성은 두드러지지 않고 피해자가 자발적으로 허위로 진술했을 가능성도 낮아 보인다는 의견을 제시한다.

▸ 그 외에도 법원은 여러 사정을 종합적으로 고려하여, 피해자의 진술은 신빙성이 있다고 할 것이고 그러한 피해자의 진술 등에 의하면 피고인이 2회에 걸쳐 13세 미만인 피해자를 강제로 추행했음을 충분히 인정할 수 있다고 판단한다.

▸ 따라서 재판부는 '이 사건 범행은 피고인이 2회에 걸쳐 정신적·육체적으로 미성숙한 9세의 아동을 학원 강사와 학원생이라는 관계를 이용하여 추행한 것으로 그 죄질이 좋지 못하다. 나이 어린 피해자가 겪었을 성적 수치심 등 정신적인 충격은 이루 말할 수 없을 것으로 짐작된다'고 판단한다.

▸ 그럼에도 피고인은 자신의 행위를 반성하며 피해자에게 사죄를 구하거나 피해를 위자하기는커녕 범행 직후부터 이 법원에 이를 때까지 이 사건 범행을 부인하며 피해자의 심적 고통을 배려해 주기는커녕 이를 더 가중시키는 행태를 보이고 있다. 피해회복도 전혀 이루어지지 않았다.

─ 아동, 청소년 성폭력 가해자에 대한 통계[1]

한국성폭력상담소는 연간 상담자료를 바탕으로 한 통계자료를 작성하여 홈페이지에 게재하고 있습니다. 2016년의 자료를 바탕으로 살펴보면 다음과 같습니다.

---

1 한국성폭력상담소,
   http://www.sisters.or.kr/load.asp?sub_p=board/board&b_code=7&page=1&f_cate=&idx=3775&board_md=view

(단위: 건, %)

계＼유형	성인 (20세 이상)	청소년 (14세~19세 이상)	어린이 (8세~13세)	유아 (7세 이하)	미상	총계
남	60 (4.4)	4 (0.3)	1 (0.1)	0 (0.0)	1 (0.1)	66 (4.9)
녀	1072 (79.2)	116 (8.6)	23 (1.7)	5 (0.4)	42 (3.1)	1,258 (93)
미상	3 (0.2)	0 (0.0)	0 (0.0)	0 (0.0)	26 (1.9)	29 (2.1)
총계	1,135 (83.8)	120 (8.9)	24 (1.6)	5 (0.4)	69 (5.1)	1,353 (100.0)

가해자 성별·연령별 상담현황

(단위: 건, %)

계＼유형	아는 사람 1,178(87.1)												모르는 사람	미상	총계
	친족, 친/인척 137(10.1)		직장	친밀한 관계	인터넷	동네 사람	서비스 제공자	학교	유치원/학원	주변인의 지인	소개로 만난 사람	기타			
	친족	친/인척													
2016	118 (8.7)	19 (1.4)	368 (27.2)	141 (10.4)	4.3 (3.2)	63 (4.7)	78 (5.8)	160 (11.8)	35 (2.6)	102 (7.5)	11 (0.8)	40 (3.0)	101 (7.5)	74 (5.5)	1,353 (100.0)
2015	166 (12.7)	21 (1.6)	336 (25.7)	135 (10.3)	42 (3.2)	72 (5.5)	55 (4.2)	150 (11.5)	23 (1.8)	80 (6.1)	11 (0.5)	19 (1.5)	119 (9.0)	79 (6.0)	1,308 (100.0)
2014	107 (7.4)	94 (6.5)	300 (20.7)	130 (9.0)	55 (3.8)	118 (8.1)	60 (4.1)	120 (9.4)	31 (2.1)	109 (7.5)	19 (1.3)	31 (2.1)	132 (9.1)	144 (10.0)	1,450 (100.0)
성인 (20세 이상)	24 (2.3)	9 (0.9)	357 (20.7)	131 (12.8)	30 (2.9)	36 (3.5)	67 (6.5)	97 (9.4)	18 (1.8)	80 (7.8)	10 (1.0)	36 (3.5)	79 (7.7)	53 (5.2)	1,027 (100.0)
청소년 (14세~19세)	31 (17.3)	5 (2.8)	10 (5.6)	8 (4.5)	8 (4.5)	16 (8.9)	8 (4.5)	48 (26.8)	4 (2.2)	14 (7.8)	1 (0.6)	2 (1.1)	16 (8.9)	6 (4.5)	179 (100.0)
어린이 (6세~13세)	44 (47.8)	2 (2.1)	0 (0.0)	1 (1.1)	5 (5.4)	7 (7.6)	2 (2.2)	14 (15.2)	4 (4.3)	3 (3.3)	0 (0.0)	2 (2.2)	6 (6.5)	2 (2.2)	92 (100.0)
유아 (7세 이하)	17 (47.2)	3 (8.3)	0 (0.0)	0 (0.0)	0 (0.0)	3 (8.3)	0 (0.0)	0 (0.0)	9 (25.0)	4 (11.1)	0 (0.0)	0 (0.0)	0 (0.0)	0 (0.0)	36 (100.0)
미상	2 (10.5)	0 (0.0)	1 (5.3)	1 (5.3)	0 (0.0)	1 (5.3)	1 (5.3)	1 (5.3)	0 (0.0)	1 (5.3)	0 (0.0)	0 (0.0)	0 (0.0)	11 (57.9)	19 (100.0)

피해연령별 피해자와 가해자와의 관계

성폭력 가해자의 93%는 남성이며 4.9%는 여성입니다. 남성이 압도적으로 가해자일 확률이 높지만, 여성인 가해자에게서도 성폭력이 발생하고 있음을 알 수 있습니다. 또 위 자료의 추가적인 부분을 살펴보면 아래의 사실을 알 수 있지요.

- 성폭력의 가해자가 성인인 경우가 전체의 83.9%를 차지하고 있다. 성인이 아닌 경우도 11% 정도를 차지하고 있으므로 유의할 필요가 있다(미상의 경우가 5%정도임).
- 성폭력은 지인에 의한 피해가 1,178건(87.1%)으로 가장 많다.
- 청소년은 학교 및 학원 관계인으로부터의 피해가 총 48건(26.8%)으로 가장 높았고, 다음으로 친족 및 친·인척에 의한 피해가 총 36건(20.1%)으로 뒤를 이었다.
- 어린이와 유아인 경우 친족 및 친/인척에 의한 피해가 가장 많았다.
- 또한, 친족성폭력 피해 가운데 친부와 의부에 의한 피해 33.5%로 가장 많고, 다음으로 사촌에 의한 피해 19.7%, 삼촌과 친형제에 의한 피해 15.3% 차지하고 있다.

이렇게 살펴본 바와 같이 성폭력은 지인에 의한 피해가 가장 많다는 걸 알 수 있지요. 아동·청소년에 대한 성폭력 가해자 또한 지인 또는 보호자의 관계에 있는 경우가 많습니다. 그러므로 유심하게 살펴 범죄를 예방하고 학생들을 보호하는 데에 보호자와 교사들의 주의가 필요합니다.

[2] 스마트폰, 인터넷을 통해 손쉽게 노출되는 성폭력
아동청소년 대상 성매매와 성폭력에 있어 너무 쉬운 '매개체'

스마트폰의 활용도가 높아지면서 이로 인한 문제점이 부각되고 있는 요즘입니다. 쉽게 설치 가능한 채팅 앱 등을 활용하여 청소년에 대한 성폭력이 다수 발생하기도 했지요. 가출을 하여 무리를 이루거나, 함께 살고 있는 남학생과 여학생들이 공모하여 채팅앱을 통해 성매수 남성을 구하고, 돈을 벌고자 범죄행위를 하는 사례는 어렵지 않게 찾아볼 수 있습니다. 성매매는 물론, 성매수 남성을 상대로 협박을 하여 금전을 갈취하는 행위에 가담하기도 하지요. 나아가, 청소년들이 이러한 과정에서 성인들에게 강간이나 강제추행을 당하는 범죄에 노출되기도 합니다.

최근에는 '화상' 채팅앱까지 이용하여 음란채팅 혹은 성매매 대상을 찾는 것까지 문제가 되고 있지요. 더욱 적극적으로 아이들의 성보호에 대한 대책이 필요한 시점입니다. 십대여성인권센터[1]에서는 청소년이 쉽

---

1 십대/여성/인터넷의 성매매피해 지원을 비롯한 성 인권 향상에 기여하는 비영리민간단체로, 청소년성매매 문제 등에 관한 다양한 지원을 받을 수 있다. http://www.10up.or.kr/

게 유혹에 노출되는 상황을 막기 위해서 성인인증 등 최소한의 안전장치가 필요하다는 입장을 표명한 바가 있습니다[2].

아래에서는 관련 사례를 소개하면서 사건의 경위를 무리하지 않은 수준에서 전반적인 경위를 파악할 수 있도록 기재했습니다. 성폭력의 장면이나 배경에 대하여 불편한 감정이 있거나, 고통스러운 경험이나 연관된 상황에 처해 있다면 그 자세한 경위를 읽는 것이 버거울 수 있으므로 상황에 따라 선택하면 좋겠습니다. 다만, 아동과 청소년 대상의 성폭력에 관하여 그 실체를 알고 피해를 정확히 알아두는 것은 아이들의 보호에 있어서 필요한 일이라고 생각합니다.

또한, 판례를 참고 또는 발췌하여 구성하면서 가해자의 직업 등을 모두 삭제했지만, 사회적으로 신뢰도가 높은 직업 혹은 아이들과 밀접한 관련성을 가진 가해자들의 사례도 있지요. 즉, 사회적으로 큰 권한과 책임을 부여받은 사람들 중에서도 아이들을 가해하는 범죄자가 있는 겁니다. 그러므로 정확한 징후와 양상을 파악한 후, 더욱 경각심을 가지고 지켜봐야 합니다. 아래에서는 이러한 사례를 통하여 심각성 및 보호방안을 논의하고자 합니다.

— 채팅앱을 이용한 성착취 범행의 사례[3]

이 사건은 판결문에 나와 있듯, 채팅앱을 이용해 가출청소년 또는 이미 성매매의 전력이 있는 청소년들을 대상으로 성착취를 하는 범행으

---

2 머니투데이, http://news.mt.co.kr/mtview.php?no=2018050417514520244
3 2014고합266,2014고합320(병합) 판결, 일부 발췌, 강의 목적 및 설명의 편이를 고려하여 일부는 재구성함.

로 쉽게 큰돈을 벌 수 있다는 사실입니다. 이런 사실이 판결문에 기재된 대로 '널리' 알려져 있는 현실에 누구나 충격을 받을 수밖에 없을 겁니다. 아래의 판결문에서는 우리 청소년들이 얼마나 성착취 범죄에 취약하게 노출되어 있는지를 파악할 수 있지요.

[사건의 요약]

▶ 가해자 여러명이 가출청소년을 협박하여 하루에 많게는 6회 이상에 이르는 성매매를 시킨 사건(성매수남인 것처럼 가장하여 청소년들에게 접근한 후 다수의 위력을 과시하는 방법으로 이들을 약취)

▶ 핸드폰 'ㅇ톡' 어플에 글을 올리고, 남자 손님들을 모집한 후 아이들을 성매매 장소까지 승용차에 태워 데려다 주고 성매매가 끝나면 다시 데리고 오는 방식으로 약취함.

▶ 가해자들은 징역 7년 등의 형벌을 받게 됨

[사건의 경위]

▶ 가출 청소년들은 스마트폰 어플리케이션인 ㅇ톡을 이용, 성매매를 하여 생활비를 마련하는데 성매수남이 돈을 주지 않거나 폭력을 행사하더라도 가출 또는 성매매 사실이 발각될 것이 두려워 신고를 제대로 하지 못하는 등 법의 보호를 받지 못하고 있다. 이에 건장한 남성이 성매매를 가장하여 가출 청소년들을 만난 후 협박, 감언이설 등으로 성매매를 알선해주고 속칭 '진상남'도 해결해주는 조건으로 성매매 대가를 나누자고 제의하더라도, 가출 청소년들이 감히 신고를 하거나 거절을 하지 못하여 결국 승낙하고, 이런 방법으로 가출 청소년들의 포주가 될 경우, 쉽게 큰 돈을 벌 수 있는데, 이런 사정이 널리 알려져 있다. 이를 알게 된

피고인들은 'ㅇ톡'이라는 어플을 이용하여 성매매를 하고 있는 가출한 여자 청소년을 상대로 성매매 상대 남성인 것처럼 가장하여 만난 뒤 그 여자 청소년을 잡아와 성매매를 시켜 돈을 벌기로 F와 공모했다.

▸ 피고인들(이제 막 성인이 되었거나 20대 초반에 접어든 젊은이들)은 F와 함께 승용차 두 대에 나누어 타고 이동해 F는 'ㅇ톡' 어플을 이용하여 성매매 상대 남성을 찾고 있는 피해자 Q(여, 15세)를 발견하고 피해자에게 성매매 상대 남성인 것처럼 가장했다. 그 후 피고인들은 F와 함께 지정된 피해자 Q를 만나기로 한 장소로 이동하고, 그곳에서 F가 피해자에게 성매매를 할 것처럼 접근했다. 그리고 승용차에 타도록 한 후 피해자에게 "너 몇 살이냐. 똑바로 말 안 하면 때린다. 뒤를 봐 주는 남자가 있느냐"고 협박하여 이에 겁을 먹은 피해자가 "○○에 남자들이 있다"고 하자 인근에 있는 '○○'로 이동하여 피고인B가 피해자를 지키고 있는 사이 피고인 A, D, F가 위 '○○'로 들어가 당시까지 피해자를 관리하면서 성매매를 시키고 있던 김○○ 등에게 "너희들 미성년자 데리고 일한 거 신고해 버릴 거다"라고 협박했다. 이후 피해자를 ○○시에 있는 F의 집으로 데리고 온 후 피고인들 및 F는 피해자가 도망가지 못하게 감시했다.

▸ 이와 같은 방식으로 피고인들은 가출 청소년인 P(여, 14세), S(여, 14세), Q(여, 15세) 등에게 성매매를 시켜 돈을 벌기로 F, D와 공모하여, ○○시에 있는 F의 주거지 등지에서 P, S, Q(이하 'P 외 2인'이라고 한다)과 함께 생활하면서, 핸드폰 'ㅇ톡' 어플에 '만날 분, 1시간에 15만 원'이라는 글을 올리고, 남자 손님들을 모집한 후 피고인 A 및 D, F은 P 외 2인을 성매매 장소까지 승용차에 태워 데려다주고 성매매가 끝나면 다시 데리고 오는 것과 남자 손님들이 속칭 '진상남'일 경우 이를 해결해주는 역할을 맡고, 피고인 B는 평소 P 외 2인이 도망가지 못하게 감시하는 역할을

맡아 P 외 2인으로 하여금 ○○시, ○○시 등지에서 불특정 다수의 남자들과 성매매를 하여 1회당 10만 원을 받도록 하고 P 외 2인이 받은 성매매의 대가를 피고인들 및 D, F이 교부받았다. 이로써 피고인들은 F, D와 공모하여 위와 같이 아동·청소년의 성을 사는 행위를 알선하는 행위를 업으로 했다.

▶ 피고인들은 위와 같은 행위로 돈을 제법 벌게 되자, 가출 청소년들을 더 확보하여 더욱 많은 돈을 벌기로 마음먹고, 채팅앱 어플을 이용해 가출 청소년을 물색하던 중 ○톡에서 피해자 J(여, 17세)을 발견하자 피해자를 잡아오기로 의기투합하고, 성매수남을 가장, 피해자와 채팅을 하여 같은 날 22시경에 만나기로 했다. 그런데 약속시간에 늦을 것 같자, 피고인 A는 피고인 C에게 전화하여 "아가씨가 떠서 잡으러 가는데 늦을 것 같으니 먼저 만나서 어디 가지 못하도록 데리고 있어 달라"고 부탁했다. 피고인 C는 이를 승낙, 마치 조건남인 것처럼 가장해 피해자를 만난 후 이상한 분위기를 감지하고 도망치려는 피해자를 붙잡아 뒤이어 나타난 피고인 A의 차량 뒷좌석에 피해자를 밀어 넣고 동승한 다음 피해자의 휴대폰을 빼앗고 차량에 있던 검정색 테이프를 감아놓은 셀카봉을 손에 쥔 채 누구와 사는지를 캐물었고, 운전 중이던 피고인A은 이에 가담하여 "×××(욕설)아! 말 똑바로 해라"고 윽박질렀다. 피고인 A, B, C는 여자친구와 함께 있다는 피해자 대답의 진위를 확인하기 위해 피해자로 하여금 피해자의 집으로 안내케 하여 피해자가 남자와 일하는지를 직접 확인하였는데, 피해자를 관리하는 남자가 없는 것을 확인하자, 피해자를 다시 끌고 ○○시 에있는 ○○공원으로 데리고 갔다. 이때, 피고인 D 역시 잠시 합류하여 그 곁에서 피고인 C와 이야기를 나누는 등으로 위세를 과시하여 피해자로 하여금 도망갈 엄두를 내지 못하도록 했다.

▶ 피고인 B는 피해자에게 "경찰에 넘겨질지, 우리와 함께 일할지를 선택하라"고 윽박지르고 피고인 A, B, C는 피해자를 위 P와 합숙 중인 집으로 끌고 왔다. 그런데 피해자와 동거하던 친구의 납치신고로 피해자의 휴대폰 위치를 추적한 경찰관들이 대거 출동한 것을 확인하자, 피고인 A은 피고인 D에게 같은 날 다섯 시경 전화를 걸어 도움을 요청했다. 이에, 피고인 D는 차량을 몰고 와 인근을 돌며 망을 보다가 경찰관들이 철수하고 있음을 확인하고 이를 피고인 A에게 알린 후 피해자를 자신의 차량에 태워 ○○시 ○○포구까지 끌고 갔다. 피고인 A는 다른 차편을 이용하여 ○○구로 따라 와 피고인 D로부터 피해자를 넘겨받은 후, 납치 신고된 피해자를 일단 피해자의 집으로 귀가시켰다. 이로써, 피고인들은 공모하여 피해자를 약취한 것이다.

[법원의 판단]

▶ 피고인 A를 징역 6년에, 피고인 B를 징역 5년에, 피고인 C를 징역 2년에, 피고인 D를 징역 7년에 각 처한다.

▶ 피고인 A, B, D에게 각 80시간의 성폭력 치료프로그램 이수를 명한다.

▶ 피고인들의 이 사건 성매매약취 및 알선 범행은 우리 사회의 미래인 청소년들에게 씻을 수 없는 상처와 고통을 안김으로써 그들의 성장을 저해하고, 그로 인해 큰 사회적 폐해를 야기하는 중대한 범죄이다.

▶ 피고인들의 이 사건 성매매약취 및 알선범행의 대상이 된 청소년들은 모두 가출하여 오갈 데 없고 경제적 사정이 곤궁하여 조건만남 등으로 돈을 버는 처지에 있었으며, 이러한 사정을 잘 알고 있는 피고인들은 그들의 딱한 처지를 오히려 이용하여 청소년들을 경제적 이익 추구 및 성적 욕망 충족의 도구로 삼았다.

▶ 피고인들은 성매수남인 것처럼 가장하여 청소년들에게 접근한 후 다수의 위력을 과시하는 방법으로 이들을 약취하거나, 다른 성매매 알선업자를 협박하여 그의 지배하에 있는 청소년을 피고인들의 지배하에 두기도 하는 등 청소년들을 그저 돈벌이 수단으로 취급하면서 그들의 인격과 존엄성을 심각하게 훼손했다.

▶ 피고인들에 의해 약취되는 과정에서 보호자도 없는 처지의 청소년들은 극심한 공포와 고통을 느꼈던 것으로 보이나, 피고인들의 감시 등 여러 가지 상황으로 인하여 피고인들로부터 벗어날 것을 스스로 포기한 채 성매매를 계속 해왔다.

▶ 피고인들은 청소년들에게 하루 3-4회, 많게는 6회 이상에 이르는 성매매를 하여 돈을 벌어올 것을 종용했고, 청소년들은 육체적·정신적으로 큰 고통을 받아왔던 것으로 보인다. 피고인들은 청소년들에게 의식주를 제공한다는 명목 하에 청소년들의 위와 같은 희생으로 얻은 수익까지 자신들이 모두 취득하였던 바, 피고인들이 청소년의 성을 착취한 정도가 매우 심각하다. 위와 같은 사정과 현재 우리 사회에 만연한 가출 청소년들에 대한 성 착취 범행의 중대성, 이로 인한 사회적 해악의 심각성 등에 비추어 피고인들을 중형에 처하는 것이 불가피하다.

— **청소년들의 '조건만남사기'[1]**

한편, 청소년들 또한 채팅앱을 통하여 쉽게 성매수를 원하는 남성들을

---

1 2014고단1863 판결, 강의 목적 및 설명의 편이를 고려하여 일부는 재구성함.

만날 수 있다는 점을 알고 이를 이용하여 금원을 갈취하고자 모의하는 경우가 발생하고 있습니다. 스마트폰 채팅앱은 성인인증도 없이 가입하여 이용자 간에 손쉽게 성매매 협의를 할 수 있지요. 이러한 손쉬운 방법을 활용하여 청소년들 또한 범죄의 유혹에 빠지고 있습니다.

[사건의 요약]

▶ 13~14세의 여학생과 15세의 남학생이 스마트폰 앱을 이용하여 성매수 남성을 유인하기로 함(성매수 남성과 여학생이 숙박시설로 들어가면, 바로 다른 학생들은 수사기관에 신고할 것처럼 협박하여 성매수 남성으로부터 금원을 갈취하기로 함)

▶ 이 사건에서 성매수 남성은 위와 같은 아이들의 모의내용을 알고 경찰에 신고함(이 남성과 말다툼을 하던 아이들도 경찰에 신고를 동시에 함)

▶ 위 성매수 남성은 '성을 팔도록 권유한 것'에 해당한다는 판단 하에, 징역 6월 집행유예 1년을 선고 받음

[사건의 경위]

▶ 청소년 이○○(여, 14세), 박○○(여, 14세)와 김00(여, 13세)과 F(남, 15세)는 실제로 남성과 성매매를 할 의사가 없음에도 이○○와 박○○이 스마트폰에서 쓸 수 있는 'C'라는 애플리케이션을 이용하여 성매수 남성을 유인해 숙박시설로 데려가, 김○○과 F는 이○○, 박○○과 성매수 남성이 숙박시설로 들어가자마자 쳐들어가 성매수 남성이 성매매를 한 것을 수사기관에 신고할 것처럼 협박하여 성매수 남성으로부터 금원을 갈취하기로 모의했다.

▶ 박○○은 위 'C(채팅앱)'의 자기소개란에 자신의 나이를 17세 또는 18세로 기재하고, 게시판에 글을 올렸고, 피고인이 '지금 시간이 괜찮은데

지금 볼 수 있나'라는 내용의 쪽지를 보자, 박○○이 '네'라고 대답하였으며, 피고인은 박○○에게 '그럼 사진이라도', '알았어요 믿고 갈께요', '어떻게 입고 나올거에요' 등의 글을 보냈다.

▶ 피고인과 박○○은 'C채팅앱'에서 만날 장소를 정한 후, 같은 날 여섯 시경 만나기로 한 장소 앞에서 박○○, 이○○이 피고인과 마주했다. 피고인은 곧바로 자신의 차량을 운전해 근처 은행에서 22만 원을 인출했다.

▶ 피고인과 이○○, 박○○은 피고인이 운전하는 차량을 타고 숙박시설로 이동했고, 차안에서 이○○, 박○○은 피고인에게 담배를 사달라고 했으며, 피고인은 차에서 내려 담배를 사온 다음 '하고 나서' 담배를 주겠다고 말하기도 했다.

▶ 그런데 피고인과 이○○, 박○○은 3곳 정도의 숙박시설에 들어가려고 하였으나 숙박시설에 빈 방이 없거나 숙박시설 종업원이 미성년 혼숙을 의심하여 투숙을 거절했고, 한 숙박시설 주인은 이○○와 박○○이 피고인을 아버지라고 주장하면서 투숙을 요구하자, 가족관계를 증명하라고 말했다.

▶ 그런데 피고인과 이○○, 박○○이 차량으로 이동하던 중 이○○, 박○○이 계속 휴대전화로 다른 사람과 통화하는 것을 알게 된 피고인은 이○○, 박○○에게 '조건만남으로 사기치는 애들 아니냐'라고 하면서 이○○, 박○○에게 하차할 것을 요구했다. 다시 ××앞에 도착하자 피고인은 이○○과 박○○을 기다리고 있던 김○○, F와 서로 말다툼을 하던 중 피고인과 이○○, 박○○이 각자 경찰에 신고를 했다.

[법원의 판단]
▶ 피고인을 징역 6월에 처한다. (아동·청소년의성보호에관한법률위반(성매수등))
▶ 다만, 이 판결 확정일로부터 1년간 위 형의 집행을 유예한다.

▸ 피고인에게 40시간의 성폭력치료강의의 수강을 명한다.

▸ 성매매를 할 의사가 없었던 아동·청소년이라고 하더라도 그 판단능력의 미숙함 등으로 인해 성매수를 할 남성을 만나 그 성매매대금이나 성매수 남성과의 대화 또는 기타 여러 상황에 의하여 성매매로 나아갈 여지가 있었다. 그와 반대로 성매수 남성을 유인하여 성매매를 한 후 아동·청소년이 돌변해 성매수 남성을 협박할 상황이 발생할 수도 있는 등 여러 상황이 발생할 수 있었다. 성매수자가 아동·청소년의 성매매 의사의 형성 및 확대에 영향을 미칠 수 있는 어떠한 행동을 하였다고는 도저히 볼 수 없는 특별한 사정이 없는 한, 성매수자가 그 아동·청소년에게 접근하여 성매매의 합의에 이르게 된 제반 사정 및 이후의 정황을 고려해 성매수자의 일련의 행위를 '성을 팔도록 권유한 것'으로 평가할 수 있는 경우에는 아동·청소년성보호법 제13조 제2항의 '권유'에 해당한다고 봄이 상당하다. 아동·청소년이 이미 성매매의 의사를 가지고 있었는지의 여부는 위 범죄성립에 영향이 없다.

— 아동·청소년이용음란물을 제작 사례[1]

음란물이 인터넷 상에 유포되고, 그 특성상 쉽게 다운로드하며 그 피해가 확산되자 아동·청소년이용음란물을 제작에 대하여 처벌할 수 있도록 하여 해당 법률이 이미 시행된 바 있습니다. 다음의 사례를 통하여 그 피해의 양상을 잘 알아두도록 하지요.

---

1 2014도11501 판결, 강의 목적 및 설명의 편이를 고려하여 일부는 재구성함.

[사건의 요약]

▸ 가해자는 13세 미만의 초등학생들에게 스마트폰 앱으로 접근하여 호기심을 갖게 한 후, 직접 만나 간음하는 범죄 행위를 했다.

▸ 또한, 위 가해자는 인터넷 채팅사이트를 통하여 알게 된 여성청소년과 직접 만나 성교하는 장면을 촬영한 후 이를 저장했다(아동·청소년 이용 음란물 제작에 해당함).

▸ 가해자는 합의하의 관계라거나, 혼자 보기 위해 저장한 것이므로 죄가 없다고 주장함.

▸ 그러나, 법원은 가해자를 징역 6년에 처하는 것은 물론, 성범죄자로서 정보를 6년간 공개하며, 6년간 전자장치 부착을 명령했다.

[사건의 경위]

▸ 피고인(가해자)은 스마트폰 채팅프로그램인 '○○○○'에 접속한 후 피해자 이○○(여, 12세)에게 메시지로 접근하여 피해자와 친분을 가졌다. 이후 피고인은 위 채팅프로그램으로 피해자에게 "내일은 그래도 학원가기 전에 시간 있겠네요, 내일 만약에 보면 어디서 볼래"라고 이야기하여 피해자와 만나기로 약속하고, "근데 내일 진도 나가도 돼" 등이라고 이야기하여 사리분별 능력이 미약한 어린 피해자로 하여금 성관계에 대한 호기심을 이용했다. 이어서 며칠 후 피고인은 피해자를 만나 피해자와 함께 피고인의 승용차로 이동한 후 숙박시설의 번호를 알 수 없는 방실에서 피해자와 1회 간음했다.

▸ 피고인은 위 채팅어플에 접속한 후 피해자 B(여, 12세)에게 메시지를 전송하면서 접근하여 피해자와 친분을 가지게 됐다. 이후 피고인은 채팅프로그램으로 피해자에게 "만나서 오빠랑 한 번 해볼거야?"라고 이야기

하여 사리분별 능력이 미약한 어린 피해자에게 성관계에 대한 호기심을 이용했다. 이어 피고인은 버스정류장에서 피해자를 만나 피해자와 함께 피고인의 승용차로 숙박시설로 이동한 후 위 숙박시설 번호를 알 수 없는 방실에서 피해자와 1회 간음했다. 이로써 피고인은 2회에 걸쳐 13세 미만의 부녀를 간음했다.

▶ 피고인은 숙박시설호실 불상의 객실에서 인터넷 채팅사이트를 통해 알게 된 만 19세 미만의 여성청소년인 정○○과 성교하는 장면을 피고인이 소지한 카메라로 동영상 촬영한 후 위 동영상파일을 피고인의 컴퓨터에 저장한 것을 비롯하여 6차례 청소년들과 성교 및 유사 성교 행위를 하는 장면을 각 촬영하여 동영상 파일을 피고인의 컴퓨터에 각각 저장하였다. 이로써 피고인은 아동·청소년 이용 음란물을 6회에 걸쳐 각 제작했다.

[피고인의 주장]

▶ 상대방과 합의 하에 성관계를 한 것이므로 죄가 되는지 모르고 한 행위이다.

▶ 영상은 아동·청소년의 동의 하에 촬영했고, 사적인 소지·보관을 1차적 목적으로 제작한 것이므로 처벌 대상이 아니다.

[법원의 판단]

▶ 피고인을 징역 6년에 처한다.

▶ 피고인에 대한 정보를 6년간 정보통신망을 이용하여 공개하고, 고지한다.

▶ 피부착명령청구자에 대하여 6년간 위치추적 전자장치의 부착을 명한다.

▶ 직업상 피고인은 13세 미만인 아동·청소년들로 하여금 성적인 호기심을 갖도록 하고 이를 이용하여 성적 행위를 한 것이 죄가 되지 않는다

고 오인한 데에 정당한 이유가 있다고 볼 수 없다.

▸ 아동·청소년이용음란물을 제작하는 등의 행위를 처벌하도록 규정하고 있을 뿐 범죄성립의 요건으로 제작 등의 의도나 음란물이 아동·청소년의 의사에 반하여 촬영되었는지 여부 등을 부가하고 있지 않다. 그리고 아동·청소년을 대상으로 성적 행위를 한 자를 엄중하게 처벌함으로써 성적 학대나 착취로부터 아동·청소년을 보호하는 한편 아동·청소년이 책임 있고 건강한 사회구성원으로 성장할 수 있도록 하려는 구 아청법의 입법 목적과 취지, 정신적으로 미성숙하고 충동적이며 경제적으로도 독립적이지 못한 아동·청소년의 특성, 아동·청소년이용음란물은 직접 피해자인 아동·청소년에게는 치유하기 어려운 정신적 상처를 안겨줄 뿐 아니라, 이를 시청하는 사람들에게까지 성에 대한 왜곡된 인식과 비정상적 가치관을 조장한다. 이를 제작 단계에서부터 원천적으로 차단하고 아동·청소년을 성적대상으로 보는 데서 비롯되는 잠재적 성범죄로부터 아동·청소년을 보호할 필요가 있다. 인터넷 등 정보통신매체의 발달로 인하여 음란물이 일단 제작되면 제작 후 사정의 변경에 따라, 또는 제작자의 의도와 관계없이 언제라도 무분별하고 무차별적으로 유통에 제공될 가능성을 배제할 수도 없다. 제작한 영상물이 객관적으로 아동·청소년이 등장하여 성적 행위를 하는 내용을 표현한 영상물에 해당하는 한 대상이 된 아동·청소년의 동의 하에 촬영한 것이거나 사적인 소지·보관을 1차적 목적으로 제작한 것이라고 해서 구 아청법 제8조 제1항의 '아동·청소년이용음란물'에 해당하지 않다거나 이를 '제작'한 것이 아니라고 할 수 없다.

▸ 다만 아동·청소년인 행위자 본인이 사적인 소지를 위하여 자신을 대상으로 '아동·청소년이용음란물'에 해당하는 영상 등을 제작하거나 그 밖

에 이에 준하는 경우로서, 영상의 제작행위가 헌법상 보장되는 인격권, 행복추구권 또는 사생활의 자유 등을 이루는 사적인 생활 영역에서 사리분별력 있는 사람의 자기결정권의 정당한 행사에 해당한다고 볼 수 있는 예외적인 경우에는 위법성이 없다고 볼 수 있다. 이에 따라 피고인의 행위는 아동·청소년이용음란물의 제작에 해당하고, 설령 피고인이 이에 대하여 일부 피해자들의 동의를 받았다고 하더라도 사리분별력이 충분한 아동·청소년이 성적 행위에 관한 자기결정권을 자발적이고 진지하게 행사한 것으로 보기 어려우므로 예외적으로 위법성이 조각되는 사유에 해당하지 않는다.

스마트폰과 인터넷을 통해 손쉽게 노출되는 성폭력의 문제에 대하여 자세한 사례와 함께 살펴보았습니다. 처음에도 서술한 것처럼, 아이들을 대상으로 한 성폭력의 양상은 더욱 읽기에 불편하고 심난한 마음이 듭니다. 이를 외면하지 않고 성매매와 성폭력의 문제를 아우르는 아동·청소년 성보호의 측면에서 아이들을 돕는 일에는 용기가 필요합니다. 이 장을 통하여 우리가 좀 더 용기를 갖는 데에 조금이나마 도움이 되었으면 하는 바람입니다.

3

아동·청소년의 성보호를 위해
특별히 금지되는 행위들
아이들을 보호하기 위해 '최소한' 금지되어야 할 것들

얼마 전, 경찰청 사이버안전국은 2015년 7월부터 2018년 3월까지 익명성이 강한 웹을 이용하여 아동음란물을 배포한 20대 남성을 검거했습니다. 범죄자는 암호화폐를 이용하여 결제를 유도하고, 치밀하게 고객을 관리한 것으로 밝혀졌습니다. 웹에는 외국인들이 많이 유입하여 전체 이용자 수가 120만 명에 달했으며, 이중 결제를 한 유료회원만 해도 4073명이었다고 합니다.

이곳에서 아동을 촬영한 음란물을 내려 받은 사람들 중 한국인 156명도 함께 적발되어 불구속 입건되었습니다. 여기에는 의사자격이나 교사자격을 가지고 관련 직업을 가진 사람과 함께 계약직 공무원도 포함되어 있어 사회적 공분을 샀지요[1]. 이 사례에서 알 수 있듯, 아동청소년을 대상으로 음란물을 제작하여 배포하는 행위는 엄벌에 처

---

1 동아닷컴, http://news.donga.com/3/all/20180502/89890299/1#csidx6393daccc6306f6ad750e6adac070d8

해지는 범죄 행위입니다. 뿐만 아니라 개인이 소장한다는 명목으로 소지하고 있는 것만으로도 처벌 대상이 됩니다. 직접 제작하거나 배포한 적이 없더라도 아동청소년 음란물을 저장해 놓고 있는 것만으로도 경찰조사와 재판을 받고 형벌이 결정될 수 있다는 겁니다.

이러한 규정을 두고 있는 법률은 아동·청소년의 성보호에 관한 법률(약칭: 청소년성보호법)입니다. 이 법은 아동·청소년대상 성범죄의 처벌과 절차에 관한 특례를 규정하고 피해아동·청소년을 위한 구제 및 지원 절차를 마련하며, 아동·청소년대상 성범죄자를 체계적으로 관리하고자 하지요. 그리고 아동·청소년을 성범죄로부터 보호하고 아동·청소년이 건강한 사회구성원으로 성장할 수 있도록 함을 목적으로 합니다(제1조). 다음에서는 청소년성보호법의 주요조항을 통하여 특별히 금지되는 행위에 대하여 설명해보고자 합니다.

__ 보호의 대상과 금지되는 행위

청소년성보호법에서는 19세 미만의 사람을 보호합니다. 강력한 처벌을 예정하고 있기 때문에 그 연령을 명시하고 '다만, 19세에 도달하는 연도의 1월 1일을 맞이한 자는 제외한다.의 규정을 두고 있습니다. 또한, 위 법률에 '사회의 책임'이라는 조항을 두어 아동·청소년의 보호와 교육에 대한 책임을 분명히 한 조항도 큰 의의가 있으므로 알아둘 필요가 있지요.

✝ 청소년성보호법

제2조(정의)

이 법에서 사용하는 용어의 뜻은 다음과 같다.

1. "아동·청소년"이란 19세 미만의 자를 말한다.

제5조 (사회의 책임)

모든 국민은 아동·청소년이 이 법에서 정한 범죄의 상대방이나 피해자가 되거나 이 법에서 정한 범죄를 저지르지 아니하도록 사회 환경을 정비하고 아동·청소년을 보호·선도·교육하는 데에 최선을 다하여야 한다.

제6조 (홍보영상의 제작·배포·송출)

① 여성가족부장관은 아동·청소년대상 성범죄의 예방과 계도, 피해자의 치료와 재활 등에 관한 홍보영상을 제작하여 「방송법」 제2조제23호의 방송편성책임자에게 배포해야 한다.

② 여성가족부장관은 「방송법」 제2조제3호가목의 지상파방송사업자(이하 "방송사업자"라 한다)에게 같은 법 제73조제4항에 따라 대통령령으로 정하는 비상업적 공익광고 편성비율의 범위에서 제1항의 홍보영상을 채널별로 송출하도록 요청할 수 있다.

③ 방송사업자는 제1항의 홍보영상 외에 독자적인 홍보영상을 제작하여 송출할 수 있다. 이 경우 여성가족부장관에게 필요한 협조 및 지원을 요청할 수 있다.

이러한 청소년보호법에서는 처벌의 특례를 두어 특별한 보호를 하려는 취지를 명문화했습니다. 대표적으로 특별히 금지되는 행위를 정리하여 보면, 다음과 같습니다.

· 아동·청소년에 대한 강간·강제추행

- 강간 등 상해·치상, 치사, 살인
- 아동·청소년이용음란물의 제작·배포
- 아동·청소년 매매행위, 성을 사는 행위, 강요행위, 알선영업행위

먼저 강간이나 강제추행도 매우 죄질이 나쁜 범죄이지만, 이로 인해 아이들이 다치고 죽음에 이르는 경우 그 상상만 하는 것만으로도 괴로운 일입니다. 때문에 청소년성보호법에서는 사형, 무기징역 등 매우 강력한 형벌 규정을 두고 있습니다.

제7조 (아동·청소년에 대한 강간·강제추행 등)

① 폭행 또는 협박으로 아동·청소년을 강간한 사람은 무기징역 또는 5년 이상의 유기징역에 처한다.

② 아동·청소년에 대하여 폭행이나 협박으로 다음 각 호의 어느 하나에 해당하는 행위를 한 자는 5년 이상의 유기징역에 처한다.

　1. 구강·항문 등 신체(성기는 제외한다)의 내부에 성기를 넣는 행위

　2. 성기·항문에 손가락 등 신체(성기는 제외한다)의 일부나 도구를 넣는 행위

③ 아동·청소년에 대하여 「형법」 제298조의 죄를 범한 자는 2년 이상의 유기징역 또는 1천만 원 이상 3천만 원 이하의 벌금에 처한다.

④ 아동·청소년에 대하여 「형법」 제299조의 죄를 범한 자는 제1항부터 제3항까지의 예에 따른다.

⑤ 위계(僞計) 또는 위력으로써 아동·청소년을 간음하거나 아동·청소년을 추행한 자는 제1항부터 제3항까지의 예에 따른다.

⑥ 제1항부터 제5항까지의 미수범은 처벌한다.

제8조 (장애인인 아동·청소년에 대한 간음 등)

① 19세 이상의 사람이 장애 아동·청소년(「장애인복지법」 제2조제1항에 따른 장

애인으로서 신체적인 또는 정신적인 장애로 사물을 변별하거나 의사를 결정할 능력
이 미약한 13세 이상의 아동·청소년을 말한다. 이하 이 조에서 같다)을 간음하거나
장애 아동·청소년으로 하여금 다른 사람을 간음하게 하는 경우에는 3년
이상의 유기징역에 처한다.

② 19세 이상의 사람이 장애 아동·청소년을 추행한 경우 또는 장애 아동·청
소년으로 하여금 다른 사람을 추행하게 하는 경우에는 10년 이하의 징역
또는 1천500만 원 이하의 벌금에 처한다.

제9조 (강간 등 상해·치상)

제7조의 죄를 범한 사람이 다른 사람을 상해하거나 상해에 이르게 한 때에는
무기징역 또는 7년 이상의 징역에 처한다.

제10조 (강간 등 살인·치사)

① 제7조의 죄를 범한 사람이 다른 사람을 살해한 때에는 사형 또는 무기징역
에 처한다.

② 제7조의 죄를 범한 사람이 다른 사람을 사망에 이르게 한 때에는 사형, 무
기징역 또는 10년 이상의 징역에 처한다.

다음으로, 도입부에 설명했던 사례와 같이, 아동·청소년이용음란물
의 제작·배포 등에 관해 명확하게 금지하며, 제작과 수입, 수출에 관하
여는 무기징역의 처벌도 가능하도록 규정하고 있습니다. 또한, 아동·청
소년이용음란물임을 '알면서' 이를 '소지'한 자는 1년 이하의 징역 또는
2천만 원 이하의 벌금에 처한다고 하여 처벌대상이 되는 행위를 분명
히 해두었지요.

제11조 (아동·청소년이용음란물의 제작·배포 등)

① 아동·청소년이용음란물을 제작·수입 또는 수출한 자는 무기징역 또는
5년 이상의 유기징역에 처한다.

② 영리를 목적으로 아동·청소년이용음란물을 판매·대여·배포·제공하거나 이를 목적으로 소지·운반하거나 공연히 전시 또는 상영한 자는 10년 이하의 징역에 처한다.

③ 아동·청소년이용음란물을 배포·제공하거나 공연히 전시 또는 상영한 자는 7년 이하의 징역 또는 5천만 원 이하의 벌금에 처한다.

④ 아동·청소년이용음란물을 제작할 것이라는 정황을 알면서 아동·청소년을 아동·청소년이용음란물의 제작자에게 알선한 자는 3년 이상의 징역에 처한다.

⑤ 아동·청소년이용음란물임을 알면서 이를 소지한 자는 1년 이하의 징역 또는 2천만 원 이하의 벌금에 처한다.

⑥ 제1항의 미수범은 처벌한다.

제12조 (아동·청소년 매매행위)

① 아동·청소년의 성을 사는 행위 또는 아동·청소년이용음란물을 제작하는 행위의 대상이 될 것을 알면서 아동·청소년을 매매 또는 국외에 이송하거나 국외에 거주하는 아동·청소년을 국내에 이송한 자는 무기징역 또는 5년 이상의 징역에 처한다.

② 제1항의 미수범은 처벌한다.

한편, 아이들을 대상으로 한 성매매의 문제가 끊임없이 이슈가 되고 있습니다. 성을 사는 행위를 한 경우뿐 아니라, 성을 팔도록 권유한 자 또한 징역형 등의 형벌을 받을 수 있으므로 정확히 알아둘 필요가 있어요.

제13조 (아동·청소년의 성을 사는 행위 등)

① 아동·청소년의 성을 사는 행위를 한 자는 1년 이상 10년 이하의 징역 또는 2천만 원 이상 5천만 원 이하의 벌금에 처한다.

② 아동·청소년의 성을 사기 위하여 아동·청소년을 유인하거나 성을 팔도록 권유한 자는 1년 이하의 징역 또는 1천만 원 이하의 벌금에 처한다.

또한, '성매매 알선영업행위'또한 매우 엄격하게 처벌되고 있습니다. 인터넷이나 스마트폰 등을 통하여 알선정보를 제공하거나, 성을 사는 행위의 장소를 제공하는 행위를 업으로 하는 사람들도 모두 7년 이상의 징역형에 처하도록 할 정도입니다. 다른 논의가 없는 것은 아니지만, 우리 사회의 경각심이 높다는 점을 반영한 것이지요.

제15조 (알선영업행위 등)

① 다음 각 호의 어느 하나에 해당하는 자는 7년 이상의 유기징역에 처한다.

  1. 아동·청소년의 성을 사는 행위의 장소를 제공하는 행위를 업으로 하는 자

  2. 아동·청소년의 성을 사는 행위를 알선하거나 정보통신망에서 알선정보를 제공하는 행위를 업으로 하는 자

  3. 제1호 또는 제2호의 범죄에 사용되는 사실을 알면서 자금·토지 또는 건물을 제공한 자

  4. 영업으로 아동·청소년의 성을 사는 행위의 장소를 제공·알선하는 업소에 아동·청소년을 고용하도록 한 자

② 다음 각 호의 어느 하나에 해당하는 자는 7년 이하의 징역 또는 5천만 원 이하의 벌금에 처한다.

  1. 영업으로 아동·청소년의 성을 사는 행위를 하도록 유인·권유 또는 강요한 자

  2. 아동·청소년의 성을 사는 행위의 장소를 제공한 자

  3. 아동·청소년의 성을 사는 행위를 알선하거나 정보통신망에서 알선정보를 제공한 자

  4. 영업으로 제2호 또는 제3호의 행위를 약속한 자

③ 아동·청소년의 성을 사는 행위를 하도록 유인·권유 또는 강요한 자는 5년 이하의 징역 또는 3천만 원 이하의 벌금에 처한다.

마지막으로 성범죄의 피해아동과 그 보호자에게, 가해자가 폭행이나 협박을 이용하여 합의를 강요하는 사례가 있을 수 있습니다. 피해자가 합의나 처벌을 원하지 않는다는 의사표시를 하는 경우 감형이 될 수 있다고 여기기 때문일 것입니다. 하지만 위와 같은 행위는 또다른 범죄행위이며 7년의 징역형까지도 선고될 수 있지요.

> **제16조 (피해자 등에 대한 강요행위)**
>
> 폭행이나 협박으로 아동·청소년대상 성범죄의 피해자 또는 「아동복지법」 제3조 제3호에 따른 보호자를 상대로 합의를 강요한 자는 7년 이하의 유기징역에 처한다.

— 특별히 살펴 볼 성폭력 범죄는?

의외로 경각심이 높지 않고 많이 일어나는 성폭력 사건은 '아동·청소년이용음란물임을 알면서 이를 소지'하는 것과 '아동·청소년의 성을 사는 행위를 하도록 유인·권유'하는 행위입니다. 이 또한 강력하게 처벌되는 추세이기는 하나, 청소년의 궁박한 처지를 이용해 성범죄를 저지르는 사건이 여전히 발생하기 때문에 유의할 필요가 있습니다.

(1) 통신매체이용음란 및 음란물소지 사례 – 2013고단1154 판결[1]

이 사건의 가해자는 스마트폰 어플을 이용, 어린 아이들을 대상으로 성교육을 해준다는 식으로 접근하여 협박을 하면서 수치심을 유발하는 사진을 찍도록 강요했습니다. 공판 과정에서 여러 변명을 했지만 결

---

1 강의의 취지와 개인정보보호, 설명의 편이 등을 고려하여 일부 발췌 및 수정함.

국 선고 실형을 받고 수감되었지요. 가해자는 성범죄자로 신상정보를 등록하는 대상자가 되었습니다.

[사건의 경위]

▸ 피고인은 인터넷 포털사이트 카페에 '성교육을 받으며 기분이 좋아지는 것을 느껴보고 싶은 사람이 있으면 연락주세요'라고 글을 올렸다. 이에 휴대전화 채팅 어플인 ○톡으로 연락을 한 피해자 ◎◎◎(여, 13세)에게 성교육을 해준다고 대화를 하면서 피고인은 피해자의 신상정보, 신체 사진 등을 얻게 되었다.

▸ **(1) 강요**

피고인은 피해자가 더 이상 성적인 대화를 하거나 신체 사진을 찍어 보내지 않겠다고 거부하자, 피해자에게 '대화를 계속하지 않으면 지금까지 대화를 하면서 받았던 신상정보, 사진 및 대화 내용 등을 인터넷에 올리겠다, 시키는 대로 해야 사진 등을 지워주겠다'라는 내용의 메시지를 보내 피해자의 사진을 유포할 것처럼 협박했다. 겁을 먹은 피해자는 스스로 나체 사진을 찍고, 피고인은 피해자에게 그 사진과 함께 23장의 사진을 전송 받았다. 피고인은 피해자를 협박해서 피해자에게 스스로 나체로 사진을 찍게 강요하고 그 사진들을 전송하도록 협박했다.

▸ **(2) 성폭력 범죄의 처벌 등에 관한 특례법 위반(통신매체이용음란)**

피고인은 총 97회에 걸쳐, 자신의 성적 욕망을 유발하거나 만족시킬 목적으로 통신매체인 휴대전화를 통하여 성적 수치심이나 혐오감을 일으키는 글을 피해자에게 도달하게 했다.

▸ **(3) 아동·청소년의성보호에관한법률위반(음란물소지)**

피고인은 휴대전화로 전송받은 아동·청소년인 피해자의 나체 사진 합계 약 23장을 피고인이 사용하는 컴퓨터의 폴더에 옮겨 보관했다. 이로써 피고인은 아동·청소년이용음란물을 소지했다.

[법원의 판단]

▸ 피고인을 징역 1년 6월에 처한다.

▸ 압수된 증 제1, 2호증을 피고인으로부터 몰수한다.

▸ 피고인에게 40시간의 성폭력 치료프로그램의 이수를 명한다.

피고인이 범행 자백하고 있는 점, 초범인 점 등 유리한 정상이 있기는 하나, 보호받아야 할 청소년인 피해자를 협박하여 나체 사진 등을 찍어 전송하도록 하는 등 그 죄질이 극히 불량한 점, 피해자와 합의되지 아니한 점, 이 사건 범행으로 인하여 피해자는 상당한 정신적·육체적 고통을 입었을 것으로 보이는 점 등 불리한 정상 및 기타 피고인의 나이, 행실, 범행의 경위, 범행 후의 정황 등 제반 양형요소를 참작하여 주문과 같이 형을 정한다. 또한 피고인은 성폭력범죄의 처벌 등에 관한 특례법 제42조 제1항에 의하여 신상정보 등록대상자가 되므로, 같은 법 제43조에 따라 관할기관에 신상정보를 제출할 의무가 있다.

(2) 가출청소년에게 숙식제공의 제의한 사례– 2014고합226, 2014고합236(병합)[1]

이 사건 또한 중학교 1학년에 불과한 어린 나이의 학생을 스마트폰 메

---

1 이 사건은 다른 사기 범죄 사건과 함께 병합되어 공판이 진행되었고, 형이 선고된 사건이다. 강의의 취지와 개인정보보호, 설명의 편이 등을 고려하여 일부 발췌 및 수정함.

신저 서비를 이용, 유인하여 성매수 범행을 한 사례입니다. 가정불화로 인해 갈 곳이 없이 가출한 여학생에게 접근하여 숙식 제공을 빌미로 성을 매수한 것이지요.

이 판결에서 재판부가 '성인은 청소년이 건전한 성도덕을 가질 수 있도록 보호하고 그들을 올바른 길로 이끌어줄 사회적 책무가 있다'고 전제한 것을 정확히 알아둘 필요가 있습니다.

[사건의 경위]

▶ 피고인(가해자)은 스마트폰 메신저 서비스인 '○톡'을 통하여 알고 지내던 ○○중학교 1학년생인 A(여, 13세)가 부모와의 불화로 가출하여 숙식할 곳을 구하고 있는 사실을 알게 되자 A에게 숙식 제공을 제의하여 A를 피고인의 주거지로 데리고 왔다.

▶ 이후 피고인은 A로 하여금 피고인의 주거지에 머물도록 하면서 성관계를 요구하였으며 가출 후 피고인에게 숙식을 의존하여 피고인의 요구를 쉽게 거절하지 못하는 아동·청소년인 A와 숙식 제공을 빌미로 아동·청소년의 성을 사는 행위를 했다.

[법원의 판단]

▶ 피고인을 징역 1년에 처한다.

▶ 피고인에게 40시간의 성매매 치료프로그램의 이수를 명한다.

▶ 이 사건의 성매수 범행은 청소년이 건전한 성도덕을 가질 수 있도록 보호하고 그들을 올바른 길로 이끌어 줄 사회적 책무가 있는 성인인 피고인이 성적 정체성과 가치관을 정상적으로 형성할 시기에 있는 청소년의 성을 매수한 것으로서 그 죄질이 결코 가볍지 않다.

▸ 다만, 피고인은 이 사건 성매수 범행 이전에 성범죄로 처벌받은 전력이 없고, 자신의 잘못을 모두 인정하며 반성하고 있는 점, 피고인이 사기 범행 피해자들을 위해 일부공탁을 한 점 등을 피고인에 대한 유리한 정상으로 참작한다. 그 밖에 피고인의 연령, 행실, 가정환경, 범행 후의 정황 등 이 사건 변론에 나타난 모든 양형요소를 종합적으로 고려하여 주문과 같이 형을 정한다.

지금까지 여러 가지 사례를 살펴보면서, 우리 사회의 어두운 이면을 구체적으로 접했을 겁니다. 성폭력 문제 성폭력 문제 자체도 그렇지만, 아이들을 대상으로 하는 성범죄는 그 사실을 접한 어른들에게도 큰 고통을 안겨줍니다. 하지만 명확하게 법률을 알아두고, 성인으로서 아이들을 보호할 사회적 책무를 잊지 말아야 하는 것은 분명합니다. 청소년 성보호법에서는 19세 미만의 사람을 보호하고 있으며 아동·청소년에 대한 강간·강제추행 등의 알려진 범죄행위는 물론, 아동·청소년이용음란물의 제작·배포나 그 소지, 성을 사는 행위, 강요행위 등도 엄중하게 처벌하고 있다는 것을 알아두어야 합니다. 현재까지도 아동 청소년을 대상으로 하는 성범죄가 발생하고 있으므로 그 보호와 예방에 유의해야 할 것입니다.

4

엄중하게 처벌되는 아동·청소년 성폭력!

엄격한 처벌과 취업제한 등 특례가 적용된다

아동과 청소년 대상의 성범죄가 사회적으로 큰 물의를 일으키고 있습니다. 그에 대한 경각심이 고조되면서 처벌 수위 역시 강화되는 추세입니다. 처벌 절차 또한 다른 여타의 범죄와 달리, 특별하게 진행되는 사항들이 있지요. 범죄를 예방의 측면에서도 이를 명확하게 알아두면 좋겠습니다.

범죄자 취업제한과 관련해서는 많은 논란이 있어왔습니다. 즉, 취업제한은 가해자들로 하여금 아동·청소년들과의 접촉을 차단함으로써, 성범죄로부터 보호하는 동시에 아동·청소년 관련기관 등의 윤리성과 신뢰성을 높이기 위한 것입니다. 때문에 취업제한명령을 성범죄 사건의 판결과 동시에 선고하여 가해자가 학교, 의료기관(의료인), 어린이집 등에 일정기간 취업하지 못하도록 제한한 것이지요.

하지만 이는 가해자의 죄질이나 형량, 또는 재범 위험성 등을 고려하지 않고 전부 일률적으로 10년간 취업제한을 하여 과도하게 기본권을 침해했다는 헌법재판소의 판단이 있습니다. 재범 위험성이 적은 가해자에게도 10년 간 취업을 하지 못하게 제한하는 것은 직업선택의 자유가 침해되었다는 이유였지요. 이에 따라 2018년부터는 죄의 경중 및 재범 위험성을 고려하여 차등적으로 취업 제한 기간을 두는 것으로 개정되었습니다.

위헌 결정에서 법의 개정에 이르기까지 논란이 많았던 이유는, 아동청소년대상 성범죄 처벌이나 가해자의 기본권 제한이 다른 법령과 비교해도 엄격하게 처리되기 때문입니다. 과거보다 더 넓은 범위의 행위들이 성범죄로 처벌대상이 되고 있으며, 재판 전부터 구속이 되는 경우도 상당합니다. 또한 처음 재판을 받게 된 경우라도 실형을 받게 될수 있으며, 신상공개와 취업제한 등 각종 불이익이 뒤따릅니다.

이는 이 책을 통하여 반복해서 강조하고 있는 '아동청소년의 보호'라는 목적에 부응하는 변화로 보입니다. 법률이 무엇을 금지하고 있고, 범죄 행위를 할시 가해자가 지녀야할 처벌이 무엇인지 명확히 아는 것은 범죄의 예방이나 사후 대처의 측면에서 모두 중요합니다. 아래에서는 몇 가지 조항을 참고하여 그 의의를 설명하도록 하겠습니다.

— 아동·청소년의 성보호에 관한 법률

아동·청소년의 성보호에 관한 법률은 가해자의 처벌에 대한 특례를 규정하고 있습니다. 먼저 살펴볼 것은 신고의무자가 오히려 성범죄를 저질렀을 경우에 대한 것입니다. 학교 교사나 학원 교사, 의료기관종사자 등은 신고의무자에 해당하고, 이러한 사람들이 아동·청소년을 대상으로 성범죄를 범한 경우에는 가중 처벌하도록 명시하고 있습니다.

제18조(신고의무자의 성범죄에 대한 가중처벌)

제34조제2항 각 호[1]의 기관·시설 또는 단체의 장과 그 종사자가 자기의 보호·감독 또는 진료를 받는 아동·청소년을 대상으로 성범죄를 범한 경우에는 그 죄에 정한 형의 2분의 1까지 가중처벌한다.

간혹, 음주상태에 있었다는 이유로 감형을 받은 가해자들의 이야기를 언론매체를 통하여 접해 보았을 것입니다. 이는 형법의 규정이 있기 때문에 적용되는 사항입니다. 그러나 청소년성보호법은 이에 대한 특례를 두고 있지요. 음주 또는 약물로 인하여 사물을 변별할 능력이 없었더라도 감형을 하지 않아도 되는 것이지요.

제19조(「형법」상 감경규정에 관한 특례)

음주 또는 약물로 인한 심신장애 상태에서 아동·청소년대상 성폭력범죄를 범한 때에는 「형법」 제10조제1항·제2항[2] 및 제11조를 적용하지 않을 수 있다.

아동·청소년대상 성범죄의 공소시효에 관해서도 특례를 두고 있습니다. 강간 등 살인에는 공소시효를 적용하지 않으며, 다른 아동청소년대상 성범죄의 경우에도 범죄행위의 종료한 때가 아닌, 아동·청소년이 성년에 달한 날부터 공소시효가 진행됩니다.

---

1   1. 「유아교육법」 제2조제2호의 유치원 / 2. 「초·중등교육법」 제2조의 학교 3. 「의료법」 제3조의 의료기관 / 4. 「아동복지법」 제3조제10호의 아동복지시설 / 5. 「장애인복지법」 제58조의 장애인복지시설 / 6. 「영유아보육법」 제2조제3호의 어린이집 / 7. 「학원의 설립·운영 및 과외교습에 관한 법률」 제2조제1호의 학원 및 같은 조 제2호의 교습소 / 8. 「성매매방지 및 피해자보호 등에 관한 법률」 제5조의 성매매피해자등을 위한 지원시설 및 같은 법 제10조의 성매매피해상담소 / 9. 「한부모가족지원법」 제19조에 따른 한부모가족복지시설 / 10. 「가정폭력방지 및 피해자보호 등에 관한 법률」 제5조의 가정폭력 관련 상담소 및 같은 법 제7조의 가정폭력피해자 보호시설 / 11. 「성폭력방지 및 피해자보호 등에 관한 법률」 제10조의 성폭력피해상담소 및 같은 법 제12조의 성폭력피해자보호시설 / 12. 「청소년활동 진흥법」 제2조제2호의 청소년활동시설 / 13. 「청소년복지 지원법」 제29조제1항에 따른 청소년상담복지센터 및 같은 법 제31조제1호에 따른 청소년쉼터 / 14. 「청소년 보호법」 제35조의 청소년 보호·재활센터
2   형법 제10조(심신장애인) ①심신장애로 인하여 사물을 변별할 능력이 없거나 의사를 결정할 능력이 없는 자의 행위는 벌하지 아니한다. ②심신장애로 인하여 전항의 능력이 미약한 자의 행위는 형을 감경한다. 형법 제11조(농아자) 농아자의 행위는 형을 감경한다.

제20조(공소시효에 관한 특례)

① 아동·청소년대상 성범죄의 공소시효는 「형사소송법」 제252조제1항[3]에도 불구하고 해당 성범죄로 피해를 당한 아동·청소년이 성년에 달한 날부터 진행한다.

② 제7조의 죄는 디엔에이(DNA)증거 등 그 죄를 증명할 수 있는 과학적인 증거가 있는 때에는 공소시효가 10년 연장된다.

③ 13세 미만의 사람 및 신체적인 또는 정신적인 장애가 있는 사람에 대하여 다음 각 호의 죄를 범한 경우에는 제1항과 제2항에도 불구하고 「형사소송법」 제249조부터 제253조까지 및 「군사법원법」 제291조부터 제295조까지에 규정된 공소시효를 적용하지 않는다.

  1. 「형법」 제297조(강간), 제298조(강제추행), 제299조(준강간, 준강제추행), 제301조(강간등 상해·치상) 또는 제301조의2(강간등 살인·치사)의 죄

  2. 제9조 및 제10조의 죄

  3. 「성폭력범죄의 처벌 등에 관한 특례법」 제6조제2항, 제7조제2항, 제8조, 제9조의 죄

④ 다음 각 호의 죄를 범한 경우에는 제1항과 제2항에도 불구하고「형사소송법」 제249조부터 제253조까지 및 「군사법원법」 제291조부터 제295조까지에 규정된 공소시효를 적용하지 아니한다.

  1. 「형법」 제301조의2(강간 등 살인·치사)의 죄(강간등 살인에 한정한다)

  2. 제10조제1항의 죄(강간 등 살인)

  3. 「성폭력범죄의 처벌 등에 관한 특례법」 제9조제1항(강간등살인)의 죄

모든 가해자를 영원히 격리할 수 없습니다. 그들을 교정하는 것은 매우 중요한 과정이지요. 때문에 법원은 교정을 위한 수강명령을 형벌과 함께 내릴 수 있습니다. 즉, 교육, 훈련 및 상담 등을 통해 성폭력범

---

[3] 형사소송법 제252조(시효의 기산점) ①시효는 범죄행위의 종료한 때로부터 진행한다.②공범에는 최종행위의 종료한 때로부터 전공범에 대한 시효기간을 기산한다.

죄자의 재범을 방지하고 건전한 사회 복귀를 도모하며 사회 안전을 확보하기 위하려는 것이죠. 범죄자의 경우, 왜곡된 성 의식과 피해자에 대한 공감능력의 부족, 성충동 조절의 실패 등에서 비롯되는 경우가 많습니다. 성범죄를 범한 사람들인 성교육을 이수하도록 법적인 근거를 둔 것이지요(2016헌바153,성폭력범죄의 처벌 등에 관한특례법에 관한 결정 참조). 성에 대한 건전한 이해를 위한 교육은 물론 재범예방을 위한 교육 프로그램을 진행하고 있습니다.

제21조(형벌과 수강명령 등의 병과)

② 법원은 아동·청소년대상 성범죄를 범한 자에 대하여 유죄판결을 선고하는 경우에는 500시간의 범위에서 재범예방에 필요한 수강명령 또는 성폭력 치료프로그램의 이수명령(이하 "이수명령"이라 한다)을 병과(倂科)해야 한다. 다만, 수강명령 또는 이수명령을 부과할 수 없는 특별한 사정이 있는 경우에는 그러지 않는다.

④ 법원이 아동·청소년대상 성범죄를 범한 사람에 대하여 형의 집행을 유예하는 경우에는 제2항에 따른 수강명령 외에 그 집행유예기간 내에서 보호관찰 또는 사회봉사 중 하나 이상의 처분을 병과할 수 있다.

⑦ 제2항에 따른 수강명령 또는 이수명령은 다음 각 호의 내용으로 한다.

1. 일탈적 이상행동의 진단·상담

2. 성에 대한 건전한 이해를 위한 교육

3. 그 밖에 성범죄를 범한 사람의 재범예방을 위하여 필요한 사항

나아가, 수강명령을 받은 성폭력범죄자가 다시 아동·청소년대상 성범죄를 저지르는 지 지속적으로 조사하기 위해 위와 같이 5년 동안 관계 기관의 장에게 그 사람에 관한 범죄경력자료 및 수사경력자료를 요청할 수 있도록 규정하고 있습니다.

제21조의2(재범여부 조사)

① 법무부장관은 제21조제2항에 따라 수강명령 또는 이수명령을 선고받아 그 집행을 마친 사람에 대하여 그 효과를 평가하기 위하여 아동·청소년대상 성범죄 재범여부를 조사할 수 있다.

② 법무부장관은 제1항에 따른 재범여부 조사를 위하여 수강명령 또는 이수 명령의 집행을 마친 때부터 5년 동안 관계 기관의 장에게 그 사람에 관한 범죄경력자료 및 수사경력자료를 요청할 수 있다.

이러한 제도가 있지만, 가해자가 재범을 저질렀을 때가 가장 우려스 럽습니다. 재범의 위험성이 있다고 인정되는 사람에 대해서는 검사가 법원에 보호관찰명령을 청구해야 한다고 법률로 정해두었습니다.

제61조(보호관찰)

① 검사는 아동·청소년대상 성범죄를 범하고 재범의 위험성이 있다고 인정되 는 사람에 대하여는 형의 집행이 종료한 때부터 「보호관찰 등에 관한 법률」 에 따른 보호관찰을 받도록 하는 명령(이하 "보호관찰명령"이라 한다)을 법원 에 청구해야 한다. 다만, 검사가 「특정 범죄자에 대한 보호관찰 및 전자장 치 부착 등에 관한 법률」 제21조의2에 따른 보호관찰명령을 청구한 경우에 는 그러하지 않는다.

③ 법원은 아동·청소년대상 성범죄를 범한 사람이 금고 이상의 선고형에 해당 하고 보호관찰명령 청구가 이유 있다고 인정하는 때에는 2년 이상 5년 이 하의 범위에서 기간을 정하여 보호관찰명령을 병과하여 선고해야 한다.

— 성범죄자의 신상정보 공개와 취업제한 등

아동·청소년대상 성범죄자가 학생들 주변에서 활동하며 재범을 일으킬지 모른다는 불안과 의혹에 대해 이미 여러 차례 언론보도를 통해 접한 바가 있을 겁니다. 이에 관해서는 법률로 여러 제한 규정을 두고 있습니다. 특히 2012도2763 판결에 기재된 사항을 확인하면 '아동·청소년대상 성폭력범죄 등을 효과적으로 예방하고 그 범죄로부터 아동·청소년을 보호함을 목적으로 하는 일종의 보안처분'이라는 취지를 명확히 이해할 수 있지요.

아동·청소년의 성보호에 관한 법률이 정한 공개명령 절차는 아동·청소년대상 성범죄자의 신상정보를 일정기간 동안 정보통신망을 이용하여 공개하도록 하는 조치를 취함으로써 필요한 절차를 거친 사람은 누구든지 인터넷을 통해 공개명령 대상자의 공개정보를 열람할 수 있도록 하는 제도이다.

또한 위 법률이 정한 고지명령 절차는 아동·청소년대상 성폭력범죄자의 신상정보 등을 공개명령기간 동안 고지명령 대상자가 거주하는 지역의 일정한 주민 등에게 고지하도록 조치를 취함으로써 일정한 지역 주민 등이 인터넷을 통해 열람하지 않고도 고지명령 대상자의 고지정보를 알 수 있게 하는 제도이다.

위와 같은 공개명령 및 고지명령 제도는 아동·청소년대상 성폭력범죄 등을 효과적으로 예방하고 그 범죄로부터 아동·청소년을 보호함을 목적으로 하는 일종의 보안처분으로서, 그 목적과 성격, 운영에 관한 법률의 규정 내용 및 취지 등을 종합해 보면, 공개명령 및 고지명령 제도는 범죄행위를 한 자에 대한 응보 등을 목적으로 그 책임을 추구하는 사후적 처분인 형벌과 구별되어 그 본질을 달리한다(2012도2763 판결 참조).

다음에서는 중요한 조항들을 발췌하여 그 취지를 살펴보고자 합니다.

제49조(등록정보의 공개)

① 법원은 다음 각 호의 어느 하나에 해당하는 자에 대하여 판결로 제3항의 공개정보를 「성폭력범죄의 처벌 등에 관한 특례법」 제45조제1항의 등록기간

동안 정보통신망을 이용하여 공개하도록 하는 명령(이하 "공개명령"이라 한다)을 등록대상 사건의 판결과 동시에 선고해야 한다. 다만, 피고인이 아동·청소년인 경우, 그 밖에 신상정보를 공개해서는 안 될 특별한 사정이 있다고 판단하는 경우에는 그러하지 않는다.

1. 아동·청소년대상 성폭력범죄를 저지른 자 (2.3.4.호 생략)

③ 제1항에 따라 공개하도록 제공되는 등록정보(이하 "공개정보"라 한다)는 다음 각 호와 같다.

1. 성명 / 2. 나이 / 3. 주소 및 실제거주지/ 4. 신체정보(키와 몸무게) / 5. 사진 / 6. 등록대상 성범죄 요지(판결일자, 죄명, 선고형량을 포함한다) / 7. 성폭력범죄 전과사실(죄명 및 횟수) / 8. 「특정 범죄자에 대한 보호관찰 및 전자장치 부착 등에 관한 법률」에 따른 전자장치 부착 여부

⑤ 공개정보를 정보통신망을 이용하여 열람하고자 하는 자는 실명인증 절차를 거쳐야 한다.

아동·청소년대상 성폭력범죄를 저지른 자에 대한 공개명령이 있는 경우, 성명이나 사진 등을 실명인증을 통하여 정보를 확인할 수 있습니다. (https://www.sexoffender.go.kr)

제50조(등록정보의 고지)

① 법원은 공개대상자 중 다음 각 호의 어느 하나에 해당하는 자에 대하여 판결로 공개명령 기간 동안 고지정보를 고지하도록 하는 명령(이하 "고지명령"이라 한다)을 등록대상 성범죄 사건의 판결과 동시에 선고해야 한다. 다만, 피고인이 아동·청소년인 경우, 그 밖에 신상정보를 고지하여서는 아니 될 특별한 사정이 있다고 판단하는 경우에는 그러하지 않는다.

1. 아동·청소년대상 성폭력범죄를 저지른 자 (2.3호 생략)

④ 제1항에 따라 고지하여야 하는 고지정보는 다음 각 호와 같다.

1. 고지대상자가 이미 거주하고 있거나 전입하는 경우에는 제49조제3항의

공개정보. 다만, 제49조제3항제3호에 따른 주소 및 실제거주지는 상세
주소를 포함한다.

    2. 고지대상자가 전출하는 경우에는 제1호의 고지정보와 그 대상자의 전출 정보

⑤ 제4항의 고지정보는 고지대상자가 거주하는 읍·면·동의 아동·청소년의
친권자 또는 법정대리인이 있는 가구, 「영유아보육법」에 따른 어린이집의 원
장, 「유아교육법」에 따른 유치원의 장, 「초·중등교육법」 제2조에 따른 학교
의 장, 읍·면사무소와 동 주민자치센터의 장(경계를 같이 하는 읍·면 또는 동
을 포함한다), 「학원의 설립·운영 및 과외교습에 관한 법률」 제2조의2에 따
른 학교교과교습학원의 장과 「아동복지법」 제52조제1항제8호에 따른 지역
아동센터 및 「청소년활동 진흥법」 제10조제1호에 따른 청소년수련시설의 장
에게 고지한다.

법원의 고지명령이 있는 경우 아동청소년 성범죄자인 고지대상자가
거주하는 곳의 아동·청소년의 친권자, 어린이집 원장, 학교장 등에게
성명이나 사진 등을 우편 송부 주민자치센터 게시판에 게시합니다.

제56조(아동·청소년 관련기관등에의 취업제한 등) - 2018년 개정, 시행

① 법원은 아동·청소년대상 성범죄 또는 성인대상 성범죄(이하 "성범죄"라 한다)
로 형 또는 치료감호를 선고하는 경우(제11조제5항에 따라 벌금형을 선고받은
사람은 제외한다)에는 판결(약식명령을 포함한다. 이하 같다)로 그 형 또는 치료
감호의 전부 또는 일부의 집행을 종료하거나 집행이 유예·면제된 날(벌금형
을 선고받은 경우에는 그 형이 확정된 날)부터 일정기간(이하 "취업제한 기간"이라
한다) 동안 다음 각 호에 따른 시설·기관 또는 사업장(이하 "아동·청소년 관련
기관등"이라 한다)을 운영하거나 아동·청소년 관련기관등에 취업 또는 사실
상 노무를 제공할 수 없도록 하는 명령(이하 "취업제한 명령"이라 한다)을 성범
죄 사건의 판결과 동시에 선고(약식명령의 경우에는 고지)하여야 한다. 다만,
재범의 위험성이 현저히 낮은 경우, 그 밖에 취업을 제한해서는 안 되는 특
별한 사정이 있다고 판단하는 경우에는 그러하지 않는다.

    1. 「유아교육법」 제2조제2호의 유치원

2. 「초·중등교육법」 제2조의 학교, 같은 법 제28조와 같은 법 시행령 제54
조에 따른 위탁 교육기관 및 「고등교육법」 제2조의 학교

2의2. 특별시·광역시·특별자치시·도·특별자치도 교육청 또는 「지방교육
자치에 관한 법률」 제34조에 따른 교육지원청이 「초·중등교육법」
제28조에 따라 직접 설치·운영하거나 위탁하여 운영하는 학생상
담지원시설 또는 위탁 교육시설

3. 「학원의 설립·운영 및 과외교습에 관한 법률」 제2조제1호의 학원, 같은
조 제2호의 교습소 및 같은 조 제3호의 개인과외교습자(아동·청소년의 이
용이 제한되지 아니하는 학원·교습소로서 교육부장관이 지정하는 학원·교습소
및 아동·청소년을 대상으로 하는 개인과외교습자를 말한다)

4. 「청소년 보호법」 제35조의 청소년 보호·재활센터

5. 「청소년활동 진흥법」 제2조제2호의 청소년활동시설

6. 「청소년복지 지원법」 제29조제1항에 따른 청소년상담복지센터 및 같은
법 제31조제1호에 따른 청소년쉼터

7. 「영유아보육법」 제2조제3호의 어린이집

8. 「아동복지법」 제3조제10호의 아동복지시설 및 같은 법 제37조에 따른
통합서비스 수행기관

9. 「성매매방지 및 피해자보호 등에 관한 법률」 제9조제1항제2호의 청소년
지원시설과 같은 법 제17조의 성매매피해상담소

10. 「주택법」 제2조제3호의 공동주택의 관리사무소. 이 경우 경비업무에 직
접 종사하는 사람에 한정한다.

11. 「체육시설의 설치·이용에 관한 법률」 제3조에 따라 설립된 체육시설 중
아동·청소년의 이용이 제한되지 아니하는 체육시설로서 문화체육관광
부장관이 지정하는 체육시설

12. 「의료법」 제3조의 의료기관. 이 경우 「의료법」 제2조에 따른 의료인에 한
정한다.(13~21호 생략)

② 제1항에 따른 취업제한 기간은 10년을 초과하지 못한다.

취업제한 조항의 경우 헌법재판소 2016. 4. 28. 자 2015헌마98 결정 등

다수의 위헌 결정이 있었습니다. 단, '취업제한 조항은 아동·청소년대상 성범죄자에 대하여 일정기간 아동·청소년 관련기관 등을 운영하거나 그 기관 등에 취업하는 것을 제한하여 아동·청소년들과의 접촉을 차단함으로써, 아동·청소년을 성범죄로부터 보호하는 동시에 아동·청소년 관련기관 등의 윤리성과 신뢰성을 높여 아동·청소년 및 그 보호자가 이들 기관을 믿고 이용하거나 따를 수 있도록 하려는 입법목적을 지니는바 이러한 입법목적은 정당하고, 아동·청소년대상 성범죄 전력자에 대하여 일정기간 아동·청소년 관련기관 등에 취업제한을 하는 것은 적절한 수단이 될 수 있다'고 판단되었으므로 취업제한 조항의 취지에 대해 알아 둘 필요가 있지요.

한편, 위 취업제한 조항은 2018년에 개정되었는데, 위와 같은 헌법재판소의 판단에 따른 조치입니다. 그 개정 이유를 보면 다음과 같습니다.

- 아동·청소년대상 성범죄 또는 성인대상 성범죄자에 대하여 죄질, 형량 또는 재범 위험성 등을 고려하지 아니하고 일률적으로 10년간 아동·청소년 관련기관 등에 취업 또는 사실상 노무를 제공하는 것 등을 금지하도록 한 조항에 대하여 직업선택의 자유 침해 등을 이유로 헌법재판소가 위헌으로 결정(2013헌마585등 2016. 3. 31. 결정 등) 함에 따라, 위헌결정의 취지를 반영하여 법원은 성범죄로 형 또는 치료감호를 선고하면서 이와 동시에 아동·청소년 관련기관 등에의 취업제한 명령을 선고하도록 하되 그 기간을 죄의 경중 및 재범 위험성을 고려하여 차등하도록 한다.
- 아울러 아동·청소년대상 성범죄의 신고의무자 및 취업제한기관에 「고등교육법」에 따른 학교, 시·도교육청 또는 교육지원청이 직접 설치·운영하거나 위탁하여 운영하는 시설 등을 포함함으로써 이들 기관에서

발생할 수 있는 아동·청소년대상 성범죄를 억제하고 고등교육기관에
성범죄자의 취업을 제한하여 아동·청소년을 성범죄로부터 안전하게
보호하려는 것이다.

제58조(취업자의 해임요구 등)

① 제57조제1항 각 호에 따른 중앙행정기관의 장은 제56조제1항을 위반하여
  아동·청소년 관련기관 등에 취업하거나 사실상 노무를 제공하는 자가 있으
  면 아동·청소년 관련기관 등의 장에게 그의 해임을 요구할 수 있다.

② 제57조제1항 각 호에 따른 중앙행정기관의 장은 제56조제1항을 위반하여
  아동·청소년 관련기관 등을 운영 중인 아동·청소년 관련기관 등의 장에게
  운영 중인 아동·청소년 관련기관 등의 폐쇄를 요구할 수 있다.

③ 제57조제1항 각 호에 따른 중앙행정기관의 장은 아동·청소년 관련기관 등
  의 장이 제2항의 폐쇄요구를 정당한 사유 없이 거부하거나 1개월 이내에
  요구사항을 이행하지 않는 경우에는 관계 행정기관의 장에게 해당 아동·
  청소년 관련기관 등의 폐쇄, 등록·허가 등의 취소를 요구할 수 있다.

④ 제3항에 따른 폐쇄, 등록·허가 등의 취소요구에 대하여는 대통령령으로
  정하는 바에 따른다.

취업제한 대상 성범죄자가 아동·청소년 관련기관 등에 취업한 경우
중앙행정기관장이 해당 기관의 장에게 해임을 요구할 수 있습니다. 성
범죄자가 운영자인 경우에는 운영 중인 아동·청소년 관련기관 등의
폐쇄를 요구할 수 있지요.

이상에서와 같이 아이들을 대상으로 성범죄를 저지른 가해자들에
게는 매우 엄한 처벌과 이후 수년에 이르는 취업제한, 신상정보등록 및
공개, 보호관찰 등이 기다리고 있지요. 또한 이들을 교정하여 재범위험
성을 줄이는 것이 중요하기 때문에 수강명령이나 재범여부에 대한 조

사, 보호관찰을 지속적으로 진행하는 것입니다. 현재 그 실효성은 별도로 하더라도, 상당히 많은 법률 조항과 제도가 구비되어 있는 것이 사실이지요. 그만큼 아동청소년의 성보호는 우리 사회에서 많은 관심을 가지고 있는 문제이기도 합니다. 이러한 취지를 충분히 이해하고, 아이들에게 보다 안전한 사회를 만들기 위해 우리 모두 노력해야 할 때입니다.

5

피해 아동과 청소년을 위한 특별한 보호·선도제도

아이들을 보호하기 위한 법과 제도가 있다

20년 전 체육교습기관의 대표가 10여 명의 미성년자 강습생을 대상으로 성범죄를 저질렀다는 내용이 최근에 피해자가 직접 고통을 호소하며 알려지게 되었습니다[1]. 당시에는 연령이 어렸을 뿐만 아니라, 운동부라는 특별한 사정 속에서 이를 외부에 알리거나 신고를 하기가 어려웠다고 합니다. 피해자들은 어렸을 때의 상습적인 성폭력으로 인해 오랜 기간 큰 고통을 겪었다고 진술했습니다. 이 사건은 아동과 청소년에 대한 성폭력이 갖는 문제를 여실히 보여주고 있습니다.

한편 한 언론매체[2]가 공개한 통계에 따르면, 친족 성범죄 피해자는 7세 이하 유아(55.5%)일 때와 8~13세 유년기(49.9%)에 성폭력을 당한 사례가 많았습니다. 그러나 피해자들 중 경찰에 신고하거나 법적대응을 하는 경우는 4.3%에 그쳤습니다. 많은 이유가 있겠지만, 수치심이나 추가 범행에

---

1 연합뉴스, http://www.yonhapnews.co.kr/bulletin/2018/03/29/0200000000AKR20180329152800063.HTML?input=1195m
2 뉴스1, http://news1.kr/articles/?3237723

대한 불안, 가족 내에서의 반대 등이 작용했을 것으로 보입니다.

위와 같이 성범죄의 피해를 당하더라도 아동·청소년의 경우 공포와 불안 때문에 제대로 된 신고와 보호를 받기가 어려운 사례가 많습니다. 특히 가해자 지인이거나 보호감독을 하는 사람이 가해자일 경우, 피해자가 도움이나 보호를 받기는 더욱 어려워지지요. 때문에 아동·청소년의 성보호에 관한 법률에서는 특별히 조항을 두었습니다. 성폭력의 신고나 예방교육에 있어 당연히 알아 둘 사항일 뿐 아니라, 실제 상담을 하거나 이후의 교육을 할 시에도 주의를 기울일 부분이기도 합니다. 아래는 각 조항을 통해 그 세부 사항을 확인할 수 있도록 위 법률 내용을 발췌하여 소개하도록 하겠습니다.

— **피해 아동에 대한 보호 및 절차**
  - 아동·청소년의 성보호에 관한 법률

(1) 친권상실청구

성폭력의 가해자가 피해아동·청소년에 대한 친권을 행사하는 것은 매우 잔인한 일입니다. 검사는 특별한 사정이 있는 경우를 제외하고는 아동·청소년대상 성범죄 사건의 가해자가 피해아동·청소년의 친권자인 경우 그 친권상실선고를 청구해야 하고, 아동보호전문기관장 등은 이를 검사에게 요청할 수 있습니다.

  제23조(친권상실청구 등)

  ① 아동·청소년대상 성범죄 사건을 수사하는 검사는 그 사건의 가해자가 피해

아동·청소년의 친권자나 후견인인 경우에 법원에 「민법」 제924조의 친권상실선고 또는 같은 법 제940조의 후견인 변경 결정을 청구하여야 한다. 다만, 친권상실선고 또는 후견인 변경 결정을 하여서는 아니 될 특별한 사정이 있는 경우에는 그러하지 않는다.

② 다음 각 호의 기관·시설 또는 단체의 장은 검사에게 제1항의 청구를 하도록 요청할 수 있다. 이 경우 청구를 요청받은 검사는 요청받은 날부터 30일 내에 해당 기관·시설 또는 단체의 장에게 그 처리 결과를 통보해야 한다.

1. 「아동복지법」 제45조에 따른 아동보호전문기관(2.3.호 생략)

③ 제2항 각 호 외의 부분 후단에 따라 처리 결과를 통보받은 기관·시설 또는 단체의 장은 그 처리 결과에 대하여 이의가 있을 경우 통보받은 날부터 30일 내에 직접 법원에 제1항의 청구를 할 수 있다.

(2) 아이들에 대한 보호조치의 결정

아이들에게 친권자나 후견인이 없는 경우 아이들을 돌보아줄 수 있는 환경을 다시 조성해주어야 합니다. 법원에서는 친권상실선고를 하는 경우 아이들의 의견을 존중하여 다른 친권자 또는 친족, 관련 기관에 인도하는 등 보호조치를 결정할 수 있습니다.

제24조(피해아동·청소년의 보호조치 결정)

법원은 아동·청소년대상 성범죄 사건의 가해자에게 「민법」 제924조에 따라 친권상실선고를 하는 경우에는 피해아동·청소년을 다른 친권자 또는 친족에게 인도하거나 제45조 또는 제46조의 기관·시설 또는 단체에 인도하는 등의 보호조치를 결정할 수 있다. 이 경우 그 아동·청소년의 의견을 존중해야 한다.

(3) 수사나 재판 과정에서 아이들을 위한 배려

성인인 성폭력 피해자들도 자신이 당한 일을 다시 떠올려 진술을 하거나 경찰서 혹은 재판정에 나와 증언까지 해야 하는 일을 굉장히 어렵고, 두려운 일로 생각합니다. 어찌 보면 이러한 과정들은 적법 절차 내에서 가해자를 처벌하는 데 필요한 것이지만, 피해자 입장에서는 피해가 가중되는 것처럼 느껴집니다. 그래서 폭력 피해를 당한 아이들이 조사 및 심리·재판 과정에서 인격이나 명예가 손상되거나 사적인 비밀이 침해되지 않도록 주의할 의무를 특별히 부여하고 있습니다. 또한 반복되는 질문과 응답 속에서 고통 받지 않도록 조사 및 심리·재판 횟수는 필요한 범위에서 최소한으로 하도록 명시하고 있다는 점도 알아둘 필요가 있습니다.

제25조(수사 및 재판 절차에서의 배려)

① 수사기관과 법원 및 소송관계인은 아동·청소년대상 성범죄를 당한 피해자의 나이, 심리 상태 또는 후유장애의 유무 등을 신중하게 고려하여 조사 및 심리·재판 과정에서 피해자의 인격이나 명예가 손상되거나 사적인 비밀이 침해되지 않도록 주의해야 한다.

② 수사기관과 법원은 아동·청소년대상 성범죄의 피해자를 조사하거나 심리·재판할 때 피해자가 편안한 상태에서 진술할 수 있는 환경을 조성하여야 하며, 조사 및 심리·재판 횟수는 필요한 범위에서 최소한으로 해야 한다.

(4) 진술 내용을 녹화하기를 원하는 경우

아동·청소년대상 성범죄의 특성상 피해아동의 진술이 중요한 증거가 될 수 있으며, 영상녹화를 하도록 규정되어 있습니다. 그러나 영상물 녹화는 피해자 또는 법정대리인이 이를 원하지 않는 의사를 표시한 때는 촬영을 해서는 안 됩니다. 이러한 영상물을 수사 및 재판의 용도 외에 다른 목적으로 사용하는 것은 금지되어 있습니다.

제26조(영상물의 촬영·보존 등)

① 아동·청소년대상 성범죄 피해자의 진술내용과 조사과정은 비디오녹화기 등 영상물 녹화장치로 촬영·보존해야 한다.

② 제1항에 따른 영상물 녹화는 피해자 또는 법정대리인이 이를 원하지 않는 의사를 표시한 때는 촬영을 해서는 안 된다. 다만, 가해자가 친권자 중 일방인 경우는 그러하지 않는다.(제2항~제6항 생략)

⑦ 누구든지 제1항에 따라 촬영한 영상물을 수사 및 재판의 용도 외에 다른 목적으로 사용해서는 안 된다.

(5) 재판정에 출석하여 증언하기 어려울 때

성범죄의 피해를 입은 아동·청소년은 가해자인 피고인을 처벌하는 과정에서도 특별한 보호를 받도록 하고 있습니다. 직접 재판에 출석하여 증언하는 것에 현저히 곤란한 사정이 있을 때는 촬영된 영상물 또는 그 밖의 다른 증거물에 대하여 증거보전의 청구를 할 것을 요청할 수 있지요.

제27조(증거보전의 특례)

① 아동·청소년대상 성범죄의 피해자, 그 법정대리인 또는 경찰은 피해자가 공판기일에 출석하여 증언하는 것에 현저히 곤란한 사정이 있을 때에는 그 사유를 소명하여 제26조에 따라 촬영된 영상물 또는 그 밖의 다른 증거물에 대하여 해당 성범죄를 수사하는 검사에게 「형사소송법」 제184조제1항[1]에 따른 증거보전의 청구를 할 것을 요청할 수 있다. (제2항 생략)

---

1 형사소송법 제184조 (증거보전의 청구와 그 절차)
① 검사, 피고인, 피의자 또는 변호인은 미리 증거를 보전하지 아니하면 그 증거를 사용하기 곤란한 사정이 있는 때에는 제1회 공판기일 전이라도 판사에게 압수, 수색, 검증, 증인신문 또는 감정을 청구할 수 있다.

(6) 신뢰관계에 있는 사람과 함께 출석 가능

피해 아동·청소년이 법원에 출석하여 증인석에 서는 것은 쉽지 않은 일임에 틀림없습니다. 그래서 피해자와 신뢰관계에 있는 사람을 동석하게 해야 한다는 규정을 두고 있지요. 반대로, 피해자와 신뢰관계에 있는 사람이라고 해도, 피해자에게 불리하거나 피해자가 원하지 않는 경우에는 동석하게 해서는 안 됩니다.

> **제28조(신뢰관계에 있는 사람의 동석)**
>
> ① 법원은 아동·청소년대상 성범죄의 피해자를 증인으로 신문하는 경우에 검사, 피해자 또는 법정대리인이 신청하는 경우에는 재판에 지장을 줄 우려가 있는 등 부득이한 경우가 아니면 피해자와 신뢰관계에 있는 사람을 동석하게 해야 한다.
>
> ② 제1항은 수사기관이 제1항의 피해자를 조사하는 경우에 관하여 준용한다.
>
> ③ 제1항 및 제2항의 경우 법원과 수사기관은 피해자와 신뢰관계에 있는 사람이 피해자에게 불리하거나 피해자가 원하지 아니하는 경우에는 동석하게 해서는 안 된다.

(7) 국선변호사 선임

범죄 피해 아동·청소년의 경우 정확한 진술이나 조사 과정, 재판과정에 이르기까지 어려움을 겪을 수 있는 상황에 처해 있기 때문에 변호사선임권이 인정됩니다. 피해아동의 변호사는 수사단계에서부터 피해자 조사에 참여하여 의견을 진술할 수 있으며, 피의자(가해자)에 대한 구속전 피의자심문, 증거보전절차, 공판준비기일 및 공판절차에 출석하여 의견을 진술할 수 있습니다. 또한, 피해자에게 변호사가 없는 경우 국선변호사를 선정하여 형사절차에서 피해자의 권익을 보호할 수 있지요.

제30조(피해아동·청소년 등에 대한 변호사선임의 특례)

① 아동·청소년대상 성범죄의 피해자 및 그 법정대리인은 형사절차상 입을 수
있는 피해를 방어하고 법률적 조력을 보장하기 위하여 변호사를 선임할 수 있다.

② 제1항에 따른 변호사에 관하여는 「성폭력범죄의 처벌 등에 관한 특례법」 제
27조제2항부터 제6항[1]까지를 준용한다.

(8) 꼭 지켜져야 할 내용, 비밀누설 금지

아동·청소년에게 큰 피해를 입힌 성범죄에 관한 사실이 외부에 알
려지면 그 피해가 걷잡을 수 없이 커집니다. 아이들에게는 이중삼중의
고통이 되어 오랜 기간 큰 상처를 입힐 가능성이 있습니다. 법에는 비
밀누설의무를 명시하고 이를 위반한 경우 7년 이하의 징역 또는 5천만
원 이하의 벌금형을 규정하고 있지요.

제31조(비밀누설 금지)

① 아동·청소년대상 성범죄의 수사 또는 재판을 담당하거나 이에 관여하는
공무원 또는 그 직에 있었던 사람은 피해아동·청소년 또는 대상아동·청소
년의 주소·성명·연령·학교 또는 직업·용모 등 그 아동·청소년을 특정할
수 있는 인적사항이나 사진 등 또는 그 아동·청소년의 사생활에 관한 비밀
을 공개하거나 타인에게 누설해서는 안 된다.

---

1 성폭력범죄의 처벌 등에 관한 특례법 제27조 (성폭력범죄 피해자에 대한 변호사 선임의 특례)
  ② 제1항에 따른 변호사는 검사 또는 사법경찰관의 피해자등에 대한 조사에 참여하여 의견을 진술할 수
  있다. 다만, 조사 도중에는 검사 또는 사법경찰관의 승인을 받아 의견을 진술할 수 있다.
  ③ 제1항에 따른 변호사는 피의자에 대한 구속 전 피의자심문, 증거보전절차, 공판준비기일 및 공판절차에
  출석하여 의견을 진술할 수 있다. 이 경우 필요한 절차에 관한 구체적 사항은 대법원규칙으로 정한다.
  ④ 제1항에 따른 변호사는 증거보전 후 관계 서류나 증거물, 소송계속 중의 관계 서류나 증거물을 열람하
  거나 등사할 수 있다.
  ⑤ 제1항에 따른 변호사는 형사절차에서 피해자등의 대리가 허용될 수 있는 모든 소송행위에 대한 포괄적
  인 대리권을 가진다.
  ⑥ 검사는 피해자에게 변호사가 없는 경우 국선변호사를 선정하여 형사절차에서 피해자의 권익을 보호할
  수 있다.

② 제45조 및 제46조의 기관·시설 또는 단체의 장이나 이를 보조하는 자 또는 그 직에 있었던 자는 직무상 알게 된 비밀을 타인에게 누설해서는 안 된다.

③ 누구든지 피해아동·청소년 및 대상아동·청소년의 주소·성명·연령·학교 또는 직업·용모 등 그 아동·청소년을 특정하여 파악할 수 있는 인적사항이나 사진 등을 신문 등 인쇄물에 싣거나 「방송법」 제2조제1호에 따른 방송(이하 "방송"이라 한다) 또는 정보통신망을 통해 공개해서는 안 된다.

④ 제1항부터 제3항까지를 위반한 자는 7년 이하의 징역 또는 5천만 원 이하의 벌금에 처한다. 이 경우 징역형과 벌금형은 병과할 수 있다.

이와 관련한 사례[1]를 살펴보지요. 성범죄자가 가정에 무단침입하여 이불을 덮고 자고 있던 피해아동을 이불 째로 안고 밖으로 나와 공터로 데려가 강간한 사건이 있습니다. 가해자는 이에 그치지 않고 아이를 목을 졸라 살해하려고 했으나, 죽은 것으로 오인하여 현장을 떠남으로써 미수에 그쳤습니다. 피해아동은 3개월 이상의 치료를 필요로 하는 상해를 입었습니다.

이러한 끔찍한 사건이 언론에 보도가 되면 피해아동과 그 가정의 고통은 더욱 클 수밖에 없습니다. 특히 피해아동의 집 내부 모습, 가정형편, 부모의 수입, 피해아동이 그린 그림일기장 등의 인적사항을 공개한 것이 문제가 되었습니다. 피해아동과 그 가족은 주변사람 전부에게 피해사실이 알려져 큰 고통을 겪게 되었습니다. 그럼에도 불구하고 해당 기사를 삭제하지 않아 계속적으로 사생활에 대한 침해가 이루어졌지요.

결국 피해아동의 가족들은 해당 언론사를 상대로 하여 기사를 삭제할 것과 함께 정신적 고통에 대한 위자료를 청구하며 소송을 제기했

---

1 2013가합50317 판결 일부 발췌, 재구성

습니다. 결국 이 사건은 1심 판결에서 신문사는 피해 아동에게 1200만 원, 그 부모에게 각 5백만 원, 형제자매에게도 각 100만 원의 위자료를 지급하라는 판결이 선고 되었습니다. 또한 홈페이지에 게재되어 있는 기사를 삭제하고, 그 기사를 삭제하지 않을 경우 1일 당 백만 원으로 계산한 금전을 지급하라는 판결도 함께 선고 되었습니다.

(9) 가해자에 대한 조치 청구

실제로 많은 피해아동들이 위해당할 위협에 대한 지속적인 보호가 필요한 경우가 많습니다. 가해자에 대한 처벌만큼 중요한 것이 아이들의 보호이기 때문입니다. 법에서는 아동에게 접근을 금지하는 조치는 물론, 전기통신이나 우편물을 이용해 가해자가 피해를 받은 아동·청소년 또는 그 보호자와 접촉을 하는 행위의 금지 등의 내용으로 보호조치가 가능합니다.

제41조(피해아동·청소년 등을 위한 조치의 청구)

검사는 성범죄의 피해를 받은 아동·청소년을 위하여 지속적으로 위해의 배제와 보호가 필요하다고 인정하는 경우 법원에 제1호의 보호관찰과 함께 제2호부터 제5호까지의 조치를 청구할 수 있다. 다만, 「특정 범죄자에 대한 보호관찰 및 전자장치 부착 등에 관한 법률」 제9조의2제1항제2호 및 제3호에 따라 가해자에게 특정지역 출입금지 등의 준수사항을 부과하는 경우에는 그러하지 않는다.

1. 가해자에 대한 「보호관찰 등에 관한 법률」에 따른 보호관찰

2. 피해를 받은 아동·청소년의 주거 등으로부터 가해자를 분리하거나 퇴거하는 조치

3. 피해를 받은 아동·청소년의 주거, 학교 등으로부터 100미터 이내에 가해자 또는 가해자의 대리인의 접근을 금지하는 조치

4. 「전기통신기본법」 제2조제1호의 전기통신이나 우편물을 이용하여 가해자가 피해를 받은 아동·청소년 또는 그 보호자와 접촉을 하는 행위의 금지

5. 제45조에 따른 보호시설에 대한 보호위탁결정 등 피해를 받은 아동·청소년의 보호를 위하여 필요한 조치

제42조(피해아동·청소년 등에 대한 보호처분의 판결 등)

① 법원은 제41조에 따른 보호처분의 청구가 이유 있다고 인정할 때에는 6개월의 범위에서 기간을 정하여 판결로 보호처분을 선고해야 한다.

② 제41조 각 호의 보호처분은 병과 할 수 있다. (제3항 이하 생략)

(10) 피해상담과 보호시설의 도움

성폭력피해상담소 및 성폭력피해자보호시설은 피해아동·청소년의 신체적·정신적 안정회복과 사회복귀를 돕는 업무를 하고 있습니다. 나아가, 가해자에 대한 민사상·형사상 소송과 피해배상청구 등의 사법처리절차에 관하여 관계 기관에 필요한 협조와 지원을 요청하는 업무를 수행할 수 있지요. 또한, 보호시설과 상담시설은 피해아동·청소년과 대상아동·청소년의 법정대리인 등을 위한 교육·상담 프로그램을 운영합니다.

제46조(상담시설)

① 「성매매방지 및 피해자보호 등에 관한 법률」 제10조의 성매매피해상담소 및 「청소년복지 지원법」 제29조제1항에 따른 청소년상담복지센터는 다음 각 호의 업무를 수행할 수 있다.

1. 제7조 부터 제18조까지의 범죄 신고의 접수 및 상담

2. 대상아동·청소년과 병원 또는 관련 시설과의 연계 및 위탁

3. 그 밖에 아동·청소년 성매매 등과 관련한 조사·연구

② 「성폭력방지 및 피해자보호 등에 관한 법률」 제10조의 성폭력피해상담소 및 같은 법 제12조의 성폭력피해자보호시설은 다음 각 호의 업무를 수행할 수 있다.

1. 제1항 각 호의 업무

2. 아동·청소년대상 성폭력범죄로 인하여 정상적인 생활이 어렵거나 그 밖의 사정으로 긴급히 보호를 필요로 하는 피해아동·청소년을 병원이나 성폭력피해자보호시설로 데려다 주거나 일시 보호하는 업무

3. 피해아동·청소년의 신체적·정신적 안정회복과 사회복귀를 돕는 업무

4. 가해자에 대한 민사상·형사상 소송과 피해배상청구 등의 사법처리절차에 관하여 대한변호사협회·대한법률구조공단 등 관계 기관에 필요한 협조와 지원을 요청하는 업무

5. 아동·청소년대상 성폭력범죄의 예방과 방지를 위한 홍보

6. 아동·청소년대상 성폭력범죄 및 그 피해에 관한 조사·연구

7. 그 밖에 피해아동·청소년의 보호를 위하여 필요한 업무

제48조(교육프로그램 운영 등)

① 아동·청소년을 성적 착취와 학대 행위로부터 보호하기 위하여 제45조와 제46조에 따른 보호시설과 상담시설은 다음 각 호의 업무를 수행할 수 있다.

1. 제39조제2항에 따른 교육·상담 등 대상아동·청소년의 선도보호

2. 피해아동·청소년과 대상아동·청소년의 치료·안정회복과 사회복귀를 돕는 프로그램 운영

3. 피해아동·청소년과 대상아동·청소년의 법정대리인 등을 위한 교육·상담 프로그램 운영

4. 아동·청소년대상 성폭력범죄의 가해아동·청소년과 그 법정대리인 등의 교육·상담 프로그램 운영

5. 아동·청소년 성보호 전문가 교육

6. 그 밖에 아동·청소년을 아동·청소년대상 성범죄로부터 보호하기 위하여 대통령령으로 정하는 업무 (제2항 생략)

— 가해 또는 대상아동·청소년에 대한 선도보호

요즘에는 청소년들이 가해자가 되는 성범죄도 사회적 문제가 되었습니다. 잘못은 엄중하게 다루어져야 하지만 어른과는 다른 선도와 개선의 기회를 보장하는 것이 여러 법의 취지에 나타나 있습니다. 현재까지 여러 사건에서 접한 바로는, 가해를 한 아이들뿐 아니라 성매매의 대상이 된 아이들에 대한 인식은 예상보다 무척 인색한 것으로 보입니다. 피해자의 관점에서 보았을 때 당연하게 보일 수 있습니다. 하지만 이러한 아이들이 보호와 교정의 과정을 거쳐 바르게 자라나는 것은 우리 사회 안전의 관점에서도 상당히 중요합니다.

(1) 성매매의 대상이 된 아이들에 관한 조치

대상아동·청소년은 아동·청소년의 성을 사는 행위를 한 범죄자의 상대방으로, 일반적으로는 성매매와 관련된 학생입니다. 그러나 보호 및 재활을 위해 처벌하지 않고, 소년법에 따른 보호사건으로 처리하거나 법원 소년부에 통고를 할 수 있습니다.

제38조(대상아동·청소년에 대한 수사 등)

① 「성매매알선 등 행위의 처벌에 관한 법률」 제21조제1항[1]에도 불구하고 대상아동·청소년[2]에 대하여는 보호 및 재활을 위하여 처벌하지 않는다.

---

1 성매매알선 등 행위의 처벌에 관한 법률 제21조 (벌칙) ① 성매매를 한 사람은 1년 이하의 징역이나 300만 원 이하의 벌금·구류 또는 과료(科料)에 처한다.② 제7조제3항을 위반한 사람은 500만 원 이하의 벌금에 처한다.
2 제2조(정의)이 법에서 사용하는 용어의 뜻은 다음과 같다. 1. "아동·청소년"이란 19세 미만의 자를 말한다. 다만, 19세에 도달하는 연도의 1월 1일을 맞이한 자는 제외한다.7. "대상아동·청소년"이란 제13조제1항의 죄의 상대방이 된 아동·청소년을 말한다.제13조(아동·청소년의 성을 사는 행위 등)① 아동·청소년의 성을 사는 행위를 한 자는 1년 이상 10년 이하의 징역 또는 2천만 원 이상 5천만 원 이하의 벌금에 처한다.

② 사법경찰관은 대상아동·청소년을 발견한 경우 신속하게 사건을 수사한 후 「소년법」에 따라 가정법원소년부 또는 지방법원소년부(이하 "법원 소년부"라 한다)의 보호사건으로 처리하는 것이 상당한지에 관한 의견을 첨부하여 지체없이 검사에게 송치해야 한다.

③ 검사 또는 사법경찰관은 대상아동·청소년을 발견한 경우 특별한 사정이 없으면 그 사실을 대상아동·청소년의 법정대리인 또는 사실상 그 아동·청소년을 보호하는 자(이하 "법정대리인 등"이라 한다)에게 통지해야 한다.

④ 대상아동·청소년의 법정대리인 등 또는 제34조제2항 각 호에 해당하는 기관·시설 또는 단체의 장은 대상아동·청소년을 발견한 경우에는 이를 관할 법원 소년부에 통고를 할 수 있다.

제39조(소년부 송치)

① 검사는 제38조제2항에 따라 송치된 사건의 성질·동기 및 결과와 행위자의 성행(性行) 등을 고려해 대상아동·청소년에게 「소년법」에 따른 보호처분을 하는 것이 상당하다고 인정하는 때는 그 사건을 관할 법원 소년부에 송치할 수 있다.

② 검사는 제1항에 따른 소년부 송치 여부를 검토한 결과 소년부 송치가 적절하지 아니한 경우 대상아동·청소년에 대한 보호 또는 재활이 필요하다고 인정하는 때에는 대상아동·청소년으로 하여금 필요한 교육과정이나 상담과정을 마치게 해야 한다.(제3항생략)

(2) 성범죄를 저지른 경우

10세 이상 14세 미만의 청소년이 아동·청소년에 대한 강간·강제추행 등의 성범죄를 저지른 경우 수사기관은 관할 법원 소년부에 송치해야 합니다. 14세 이상 16세 미만의 아동·청소년의 경우에는 보호처분 등을 할 수 있습니다. 또한 법원에서 재판을 받지 않더라도 재범예방에 필요한 교육과정이나 상담과정을 마치게 해야 하지요.

제44조(가해아동·청소년의 처리)

① 10세 이상 14세 미만의 아동·청소년이 제2조제2호나목 및 다목의 죄와 제 7조의 죄[1]를 범한 경우에 수사기관은 신속히 수사하고, 그 사건을 관할 법 원 소년부에 송치해야 한다.

② 14세 이상 16세 미만의 아동·청소년이 제1항의 죄를 범하여 그 사건이 관 할 법원 소년부로 송치된 경우 송치 받은 법원 소년부 판사는 그 아동·청소 년에게 다음 각 호의 어느 하나에 해당하는 보호처분을 할 수 있다.

1. 「소년법」 제32조제1항 각 호의 보호처분

2. 「청소년 보호법」 제35조의 청소년 보호·재활센터에 선도보호를 위탁하 는 보호처분

(제3항, 제4항 생략)

⑤ 검사는 가해아동·청소년에 대하여 소년부 송치 여부를 검토한 결과 소년부 송치가 적절하지 않은 경우 가해아동·청소년으로 하여금 재범예방에 필요 한 교육과정이나 상담과정을 마치게 해야 한다(제6항생략).

지금까지 살펴본 바와 같이, 아동·청소년의 성보호에 관한 법률은 피해아동의 보호를 위하여 친권상실청구, 피해아동·청소년의 보호조 치 결정·수사 및 재판 절차에서의 배려에 관해 명확하게 규정되어 있 습니다. 또한, 가해 또는 대상아동에 관한 선도와 보호를 위하여 소년 부 송치, 대상아동·청소년 등에 대한 보호처분 등의 절차를 규정하고 있지요. 아동 청소년에 대한 성착취를 예방하고 피해를 회복하는 데에 필요한 조치들이므로 이를 확인하고 알아두는 것이 필요합니다.

---

1 제2조 제2호나. 아동·청소년에 대한 「성폭력범죄의 처벌 등에 관한 특례법」 제3조 부터 제15조까지의 죄다. 아동·청소년에 대한 「형법」 제297조,제297조의2 및 제298조 부터 제301조까지,제301조의2,제302조, 제303조,제305조 및 제339조의 죄 (강간,강제추행,강도강간 등)제7조 (아동·청소년에 대한 강간·강제추행 등)

6

얼어붙은 마음을 열게 하는, 성폭력 대처

피해 아동·청소년을 대할 때 주의할 점

아동, 청소년의 성폭력 피해에 대한 한 연구[2]에 따르면, 성폭력 피해자들이 도움을 요청하는 사람은 친구(37.3%)인 것으로 나타났습니다. 그리고 선생님(4.30%), 부모님(3.94%)이 그 뒤를 이었지요. 경찰(1.79%)이나 상담가(0.36%) 또한 예상보다 매우 적은 비율이었습니다. 또한, 위 연구에 따르면 아이들이 성폭력 피해를 입는 경우 부정적인 감정이 심화되는 것은 물론, 자살을 결심하기도 합니다. 성폭력 피해경험은 자살 결심에 큰 영향을 미치는 심각한 긴장요인이지요.

나아가 요즘에는 아이들 간의 성폭력 문제도 여러 차례 이슈가 되었습니다. 이 중 하나의 사례를 살펴보지요[3]. 한 학교에서 한 남학생이 여학생을 세 차례에 걸쳐 성폭행했고, 이후 다시 같은 남학생이 같은 학교 다른 여학생 N을 성폭행한 사건이 발생했습니다.

---

2 김중곤. (2018). 성폭력 피해가 청소년의 자살생각에 미치는 영향 및 관련 경찰활동의 정책적 방향. 한국
경찰연구, 17(1), 55-76.
3 2012구합1983 판결 발췌, 재구성.

이로 인해 부모 등으로 이루어진 학교폭력대책위원회 소속의 사람들이 교육청을 방문하여 해당 부서 과장 및 장학사들과 면담을 했습니다. 교내 성폭력 문제는 이전부터 진행된 성폭력 사건을 적극적으로 해결하지 않은 교육청에 그 책임이 있으며, 학교 측이 학생관리를 소홀히 하고 신고의무를 다하지 않은 점에 대한 문제제기를 한 것입니다.

그리고 그 내용을 포함하여 가해학생과 피해학생의 분리 및 상담이 이루어지지 않은 점과 함께, 피해학생을 위한 의료적 지원을 하지 않은 점 등에 대한 조사를 촉구하는 문서를 전달했습니다.

하지만 담당공무원은 이러한 요구를 항의 내지는 적절한 조치의 촉구로 보았지요. 담당공무원은 이 사건 문건을 민원으로 접수하지 않았습니다. 이후 그는 성교육 실시를 위한 지원을 소홀히 하고 민원문서를 접수하지 않아 감사 미실시 결과를 초래했다는 이유로 징계를 받았습니다.

그러나 성폭력사건에 대한 감사나 관련자의 조사가 이루어지지 못하였다고 볼 수는 없다는 이유로 징계처분 취소가 되었습니다.[1] 하지만 우리가 성폭력 문제에 관해 어떻게 대처해야 하는지와 유의점을 파악할 수 있는 사례입니다.

— 학교에서의 대처

교사는 피해아동·청소년을 발견하고 상담할 수 있는 환경과 지위에 있기

---

[1] 징계를 받은 담당자는 해당 처분에 불복하여 행정소송을 제기하였다. 이 사건의 1심 판결에서 이 사건 문건을 정식 민원사무로 접수하여 감사담당관실에 협조를 요청하지 않았더라도 이 사건 성폭력사건의 발생사실을 인지하였는지 여부가 쟁점이 되었다. 결론적으로, 이 사건 대책위와 직접 면담을 한 감사담당관실로서는 얼마든지 이 사건 성폭력사건에 대한 감사나 관련자의 조사를 실시할 수 있었다고 보인다고 판단이 되었다.

때문에 성범죄 피해를 입은 아이들에게는 그 회복의 기회를, 가해자에게는 처벌과 교화의 계기를 만들어 줄 수 있습니다. 때문에 교사가 피해학생의 사안을 어떻게 처리하는 방향에 따라 실제 사건의 결과가 달라질 수 있다는 점을 유의해야 합니다.

이러한 취지에서 참고할 사항을 살펴보면, 여성가족부에서는 교사를 대상으로 한 성폭력예방교육 표준 강의안[2]을 통해 교사의 대응방향을 명시해두고 있지요. 그 일부를 발췌하여 설명하면 다음과 같습니다.

(1) 주의할 사항

[학교장이 주의할 사항]
- 피해학생이 안심하고 상담할 수 있는 시스템 구축
- 신고 시 비밀이 유지될 수 있도록 조치
- 안전한 환경을 구축 및 교내 성폭력 안전망 구축
- 가해자는 즉시 분리하고 피해자의 학습권이 침해받지 않도록 할 것
- 성폭력 관련 사항들을 충분히 이해하는 교사에게 사건 관련 업무처리를 일원화할 것

[교사가 주의할 사항]
- 피해학생의 보호와 회복을 위한 노력을 무엇보다도 우선시할 것
- 피해학생을 전문상담기관에 연계하여 상담 받도록 할 것
- 상담내용을 상담일지에 상세하게 기록할 것

---

2 여성가족부 홈페이지 〉 교육정보 〉 교육자료실 〉 폭력예방교육자료, '성폭력예방교육 표준강의안'
http://www.mogef.go.kr/oe/olb/oe_olb_s002d.do?mid=etc605&div2=403&bbtSn=700848

- 직무상 교장을 제외한 사람에게 피해사실을 알리지 않을 것
- 학생에게 사건에 대한 신고의 의미, 보호받을 수 있는 권리, 절차에 대해 충분히 설명해줄 것
- 피해학생을 특별하게 대하지 말고 이전처럼 대할 것
- 성폭력 피해는 알려야 하는 비밀임을 교육한다.
- 낯선 사람의 부탁을 거절하는 방법을 상황극 등을 통해 교육함으로써 위험한 상황을 미리 예방한다.

(2) 대응 절차 (순서)

① 아동성폭력 피해가 의심되거나 확실하지 않은 경우; 1366, ONE-SOTP지원센터, 해바라기아동센터 혹은 성폭력상담소에 연락하여 문의 및 상담을 한다.

② 아동성폭력 피해를 알게 된 즉시 경찰(112)이나 ONE-SOTP지원센터에 신고 가해자가 피해아동의 친척, 교사, 부모 등일 경우에도 반드시 신고의무를 다해야 한다.

③ 성폭력이 의심되는 근거들을 보전, 가해자 식별의 주요 단서가 되는 의학적 근거는 진찰을 받아야 얻을 수 있고 시간이 지남에 따라 소멸되기 때문에 신속한 조치가 필요하다.

④ 부모에게 연락한 후 부모와 긴밀히 협력하고 부모 대응 매뉴얼을 고지한다.

⑤ 피해아동 및 주변아동 보호와 지원 등을 위해 교장과 전문 상담 교사 혹은 보건교사 등 지정된 전문대응팀을 중심으로 협의, 대처한다.

⑥ 교육청에 보고 후 해바라기아동센터, ONE-STOP지원센터, 성폭력상담소 등 전문기관과 협의하여 필요한 사후조치를 취한다.

(3) 친구의 성폭력 피해사실을 알게 된 학생에 대한 지도

아이들은 간혹 어른들보다 또래인 친구들에게 성폭력 피해 사실을 말하거나, 정확히 지목하여 말하지 않아도 비슷한 취지로 말하여 친구들이 그 사실을 알아채는 경우가 많습니다. 나아가서는 친구가 성폭력을 당하는 장면을 목격하는 경우마저 발생할 수 있지요. 이럴 때 교사는 차분하게 교육적인 태도를 유지하며 학생들을 보호하고 성폭력 범죄에 대한 올바른 관점을 가질 수 있도록 지도하는 것이 중요합니다.

① 교사는 친구의 성폭력 피해사실을 알게 된 해당 학생을 안정시키고, 흥분하지 말고 침착하게 대응해야 한다.
② 성폭력 피해와 관련된 사실을 함부로 알리거나 피해학생을 놀리지 않도록 지도한다.
③ 성폭력에 대한 올바른 지식을 사실에 기반하되, 상황과 이해정도를 고려하여 가르쳐 준다.

─ 가정에서의 대처

아이가 성폭력의 피해를 입으면, 부모는 감정적인 대처를 하기 쉽습니다. 아이를 양육하는 모든 부모라면 충분히 이해할 수 있는 심정이죠. 하지만 부모의 분노나 슬픔이 아이의 고통보다 클 수 없지요. 피해당사자인 아이가 온전히 보호받고, 제대로 치료받는 것이 무엇보다 중요합니다. 경찰서에 바로 신고할 수 있으면, 관련기관 등을 통해 대처방안을 문의하고, 의료비지원이나 상담 등의 지원을 받을 수 있습니다.

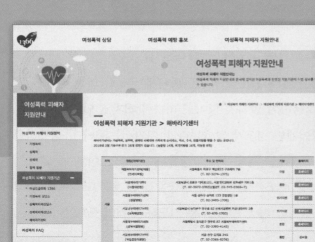

해바라기센터
1899-3075

한국성폭력위기센터
02-883-9284

한국성폭력상담소
02-338-5801~2

_ 미리 기억해둘 성폭력피해자보호법

성폭력 피해 발생 시, 아동청소년성보호에 관한 법률을 활용하는 것이 우선 중요합니다. 그리고 우라나라에서 성폭력 피해자를 보호하기 위해 제정되고 시행된 법률을 활용하기도 해야합니다. 성폭력피해자보호법에서 중요한 조항을 살펴, 성폭력 피해에 대한 대처방법을 안내하도록 하겠습니다.

(1) 성폭력 전담의료기관 및 의료비 지원 등

성폭력방지 및 피해자보호 등에 관한 법률 제27조 (성폭력 전담의료기관의 지정 등)

① 여성가족부장관, 특별자치시장·특별자치도지사 또는 시장·군수·구청장은 국립·공립병원, 보건소 또는 민간의료시설을 피해자 등의 치료를 위한 전담의료기관으로 지정할 수 있다.

② 제1항에 따라 지정된 전담의료기관은 피해자 본인·가족·친지나 긴급전화센터, 상담소, 보호시설 또는 통합지원센터의 장 등이 요청하면 피해자 등에 대하여 다음 각 호의 의료 지원을 해야 한다.

1. 보건 상담 및 지도

2. 치료

3. 그 밖에 대통령령으로 정하는 신체적·정신적 치료[1] (제3항–제5항 생략)

성폭력방지 및 피해자보호 등에 관한 법률 제28조 (의료비 지원)

① 국가 또는 지방자치단체는 제27조제2항에 따른 치료 등 의료 지원에 필요

---

1 성폭력방지 및 피해자보호 등에 관한 법률 시행령 제9조 (그 밖의 치료의 범위) 법 제27조제2항제3호에서 "대통령령으로 정하는 신체적·정신적 치료"란 다음 각 호의 치료 등을 말한다.1. 성병 감염 여부의 검사 및 감염 성병의 치료2. 임신 여부의 검사3. 성폭력으로 임신한 태아의 낙태4. 성폭력피해로 인한 만성적인 두통, 복통 등의 치료5. 성폭력피해로 인한 정신질환의 치료

한 경비의 전부 또는 일부를 지원할 수 있다.

② 제1항에 따른 의료비용의 지원범위 및 절차 등에 필요한 사항은 여성가족부령으로 정한다.

아동·청소년의 성보호에 관한 법률 제37조 (피해아동·청소년 등의 상담 및 치료)

① 국가는 피해아동·청소년 등의 신체적·정신적 회복을 위하여 제46조의 상담시설 또는 「성폭력방지 및 피해자보호 등에 관한 법률」 제27조의 성폭력 전담의료기관으로 하여금 다음 각 호의 사람에게 상담이나 치료프로그램(이하 "상담·치료프로그램"이라 한다)을 제공하도록 요청할 수 있다.

1. 피해아동·청소년

2. 피해아동·청소년의 보호자 및 형제·자매

3. 그 밖에 대통령령으로 정하는 사람

② 제1항에 따라 상담·치료프로그램 제공을 요청 받은 기관은 정당한 이유 없이 그 요청을 거부할 수 없다.

제67조 (과태료)

② 다음 각 호의 어느 하나에 해당하는 자에게는 1천만 원 이하의 과태료를 부과한다.

1. 제37조제2항을 위반하여 상담·치료프로그램의 제공을 정당한 이유 없이 거부한 상담시설 또는 의료기관의 장

　피해자나 피해자의 가족구성원은 성폭력 전담의료기관에서 상담·치료프로그램을 제공받을 수 있습니다. 의료기관에서 이를 거부하는 경우, 1천만 원 이하의 과태료를 부과 받습니다. 따라서 피해학생을 발견하였을 때는 즉시 의료기관에서 진찰을 받고 그 후유증의 치료를 위하여 상담·치료프로그램을 활용해야 합니다.

(2) 취학 및 취업 지원, 법률상담 등

성폭력방지 및 피해자보호 등에 관한 법률 제7조 (피해자 등에 대한 취학 및 취업 지원)

① 국가와 지방자치단체는 피해자나 피해자의 가족구성원(이하 "피해자 등"이라 한다)이 「초·중등교육법」 제2조에 따른 각급학교의 학생인 경우 주소지 외의 지역에서 취학(입학, 재입학, 전학 및 편입학을 포함한다. 이하 이 조에서 같다)할 필요가 있을 때에는 그 취학이 원활히 이루어지도록 지원하여야 한다. 이 경우 취학을 지원하는 관계자는 피해자 등의 사생활이 침해되지 아니하도록 유의해야 한다.

③ 국가와 지방자치단체는 피해자를 보호하는 자에 대한 직업훈련 및 취업을 알선할 수 있다(제2,4항 생략).

성폭력방지 및 피해자보호 등에 관한 법률 시행령 제4조 (피해자등의 취학 지원)

① 법 제7조에 따라 피해자나 피해자의 가족구성원(이하 "피해자 등"이라 한다)을 주소지 외의 지역에 취학(입학, 전학 및 편입학을 포함한다. 이하 이 조에서 같다)시키려면 다음 각 호의 절차에 따라야 한다.

1. 초등학교의 경우: 보호자가 피해자 등을 주소지 외의 지역에 있는 초등학교에 입학시키려는 경우 초등학교의 장은 피해자 등이 성폭력으로 인하여 피해를 입은 사실이 인정되면 입학을 승낙하여야 하고, 피해자 등이 초등학교에 다니고 있는 경우 초등학교의 장은 피해자 등이 성폭력으로 인하여 피해를 입은 사실이 인정되면 피해자 등의 보호자(가해자가 아닌 보호자를 말한다) 1명의 동의를 받아 교육장에게 그 피해자 등의 전학을 추천해야 하고 교육장은 전학할 학교를 지정하여 전학시켜야 한다.

2. 그 밖의 각급학교의 경우: 각급학교의 장은 피해자 등이 성폭력으로 인하여 피해를 입은 사실이 인정되면 피해자 등이 다른 학교로 전학·편입학할 수 있도록 추천해야 하고, 교육장 또는 교육감은 전학·편입학할 학교를 지정하여 배정해야 한다. 이 경우 그 지정된 학교의 장은 피해자 등이 교육과정을 이수하는 데 지장이 없으면 전학·편입학을 승낙해야 한다.

② 읍·면·동의 장, 학교의 장, 교육장 또는 교육감은 피해자 등을 보호하기 위해 제1항에 따라 조치한 사실이 취학 업무 관계자가 아닌 사람에게 공개되

지 않도록 관리·감독해야 한다.

③ 제1항의 절차에 따라 취학에 걸린 기간은 피해자 등의 출석일수에 산입한다.

성폭력방지 및 피해자보호 등에 관한 법률 제7조의2 (피해자에 대한 법률상담 등)

① 국가는 피해자에 대하여 법률상담과 소송대리(訴訟代理) 등의 지원(이하 "법률상담 등"이라 한다)을 할 수 있다.

② 여성가족부장관은 「법률구조법」 제8조에 따른 대한법률구조공단 또는 대통령령으로 정하는 그 밖의 기관에 제1항에 따른 법률상담 등을 요청할 수 있다.

③ 제1항에 따른 법률상담 등에 드는 비용은 대통령령으로 정하는 바에 따라 국가가 부담할 수 있다.

성범죄의 피해자는 물론, 피해자의 가족구성원인 경우에도 주소지 외의 지역에서 취학할 필요가 있을 때는. 그 취학이 원활히 이루어지도록 지원해야 합니다. 이렇게 취학에 걸린 기간은 피해자 등의 출석일수에 산입하게 되지요. 취학을 지원하는 관계자는 피해자의 사생활이 침해되지 않도록 유의해야 합니다. 또한, 피해자는 법률상담과 소송대리 등의 지원을 받을 수 있습니다.

(3) 전자장치 부착 및 보호관찰 등

일반적으로는 '전자발찌'라고 일컬어지는 전자장치는 "해바라기센터 위치추적 전자장치"가 정식 명칭입니다. 전자파를 발신하고 추적하는 원리를 이용하여 위치를 확인하거나 이동경로를 탐지하는 일련의 기계적 설비를 말하지요. 이는 '특정 범죄자에 대한 보호관찰 및 전자장치 부착 등에 관한 법률'로 정해져 있으며, 위치추적 전자장치를 신체에 부착하게 하는 부가적인 조치를 취함으로써 특정범죄로부터 국민을 보호함을 목적으로 합니다(제1조). 이렇게 피해자를 보호하기 위한 장치인 전자장치의 경우 그 부착기간이 상당히 중요합니다. 19세 미만의 사람에게 범죄를 저지른 경우, 부착기간 하한을 다른 경우에 비해 두 배의 기간으로 둡니다. 나아가 이 법률에 의해 가해자가 피해자를 비롯한 특정인에게 접근을 금지하는 등의 준수사항을 부과할 수 있습니다.따라서 성범죄의 피해 이후, 보복의 두려움 때문에 신고를 꺼리는 경우나 학생의 보호자에게 설명을 할시, 이와 같은 사항을 안내하는 것도 도움이 될 수 있을 겁니다.

✢ 특정 범죄자에 대한 보호관찰 및 전자장치 부착 등에 관한 법률

제5조 (전자장치 부착명령의 청구)

① 검사는 다음 각 호의 어느 하나에 해당하고, 성폭력범죄를 다시 범할 위험성이 있다고 인정되는 사람에 대하여 전자장치를 부착하도록 하는 명령(이하 "부착명령"이라 한다)을 법원에 청구할 수 있다.

    1. 성폭력범죄로 징역형의 실형을 선고받은 사람이 그 집행을 종료한 후 또는 집행이 면제된 후 10년 이내에 성폭력범죄를 저지른 때

    2. 성폭력범죄로 이 법에 따른 전자장치를 부착받은 전력이 있는 사람이 다시 성폭력범죄를 저지른 때

    3. 성폭력범죄를 2회 이상 범하여(유죄의 확정판결을 받은 경우를 포함한다) 그 습벽이 인정된 때

    4. 19세 미만의 사람에 대하여 성폭력범죄를 저지른 때

    5. 신체적 또는 정신적 장애가 있는 사람에 대하여 성폭력범죄를 저지른 때

제9조 (부착명령의 판결 등)

① 법원은 부착명령 청구가 이유 있다고 인정하는 때에는 다음 각 호에 따른 기간의 범위 내에서 부착기간을 정하여 판결로 부착명령을 선고해야 한다.

다만, 19세 미만의 사람에 대하여 특정범죄를 저지른 경우에는 부착기간 하한을 다음 각 호에 따른 부착기간 하한의 2배로 한다.

1. 법정형의 상한이 사형 또는 무기징역인 특정범죄: 10년 이상 30년 이하

2. 법정형 중 징역형의 하한이 3년 이상의 유기징역인 특정범죄(제1호에 해당하는 특정범죄는 제외한다): 3년 이상 20년 이하

3. 법정형 중 징역형의 하한이 3년 미만의 유기징역인 특정범죄(제1호 또는 제2호에 해당하는 특정범죄는 제외한다): 1년 이상 10년 이하

② 여러 개의 특정범죄에 대하여 동시에 부착명령을 선고할 때에는 법정형이 가장 중한 죄의 부착기간 상한의 2분의 1까지 가중하되, 각 죄의 부착기간의 상한을 합산한 기간을 초과할 수 없다. 다만, 하나의 행위가 여러 특정범죄에 해당하는 경우에는 가장 중한 죄의 부착기간을 부착기간으로 한다.

③ 부착명령을 선고받은 사람은 부착기간 동안 「보호관찰 등에 관한 법률」에 따른 보호관찰을 받는다.

제9조의2 (준수사항)

① 법원은 제9조제1항에 따라 부착명령을 선고하는 경우 부착기간의 범위에서 준수기간을 정하여 다음 각 호의 준수사항 중 하나 이상을 부과할 수 있다. 다만, 제4호의 준수사항은 500시간의 범위에서 그 기간을 정해야 한다.

1. 야간 등 특정 시간대의 외출제한

2. 특정지역·장소에의 출입금지

2의2. 주거지역의 제한

3. 피해자 등 특정인에의 접근금지4. 특정범죄 치료 프로그램의 이수

5. 그 밖에 부착명령을 선고받는 사람의 재범방지와 성행교정을 위하여 필요한 사항

성범죄 피해를 당한 아이들을 대할 때는 그 보호와 회복을 위한 노력을 무엇보다도 우선시해야 합니다. 해바라기아동센터, ONE-STOP지원센터, 성폭력상담소 등 전문기관과 협의하여 필요한 사후조치를 취

하는 것이 중요하지요. 또한 아이들이 신고를 하고 향후 보호를 받기 위한 법률과 제도를 검토하여 대처 방향을 미리 알아두는 것이 필요합니다.

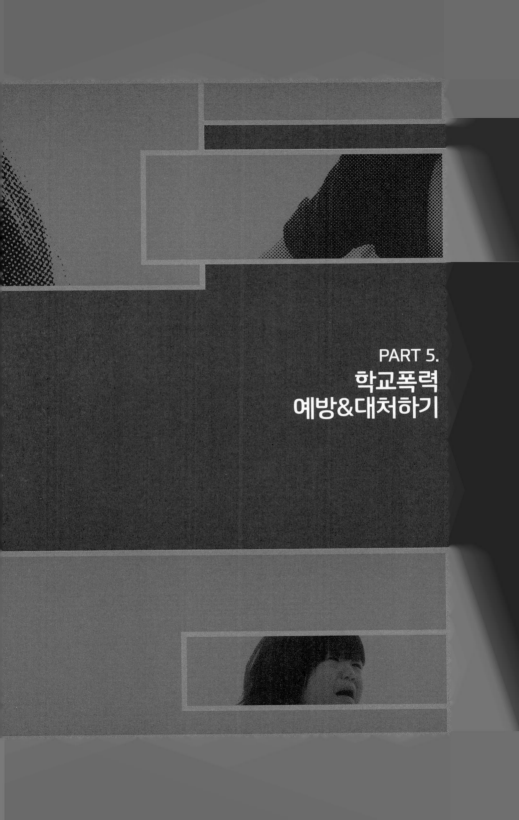

PART 5.
학교폭력
예방&대처하기

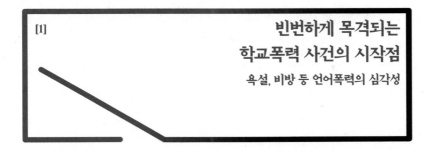

빈번하게 목격되는
학교폭력 사건의 시작점
욕설, 비방 등 언어폭력의 심각성

보통 학교폭력을 언론이나 인터넷 매체에서 자주 접했을 겁니다. 학교폭력은 그 '심각성' 때문에 사회적 이슈가 되는 것이 사실이지요. 그런데 학교폭력의 많은 사례들은 '심각하다고 여겨지지 않는' 학생들 간의 욕설이나 따돌림으로부터 시작됩니다.

초등학교 고학년으로 올라가면서 학생들은 욕설뿐 아니라 상대 학생의 상처를 헤집거나 그 사회적 평가를 떨어뜨리기 위한 언행을 하여 싸움으로 번지기도 하지요. 말싸움으로 시작된 싸움이 아래와 같이 자칫 중상해 또는 장애를 유발하는 피해나 그 위험으로 이어질 수 있습니다.

특히 또래의 평가와 소속감을 중요 시 여기는 10대들의 경우, 다른 친구들이 반복적으로 놀리거나, 소외감을 유발하는 행위를 하면 매우 민감하게 반응하지요. 또한, 아이들 중에는 마음에 들지 않는 상대 아이를 지속적으로 비방하며 괴롭히기도 합니다.

'언어폭력'으로 시작된 행위가 폭행이나 상해, 따돌림으로 번지는 겁니다. 요즘에는 언어폭력 중 성적인 모욕감을 주는 언행이 문제가 되는 사건도 빈번히 일어납니다. 이러한 욕설이나 비방, 험담 등은 모두 학교폭력 예방 및 대책에 관한 법률이 학교폭력 행위로 규정하고 있는 모욕과 명예훼손에 해당할 수 있습니다. 나아가, 심한 경우 고소 및 경찰조사의 대상이 되기도 합니다.

이렇게 학교폭력 중 언어폭력의 위험성은 이미 간과할 수 있는 수준을 넘어섰습니다. 다음은 사례를 통해 언어폭력의 양상을 살펴보도록 하겠습니다.

— 2013구합10316 판결 (모욕을 준 데서 시작된 학교폭력)

이 판결에서 원고는 상해를 가한 가해학생 측이었습니다. 그런데 사건의 경위를 살펴보면, 피해학생이 먼저 모욕적인 말을 했고 그에 화가 난 가해학생이 폭력을 행사한 것을 알 수 있습니다. 가해학생들이 억울해 하는 부분이기도 합니다. 비난이나 모욕은 아직 어린 학생들은 물론 어른들에게도 참기 어려운 일입니다. 이 사건에서는 1)언어폭력 이후 상해에 이르는 학교폭력 사건의 흐름은 물론 2)욕설을 들었다고 하여 폭력으로 대응하는 것은 면책되지 않는다는 점 모두를 알아두어야겠습니다.

[사건의 경위]
▶ 원고(가해학생)는 ○○중학교에 입학하여 재학 중이던 학생이다.

▶ 원고는 ○○중학교 교실에서 A 등과 돈을 걸고 내기를 하다가 A가 가지고 있던 돈을 모두 잃자, A에게 '집에 쌀이 없다, 쌀은 있는데 집이 없다'는 등의 모욕적인 발언을 하였다. 이를 계기로 원고는 방과 후 A와 시비하던 중 빗자루로 A의 얼굴을 때렸다. 이로 인해 A는 안구 및 안와조직의 타박상 등을 입고 병원치료를 받았다.

▶ 원고는 담임교사에게 A에게 사과하고 싶다는 뜻을 밝혀 담임교사가 A에게 이를 전달했으나, A는 원고가 진심이 아닌 것 같다며 이를 거절했다. 담임교사가 원고에게 편지를 써서 사과할 것을 권유하였으나 원고가 이를 거절하여 현재까지도 원고와 A는 서로 화해하지 않고 있다.

▶ 이후에 개최된 자치위원회에서는, 원고의 아버지가 사과하여 A의 아버지가 원고의 선처를 구하고 있으나 A는 원고의 사과를 받아들일 생각이 없는 점, A가 병원치료를 받은 점, 가해학생이 과거 유사한 학교폭력 사안에서 출석정지의 처분이 내려진 바 있는 점 등을 고려하여 원고에 대하여 출석정지 및 특별교육의 조치를 결정했다.

▶ 중학교 학교폭력대책자치위원회(이하 자치위원회라 한다)는 회의를 열어 원고가 동급생인 A(피해학생)에게 학교폭력을 행사하였다는 이유로 학교폭력예방 및 대책에 관한 법률(이하 법이라고 한다) 제17조 제1항에 따라 피고에게 원고에 대한 출석정지 및 특별교육 조치를 요청하기로 의결했다.

[가해학생 측의 주장]

▶ 원고는 예전에 임원을 맡은 적이 있을 정도로 평소 품행이 바른 학생이었고, A에게 상해를 가한 것도 서로 싸우던 중 우발적으로 발생한 것이었으며 상해의 정도도 중하지 아니하여 그 폭력의 심각성·지속성·고의성이 없다. 또한, 원고는 담임선생님을 통해 A에게 사과하려고 하였고, 원고의

아버지도 A의 아버지에게 사과하여 A의 아버지도 이를 받아들였다.

▸ 한편 이 사건 처분으로 원고는 학교생활기록부에 이 사건 처분 내용이 기재되면 원하는 상급학교에 진학할 수 없을지도 모른다는 불안감에 시달리고 있다. 이러한 사정을 고려하면, 이 사건 처분은 그로써 달성하고자 하는 공익을 고려하여도 원고에게 지나치게 가혹하여 재량권을 일탈·남용한 것이므로 위법하다.

[법원의 판단]

▸ 법 제17조 제1항 은 자치위원회는 피해학생의 보호와 가해학생의 선도·교육을 위하여 가해학생에 대하여 다음 각 호의 어느 하나에 해당하는 조치를 할 것을 학교의 장에게 요청하여야 하며, 각 조치별 적용기준은 대통령령으로 정한다고 규정하고 있고, 구 학교폭력예방 및 대책에 관한 법률 시행령(2013. 3. 23. 대통령령 제24423호로 개정되기 전의 것, 이하 법 시행령이라 한다) 제19조는 가해학생에 대한 조치는 가해학생이 행사한 학교폭력의 심각성·지속성·고의성(제1호), 가해학생의 반성 정도(제2호), 해당 조치로 인한 가해학생의 선도 가능성(제3호), 가해학생 및 보호자와 피해학생 및 보호자 간의 화해 정도(제4호) 등을 고려하여 결정한다고 규정하고 있다. 이와 같은 법령의 내용, 형식 및 취지 등에 비추어 보면, 해당 학교의 장이 학교폭력 가해학생에 대하여 어떠한 조치를 내릴 것인지 여부는 학교장의 판단에 따른 재량행위에 속한다고 봄이 타당하다.

▸ 원고가 A에게 상해를 가한 방법이나 상해 부위에 비추어 자칫 A에게 중한 피해가 발생하였을 수도 있었고, 가해학생에 대한 조치처분을 결정함에 있어 가해학생의 반성 정도, 화해의 정도 등을 고려해야 하는데,

원고는 A와 아직 원만히 화해하지 못하고 있을 뿐 아니라 진정으로 반성하거나 사과할 의사가 있는지도 의심된다. 자치위원회는 이와 같은 상해의 방법과 정도, 반성 정도나 화해의 정도 등을 고려하여 원고에 대한 징계양정을 결정하였고, 그에 따라 피고는 이 사건 처분했다. 피해학생의 보호, 가해학생의 선도·교육 및 피해학생과 가해학생 간의 분쟁조정을 통하여 학생의 인권을 보호하고, 학생을 건전한 사회구성원으로 육성하려는 법의 취지를 고려할 때 학교폭력에 대해서는 단호하고 엄정한 선도가 불가피하다. 또한, 진학에 있어서의 불이익에 대한 우려도 해소될 수 있을 것으로 보인다. 위와 같은 사항을 종합해 보면, 원고가 주장하는 여러 사정을 고려하더라도 이 사건 처분이 원고에게 지나치게 가혹하여 피고가 가진 재량권의 범위를 현저히 일탈하였거나 재량권을 남용하였다고 보기 어렵다. 그렇다면 원고의 청구는 이유 없으므로 이를 기각하기로 하여 주문과 같이 판결한다.

— 언어폭력에 해당하는지는 교육 측면에서 해석
(2014구합250 판결)

아이들은 문자메시지나 채팅앱 서비스를 이용하여 욕설을 전송하는 경우도 많습니다. 이러한 경우는 학교폭력 행위가 아니라는 생각을 하기 쉬우나, 실제 많은 사례에서 학교폭력 가해학생 조치를 받게 되는 부분이지요. 아래의 사례에서도 서로 싸운 학생들이 서로에 대한 가해행위를 한 걸로 인정되어 서면사과, 교내 봉사 등의 조치를 받았습니다.

[사건의 경위]

▶ 원고(가해학생)는 ○○구에 위치한 D중학교에 입학하여 현재 재학 중이다.

▶ 원고와 다른 반 학생인 H이 화장실에서 우발적으로 상호 욕설 및 폭력을 행사하는 사건이 발생했다. 이 사건이 자치위원회에 신고되면서 이를 계기로 F과 E도 자치위원회에 원고로부터 자신들이 욕설 및 따돌림을 당하였다는 내용의 신고를 했다(원고가 F,E에게 욕설 등이 담긴 문자메세지 등을 보내고 이들을 함께 노는 무리에서 제외하는 등의 행위, 이른바 '왕따행위'를 했다는 내용의 신고).

▶ D중학교 학교폭력대책자치위원회(이하 '자치위원회'라 한다)는 회의를 열어 '원고가 E, F에게 폭언을 하고 이들을 따돌렸다'는 이유로 '학교폭력예방 및 대책에 관한 법률(이하 '학교폭력법'이라 한다)' 제17조 제1항에 따라 원고에 대하여 학교 내 봉사 5일, 상담치료의 조치를 취할 것을 피고에게 요청하기로 의결했다.

▶ 이에 피고(학교장)는 원고에 대하여 학교 내 봉사, 상담치료를 처분했다.

▶ 이 사건 학교폭력이 발생할 당시 F와 E가 원고 및 G에 대하여 언어폭력을 행사한 사실에 관한 자치위원회가 다시 개최되어, F는 서면 사과 처분을, E는 구두 사과 조치를 받았다.

[가해학생 측의 주장]

▶ 원고가 F, E에게 문자메시지로 욕설 등을 전송하였다 하더라도 공연성이 없어 학교폭력법에서 규정하는 명예훼손 내지 모욕에 해당하지 않는다. 또한 F,E가 절친한 사이여서 원고를 따돌렸을지언정 원고가 F, E를 따돌렸다는 것은 이치에 맞지 않는다. 따라서 원고는 학교폭력행위를 한 사실이 없다.

▸ 원고와 F, E는 한때 친하게 지냈으나 F가 원고의 1학년 1학기 성적을 보고 비웃었기 때문에 원고가 F와 멀어졌고, 이후 F와 친한 E와도 멀어졌다. 이후 F과 친한 E와도 멀어졌다. 그 후 F가 원고와 친한 G의 험담을 하고도 부인하는 등의 일이 있어 사실 확인을 하는 과정에서 원고가 우발적으로 문자메세지로 F에게 욕설 등을 보낸 것이다. 한편, E 역시 먼저 원고를 놀렸기 때문에 이를 따지기 위해 E에게 반박한 것에 불과하다. 이 사건 처분은 이러한 앞 뒤 정황을 파악하지 않은 채 세심한 조사·심의 없이 피해학생 및 그 보호자의 진술을 기초로 한 의결에 따른 것이다. 이것은 재량권을 일탈·남용한 위법이 있다(다른 주장 내용은 일부 생략).

[법원의 판단]

▸ 가해학생 측 청구 기각

▸ 학교폭력법은 학교폭력의 예방과 대책에 필요한 사항을 규정함으로써 피해학생의 보호, 가해학생의 선도·교육 및 피해학생과 가해학생 간의 분쟁조정을 통하여 학생의 인권을 보호하고 학생을 건전한 사회구성원으로 육성함을 목적으로 하면서(제1조) '학교폭력'이란 학교 내외에서 학생을 대상으로 발생한 상해, 폭행, 감금, 협박, 약취, 유인, 명예훼손·모욕, 공갈, 강요, 강제적인 심부름 및 성폭력, 따돌림, 사이버 따돌림, 정보통신망을 이용한 음란·폭력정보 등에 의하여 신체·정신 또는 재산상의 피해를 수반 하는 행위를 말한다(제2조)라고 정의하고 있다. 학교폭력법의 목적 및 위 규정의 문언을 살펴볼 때, 학교폭력은 위에서 나열한 폭행, 명예훼손·모욕, 따돌림 등에 한정되지 않고 이와 유사하거나 동질의 행위로서 학생의 신체·정신 또는 재산상의 피해를 수반하는 모든

행위를 포함한다고 할 것이다. 위에서 말하는 명예훼손·모욕 역시 형법상 명예훼손죄, 모욕죄와 동일하게 보아 그 성립요건 구비 여부에 따라 판단할 것이 아니라 학생의 보호 및 교육 측면에서 달리 해석하여야 할 필요가 있다.

▶ 이 사건에 관하여, 앞서 본 바와 같이 원고가 F, E와 사이가 나빠지면서 몇 달에 걸쳐 이들에게 욕설이 포함된 문자메세지 등을 보내고 이들 옆을 지나칠 때 툭툭 치는 등의 행위를 한 사실, 원고, F, E는 다른 4명과 7명이 친하게 지냈는데 원고는 'F가 자신의 성적을 보아 F를 빼고 6명이서 놀았다', 'E가 장난을 거는 것이 싫어 E도 빠져버렸다'고 진술한 사실, 자치위원회 회의 시 원고 및 원고의 부친은 사과하는 의견을, F과 E 측은 재발방지를 다짐하는 의견을 진술했던 사실 등을 종합했을 때, 원고가 F, E에게 욕설 등이 담긴 문자메세지 등을 보내고 이들을 함께 노는 무리에서 제외하는 등의 행위(이른바 '왕따행위')를 한 것은 학교 폭력법에서 규정하는 학교폭력에 해당한다. 따라서 이 사건의 처분사유가 인정된다.

▶ 또한, 원고가 F, E와 어울리지 않게 되고 문자메세지 등을 보낸 것은 F, E가 원고와 친한 친구의 험담을 하고 원고를 먼저 놀렸기 때문이라는 원고의 주장이 사실이라 하더라도, 원고가 F, E에게 한 행위는 그들이 한 행위에 대한 사실 확인 또는 단순한 방어를 넘어서 새로운 학교폭력을 가한 것이다. 이를 이유로 한 이 사건 처분을 사실오인에 기인한 재량권 일탈·남용이라고 할 수 없다. 이 부분 원고의 주장은 이유 없다.

▶ 학교폭력법 시행령 제19조는 가해학생에 대한 조치를 가해학생이 행사한 학교폭력의 심각성·지속성·고의성(제1호), 가해학생의 반성 정도(제2호), 해당 조치로 인한 가해학생의 선도 가능성(제3호), 가해학생 및 보

호자와 피해학생 및 보호자 간의 화해 정도(제4호) 등을 고려하여 결정한다고 규정하고 있다. 위 인정사실과 변론 전체의 취지를 종합하여 알 수 있는 다음과 같은 사정, 즉 이 사건 학교폭력은 고의에 의한 행위로써 단순히 일회적이고 우발적인 것이 아니라 장시간에 걸쳐 이루어져 그 피해의 심각성을 결코 가볍게 볼 수 없는데다가, 이 사건 처분은 피고가 독자적으로 결정한 것이 아니라 자치위원회에서 당사자들의 진술을 듣는 등 사실조사를 토대로 충분한 심의를 거쳐 의결한 것인 점 등을 종합하면, 원고가 주장하는 여러 사정을 고려하더라도 이 사건 처분이 원고에게 지나치게 가혹하여 비례원칙에 위배된다고 보기 어렵다. 원고의 이 부분 주장 역시 이유 없다. 그렇다면 원고의 청구는 이유 없으므로 이를 기각하기로 하여 주문과 같이 판결한다.

— 언어폭력 피해의 심각성

학생들 간 욕설 문제가 큰 문제가 아니라고 생각하는 사람을 종종 볼 수 있습니다. 하지만 또래 친구들의 평가나 소문에 민감할 수밖에 없는 청소년기에 다른 친구들 앞에서 모욕을 당하고 허위 소문에 시달리는 경우 학생들이 큰 고통에 시달리기도 합니다. 아래와 같은 실제의 사례[1]가 종종 발견될 정도이므로 아동·청소년기 학생들을 지도할 시에 유의 깊게 관찰해야 할 부분입니다.

---

1 강의 취지 및 개인정보보호 원칙 하에 일부 재구성.

[사건의 경위]

▸ 피해학생은 학교폭력 피해 때문에 심리치료를 받고 있는 상태이다. 피해학생은 학교를 7일 째 가고 있지 못하며, 요즘에는 과호흡증상 때문에 고통을 겪고 있다.

▸ 이 사건의 시작은 피해학생이 다니고 있던 고등학교 내에서 이성 교제를 하고 있던 다른 학생들의 눈 밖에 난 부분이었는데, 즉, 이성교제를 하고 있는 남학생과 여학생 중 여자 아이를 노려봤다는 것이 그 가해학생들이 말하는 이유이다.

▸ 피해학생이 신고한 피해 내용은 따르면, 갑자기 남자애가 와서 책상에 엎드려 있는 저희 아이 책상을 발로 차고, "노려본 게 아니면 그런 눈으로 어떻게 창피하게 다니냐? 성형은 안 하냐?"며 친구들과 비웃었다. 그러자 옆에 있던 여자아이가 "쟤는 중학교 때에도 센 척하며 다른 애들 째려보고 다녔다. 재수 없다"라고 하여 다른 친구들이 모두 웃었다고 한다. 그리고 다시 남자애가 '다시 한 번 내 눈에 띄면 죽여버리겠다'는 위협과 협박을 하면서 주먹을 벽에 쳐서 다른 아이들이 소리를 지를 정도였다. "돼지 같은 게 눈이 저렇다"며 눈앞에 손을 대기도 했다.

▸ 그렇게 학생들이 가고 나서, 교실에 자기편이 없이 혼자 남겨진 피해학생은 같은 동급생 친구들 앞에서 동물원 원숭이 꼴이 되어 모멸감을 다 받아야 했다고 호소함.

▸ 이후에도 몇 번 피해학생 반으로 찾아와서 괴롭혔지만 소극적인 피해학생은 참았으나, 보다 못한 피해학생의 친구가 담임선생님한테 알려서 조사가 진행되었다.

▸ 그 결과, 그 '노려봤다'던 아이는 피해학생이 아니라 다른 학년의 비슷한 안경을 쓴 학생이었다고 한다.

나아가 언어폭력의 학교폭력 피해를 당하다가 투신자살의 선택을 한 학생에 대한 언론보도 내용[1] 또한 위와 같은 언어폭력 사례의 위험성을 담고 있습니다. 이 사건의 경우 다른 폭행이나 상해 등의 폭력 없이 언어폭력만으로도 피해학생에게 극심한 고통을 준 사례입니다.

[사건의 경위]

▶ 가해학생 A는 자신의 남자친구와 이야기를 했다는 이유로 피해학생 Z에 대하여 "남자를 끼고 산다"고 SNS에 공표했다. 이에 여러 명의 학생들이 동조하여 모욕성 댓글이 이어졌다.

▶ 이후 교실로 피해학생 Z를 불러 가해학생 여러 명이 둘러싸고 "여우같다"는 말과 함께 각종 성적인 언어폭력으로 피해학생을 괴롭혔다.

▶ 이러한 일을 처음 당한 피해학생은 언어폭력에 정신적 고통을 호소하다 벽을 팔과 다리 등으로 심하게 치는 등 자해증상이 심해지기도 했다. 다행히 방학이 되어 증상이 조금 진정되는 듯 했다.

▶ 그러나 다음 학기가 시작되자 피해학생은 개학 뒤에도 가해학생들에게 폭언을 듣고 따돌림을 지속적으로 당했다. 결국 이러한 고통을 못이겨 피해학생은 옥상에서 목숨을 끊는 선택을 하고 말았다.

지금까지 살펴본 것처럼, 친구들의 평가나 소문에 민감할 수밖에 없는 청소년기에 모욕, 명예훼손, 따돌림으로 시작되는 학교폭력 사례가 상당히 많습니다. 미리 세심하게 관찰하고 미연에 피해가 커지는 것을 방지할 수 있도록 하는 노력이 필요합니다.

---

1 일요신문, http://ilyo.co.kr/?ac=article_view&entry_id=274534

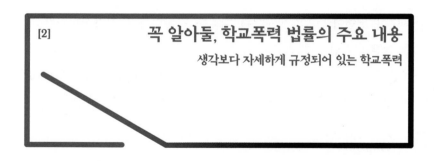

학교폭력 사건 자체는 갑자기 일어나는 것이 아닙니다. 학생들 간의 상호작용이나 여러 다양한 상황이 작용하는 경우가 많지요. 아이들 간의 다툼이 학교폭력이 되기도 하고 일방적인 폭행을 한 아이를 다른 아이들이 괴롭히는 경우도 있습니다. 큰 징후가 없다가 다툼이 갑자기 격화되어 심각한 상해를 입게 될 수도 있고요. 하지만 교사나 학부모 입장에서는 학생들의 싸움을 직접 목격을 하기가 쉽지 않습니다. 그 진위 파악도 되기 전에 갑자기 맞닥뜨리게 되지요.

그래서 편견으로 사건을 바라보거나, 사후 조치가 미흡하여 시간을 허비하기도 합니다. 이러한 시간 동안 아이들은 소외되는 상황에 놓이기도 합니다. 어른들의 미흡한 대처나 절차상 어려움 때문에, 아이들에게 교육 기회가 요구되는 만큼 주어지지 않는다면 안타까울 겁니다.

아이들의 정서를 공감하도록 노력하고, 아이들에게 보호와 회복 그리고 교정의 기회를 부여하는 것을 우선해야 합니다. 또한, 올바른 판단을 위해서는 이미 규정되어 있는 법률에 의거하여 처리하는 것이 보다 합리적입니다. 법률은 늘 부족해 보여도, 이미 몇 번이나 몰아친 논의 속에서의 사회적 요구가 녹아있습니다. 때문에 처음 사건을 맞닥뜨렸다면 먼저 법률을 찾아서 어떠한 의무가 있고 권리가 있는지를 살펴보아야 합니다.

무엇보다 아이들의 고통을 외면하고, 어른들이 순간순간의 판단이나 직관에 의존해 폭력을 대처하는 것은 적정한 조치가 되지 못합니다. 이러한 상황을 대비해 각 당사자의 권리와 의무를 규정해놓은 학교폭력 예방 및 대책에 관한 법률을 알아두는 것이 중요하지요.

— 학교폭력예방 및 대책에 관한 법률의 의의와 목적

학교폭력 예방 및 대책에 관한 법률(약칭 학교폭력예방법)은 학교폭력의 예방과 대책에 필요한 사항을 규정하고 있습니다. 조항 자체에서도 피해학생의 보호, 가해학생의 선도·교육 및 피해학생과 가해학생 간의 분쟁조정 등의 균형있는 목표를 제시하고 있기도 합니다. 결국, 이 법률은 학생의 인권을 보호하고 학생을 건전한 사회구성원으로 육성함을 목적으로 하고 있지요(제1조).

학생들의 잘못을 처벌하기 위한 목적만을 가지고 제정된 것이 아니라, 보호와 선도 및 교육 등을 전반적으로 규율하고 있다는 점을 주목할 필요가 있습니다.

학교폭력예방법이 제정된 이유를 보지요. 여기서는 심각한 사회문제로 대두하고 있는 학교폭력문제를 전제하고 있습니다. 그래서 학교폭력을 효과적으로 대처하기 위한 전담기구 설치, 정기적인 학교폭력 예방 교육 실시, 학교폭력 피해자의 보호와 가해자에 대한 선도·교육 등 학교폭력의 예방 및 대책을 위한 제도적 틀을 마련하려는 것을 명시해 두었습니다.

2009년 일부개정 절차에서는 학교폭력 예방과 대책 마련을 위한 노력에도 불구하고 학교폭력 발생 건수는 해마다 증가하고 있다는 점을 주목했습니다. 학교폭력의 양상 또한 중범죄가 늘어나고 있지요. 긴급 상담전화 설치, 피해학생에 대한 보복행위 금지, 장애학생 보호규정 마련 등 관련 규정을 정비하여 학교폭력 예방에 기여하려는 취지를 밝혔습니다.

나아가 2012년 3월에 개정된 바에 따르면, 학교폭력 피해학생을 두텁게 보호하고 치유 부담을 완화하기 위한 노력을 반영했지요. 이러한 취지에서 학교폭력의 범위를 학생 간에 발생한 사건에서 학생을 대상으로 발생한 사건으로 확대했습니다. 학교 밖 청소년 등에 의한 학교폭력도 이 법에 따라 지원을 받을 수 있게 된 것입니다. 그리고 가해학생의 특별교육에 학부모가 동참하도록 의무화한 것도 주목해야 합니다. 또 학교 현장에서 학교폭력을 문제시하지 않는 것을 개선하기 위해, 학교폭력을 축소·은폐한 학교의 장 및 교원에 대해서는 징계할 수 있는 명확한 법적 근거를 마련했습니다.

이 외에도 학교폭력예방법은 수차례 개정작업과 그에 관한 논의가 지속되고 있습니다. 여러 문제점과 한계가 있다는 비판이 이어지고 있는 것도 사실이나, 그 개정 방향은 학생의 인권보호와 함께 건전한 사회구성원으로 육성하기 위한 노력을 담고 있다고 볼 수 있습니다.

― 학교폭력 행위의 정의와 학교폭력위원회 등

자주 문의가 되고 논란이 되는 문제 중의 하나가 어떤 학생의 행위가 학교폭력에 해당하는지에 관한 것입니다. 또한 학교 내에 설치된 학교폭력위원회의 역할과 위상은 어떻게 해야 하는지에 대한 논의도 활발합니다. 아래에서는 각 법률 조항을 통하여 살펴보도록 하겠습니다.

✛ 학교폭력예방 및 대책에 관한 법률

제2조 (정의)

이 법에서 사용하는 용어의 정의는 다음 각 호와 같다.

1. "학교폭력"이란 학교 내외에서 학생을 대상으로 발생한 상해, 폭행, 감금, 협박, 약취·유인, 명예훼손·모욕, 공갈, 강요·강제적인 심부름 및 성폭력, 따돌림, 사이버 따돌림, 정보통신망을 이용한 음란·폭력 정보 등에 의하여 신체·정신 또는 재산상의 피해를 수반하는 행위를 말한다.

   1의2. "따돌림"이란 학교 내외에서 2명 이상의 학생들이 특정인이나 특정집단의 학생들을 대상으로 지속적이거나 반복적으로 신체적 또는 심리적 공격을 가하여 상대방이 고통을 느끼도록 하는 일체의 행위를 말한다.

   1의3. "사이버 따돌림"이란 인터넷, 휴대전화 등 정보통신기기를 이용하여 학생들이 특정 학생들을 대상으로 지속적, 반복적으로 심리적 공격을 가하거나, 특정 학생과 관련된 개인정보 또는 허위사실을 유포하여 상대방이 고통을 느끼도록 하는 일체의 행위를 말한다.(2호생략)

3. "가해학생"이란 가해자 중에서 학교폭력을 행사하거나 그 행위에 가담한 학생을 말한다.

4. "피해학생"이란 학교폭력으로 인하여 피해를 입은 학생을 말한다.

5. "장애학생"이란 신체적·정신적·지적 장애 등으로 「장애인 등에 대한 특수교육법」 제15조에서 규정하는 특수교육을 필요로 하는 학생을 말한다.

학교폭력에 해당하는 행위로는 사이버따돌림이나 강요·강제적인 심부름 등도 포함되어 있습니다. 앞서 다룬 바 있는 모욕과 같은 언어폭력도 해당하는 것으로 명시되어 있지요. 또한 학교폭력을 주도적으로 행사한 학생만 아니라 그 행위에 가담한 학생까지도 가해자에 포함됩니다.

제12조 (학교폭력대책자치위원회의 설치·기능)

① 학교폭력의 예방 및 대책에 관련된 사항을 심의하기 위하여 학교에 학교폭력대책자치위원회(이하 "자치위원회"라 한다)를 둔다. 다만, 자치위원회 구성에 있어 대통령령으로 정하는 사유가 있는 경우에는 교육감의 보고를 거쳐 둘 이상의 학교가 공동으로 자치위원회를 구성할 수 있다.

② 자치위원회는 학교폭력의 예방 및 대책 등을 위하여 다음 각 호의 사항을 심의한다.

  1. 학교폭력의 예방 및 대책수립을 위한 학교 체제 구축

  2. 피해학생의 보호

  3. 가해학생에 대한 선도 및 징계

  4. 피해학생과 가해학생 간의 분쟁조정

  5. 그 밖에 대통령령으로 정하는 사항 (3,4항 생략)

시행령 제13조(자치위원회의 설치 및 심의사항)

① 법 제12조제1항 단서에서 "대통령령으로 정하는 사유가 있는 경우"란 학교폭력 피해학생과 가해학생이 각각 다른 학교에 재학 중인 경우를 말한다.

② 법 제12조제2항제5호에서 "대통령령으로 정하는 사항"이란 학교폭력의 예방 및 대책과 관련하여 법 제14조제3항에 따른 책임교사 또는 학생회의 대표가 건의하는 사항을 말한다.

학교폭력대책자치위원회는 학교폭력위원회, 자치위원회, 학폭위 등

다양한 약칭으로 쓰입니다. 이는 학교 내에 두는 기구로, 가해학생에 대한 선도 및 징계는 물론 피해학생의 보호 등의 사항을 심의합니다. 만약 학교폭력 피해학생과 가해학생이 각각 다른 학교에 재학 중인 경우, 교육감의 보고를 거쳐 둘 이상의 학교가 공동으로 자치위원회를 구성할 수 있습니다.

제14조 (전문상담교사 배치 및 전담기구 구성)

② 전문상담교사는 학교의 장 및 자치위원회의 요구가 있는 때에는 학교폭력에 관련된 피해학생 및 가해학생과의 상담결과를 보고해야 한다.(1항 생략)

③ 학교의 장은 교감, 전문상담교사, 보건교사 및 책임교사(학교폭력문제를 담당하는 교사를 말한다) 등으로 학교폭력문제를 담당하는 전담기구(이하 "전담기구"라 한다)를 구성하며, 학교폭력 사태를 인지한 경우 지체 없이 전담기구 또는 소속 교원으로 하여금 가해 및 피해 사실 여부를 확인하도록 한다.

④ 전담기구는 학교폭력에 대한 실태조사(이하 "실태조사"라 한다)와 학교폭력 예방 프로그램을 구성·실시하며, 학교의 장 및 자치위원회의 요구가 있는 때에는 학교폭력에 관련된 조사결과 등 활동결과를 보고해야 한다.

⑤ 피해학생 또는 피해학생의 보호자는 피해사실 확인을 위하여 전담기구에 실태조사를 요구할 수 있다.(6항생략)

학교장은 교감, 전문상담교사, 보건교사 및 책임교사 등으로 학교폭력 전담기구를 구성해야 합니다. 또한 학교장이 학교폭력 사건을 인지한 경우, 곧 바로 전담기구나 소속 교원에게 가해 및 피해 사실 여부를 확인하게 하도록 규정되어 있습니다. 그뿐 아니라 피해학생 또는 피해학생의 보호자는 피해사실 확인을 위해, 전담기구에 실태조사를 요구할 수 있으므로 알아둘 조항입니다.

— 피해 학생의 보호와 가해학생 조치 관련

학교폭력예방법이 규정하고 있는 내용 중 가장 중요하게 여겨지고 많이 활용되는 조항은, '학생들에게 어떠한 조치를 할 수 있는가'하는 부분일 것입니다. 이와 관련해서도 비교적 상세하게 규정되어 있으므로 미리 알아두는 것이 좋습니다.

✝ 학교폭력예방 및 대책에 관한 법률

제16조 (피해학생의 보호)

① 자치위원회는 피해학생의 보호를 위하여 필요하다고 인정하는 때에는 피해학생에 대해 다음 각 호의 어느 하나에 해당하는 조치(수 개의 조치를 병과하는 경우를 포함한다)를 할 것을 학교의 장에게 요청할 수 있다. 다만, 학교의 장은 피해학생의 보호를 위하여 긴급하다고 인정하거나 피해학생이 긴급보호의 요청을 하는 경우에는 자치위원회의 요청 전에 제1호, 제2호 및 제6호의 조치를 할 수 있다. 이 경우 자치위원회에 즉시 보고하여야 한다.

1. 학내외 전문가에 의한 심리상담 및 조언

2. 일시보호

3. 치료 및 치료를 위한 요양

4. 학급교체

5. 삭제

6. 그 밖에 피해학생의 보호를 위하여 필요한 조치

② 자치위원회는 제1항에 따른 조치를 요청하기 전에 피해학생 및 그 보호자에게 의견진술의 기회를 부여하는 등 적정한 절차를 거쳐야 한다.(제3항 생략)

④ 제1항의 조치 등 보호가 필요한 학생에 대하여 학교의 장이 인정하는 경우 그 조치에 필요한 결석을 출석일수에 산입할 수 있다.

⑤ 학교의 장은 성적 등을 평가함에 있어서 제3항에 따른 조치로 인하여 학생

에게 불이익을 주지 아니하도록 노력해야 한다.(제6-8항 생략)

학교폭력대책자치위원회에서는 가해학생에 대한 조치(징계)만 결정하는 것이 아니라, 피해학생에 대한 보호조치도 결정할 수 있습니다. 또한 학교장은 피해학생의 보호를 위해 긴급하다고 인정하거나 피해학생이 긴급보호의 요청을 하는 경우, 자치위원회의 요청 전에 심리상담 및 조언, 일시보호 그 밖에 피해학생의 보호를 위해 필요한 조치를 할 수 있지요.

제17조 (가해학생에 대한 조치)

① 자치위원회는 피해학생의 보호와 가해학생의 선도·교육을 위하여 가해학생에 대하여 다음 각 호의 어느 하나에 해당하는 조치(수 개의 조치를 병과하는 경우를 포함한다)를 할 것을 학교의 장에게 요청하여야 하며, 각 조치별 적용 기준은 대통령령으로 정한다. 다만, 퇴학처분은 의무교육과정에 있는 가해학생에 대하여는 적용하지 않는다.

1. 피해학생에 대한 서면사과

2. 피해학생 및 신고·고발 학생에 대한 접촉, 협박 및 보복행위의 금지

3. 학교에서의 봉사

4. 사회봉사

5. 학내외 전문가에 의한 특별 교육이수 또는 심리치료

6. 출석정지

7. 학급교체

8. 전학

9. 퇴학처분

② 제1항에 따라 자치위원회가 학교의 장에게 가해학생에 대한 조치를 요청할 때 그 이유가 피해학생이나 신고·고발 학생에 대한 협박 또는 보복 행위일 경우에는 같은 항 각 호의 조치를 병과하거나 조치 내용을 가중할 수 있다.

③ 제1항제2호부터 제4호까지 및 제6호부터 제8호까지의 처분을 받은 가해학

생은 교육감이 정한 기관에서 특별교육을 이수하거나 심리치료를 받아야 하며, 그 기간은 자치위원회에서 정한다.

④ 학교의 장은 가해학생에 대한 선도가 긴급하다고 인정할 경우 우선 제1항 제1호부터 제3호까지, 제5호 및 제6호의 조치를 할 수 있으며, 제5호와 제6호는 병과조치할 수 있다. 이 경우 자치위원회에 즉시 보고하여 추인을 받아야 한다.

⑤ 자치위원회는 제1항 또는 제2항에 따른 조치를 요청하기 전에 가해학생 및 보호자에게 의견진술의 기회를 부여하는 등 적정한 절차를 거쳐야 한다.(제6-8항 생략)

⑨ 자치위원회는 가해학생이 특별교육을 이수할 경우 해당 학생의 보호자도 함께 교육을 받게 해야 한다.

⑩ 가해학생이 다른 학교로 전학을 간 이후에는 전학 전의 피해학생 소속 학교로 다시 전학올 수 없도록 해야 한다.(제11-12항 생략)

시행령 제19조(가해학생에 대한 조치별 적용 기준)

법 제17조제1항의 조치별 적용 기준은 다음 각 호의 사항을 고려하여 결정하고, 그 세부적인 기준은 교육부장관이 정하여 고시합니다.

1. 가해학생이 행사한 학교폭력의 심각성·지속성·고의성

2. 가해학생의 반성 정도

3. 해당 조치로 인한 가해학생의 선도 가능성

4. 가해학생 및 보호자와 피해학생 및 보호자 간의 화해의 정도

5. 피해학생이 장애학생인지 여부

시행령 제21조(가해학생에 대한 우선 출석정지 등)

① 법 제17조제4항에 따라 학교의 장이 출석정지 조치를 할 수 있는 경우는 다음 각 호와 같다.

1. 2명 이상의 학생이 고의적·지속적으로 폭력을 행사한 경우

2. 학교폭력을 행사하여 전치 2주 이상의 상해를 입힌 경우

3. 학교폭력에 대한 신고, 진술, 자료제공 등에 대한 보복을 목적으로 폭력을 행사한 경우

4. 학교의 장이 피해학생을 가해학생으로부터 긴급하게 보호할 필요가 있다고 판단하는 경우

② 학교의 장은 제1항에 따라 출석정지 조치를 하려는 경우에는 해당 학생 또는 보호자의 의견을 들어야 한다. 다만, 학교의 장이 해당 학생 또는 보호자의 의견을 들으려 하였으나 이에 따르지 않은 경우, 그러하지 않는다.

학교폭력대책자치위원회는 학교폭력의 심각성·지속성·고의성은 물론 반성 정도와 선도 가능성을 고려하여 서면사과, 봉사, 출석 정지, 특별교육, 전학 등의 가해학생에 대한 조치를 결정할 수 있습니다. 나아가 이러한 조치에는 사안조사 및 자치위원회의 심의 등 시간이 필요하므로 학교장은 전치 2주 이상의 상해를 입힌 경우 등 피해학생을 가해학생으로부터 긴급하게 보호할 필요가 있을 시에 우선 출석 정지 등의 조치를 취할 수 있습니다.

— 신고의무 및 비밀누설금지 의무

학교폭력예방법에 의하면, 학교폭력 현장을 보거나 그 사실을 알게 된 자는 학교 등 관계 기관에 이를 즉시 신고해야 합니다. 이는 학교장 및 보호자, 자치위원회에 통보됩니다. 특별한 점은, 교원의 경우 학교폭력이 실제 발생하기 전 예비·음모의 단계에서도 학교장 및 학부모에게 알려야 한다는 규정이 있으므로 유의해야 할 사항입니다.

학교폭력예방 및 대책에 관한 법률

제20조 (학교폭력의 신고의무)

① 학교폭력 현장을 보거나 그 사실을 알게 된 자는 학교 등 관계 기관에 이를 즉시 신고해야 한다.

② 제1항에 따라 신고를 받은 기관은 이를 가해학생 및 피해학생의 보호자와 소속 학교의 장에게 통보해야 한다.

③ 제2항에 따라 통보받은 소속 학교의 장은 이를 자치위원회에 지체 없이 통보해야 한다.

④ 누구라도 학교폭력의 예비·음모 등을 알게 된 자는 이를 학교의 장 또는 자치위원회에 고발할 수 있다. 다만, 교원이 이를 알게 되었을 경우에는 학교의 장에게 보고하고 해당 학부모에게 알려야 한다.

⑤ 누구든지 제1항부터 제4항까지에 따라 학교폭력을 신고한 사람에게 그 신고행위를 이유로 불이익을 주어서는 안 된다.

제21조 (비밀누설금지 등)

① 이 법에 따라 학교폭력의 예방 및 대책과 관련된 업무를 수행하거나 수행하였던 자는 그 직무로 인하여 알게 된 비밀 또는 가해학생·피해학생 및 제20조에 따른 신고자·고발자와 관련된 자료를 누설해서는 안 된다.

② 제1항에 따른 비밀의 구체적인 범위는 대통령령으로 정한다.

③ 제16조, 제16조의2, 제17조, 제17조의2, 제18조에 따른 자치위원회의 회의는 공개하지 않는다. 다만, 피해학생·가해학생 또는 그 보호자가 회의록의 열람·복사 등 회의록 공개를 신청한 때에는 학생과 그 가족의 성명, 주민등록번호 및 주소, 위원의 성명 등 개인정보에 관한 사항을 제외하고 공개해야 한다.

제22조 (벌칙)

① 제21조제1항을 위반한 자는 1년 이하의 징역 또는 1천만 원 이하의 벌금에 처한다. (제2항 생략)

시행령 제33조(비밀의 범위)

법 제21조제1항에 따른 비밀의 범위는 다음 각 호와 같습니다.

1. 학교폭력 피해학생과 가해학생 개인 및 가족의 성명, 주민등록번호 및 주소 등 개인정보에 관한 사항

2. 학교폭력 피해학생과 가해학생에 대한 심의·의결과 관련된 개인별 발언 내용

3. 그 밖에 외부로 누설될 경우 분쟁당사자 간에 논란을 일으킬 우려가 있음 이 명백한 사항

피해학생과 가해학생의 성명 및 개인정보에 관한 내용은 물론 외부로 누설될 경우 분쟁당사자 간에 논란을 일으킬 우려가 있음이 명백한 사항도 '비밀'에 해당되며 이러한 비밀누설금지 의무의 위반 시에는 1년 이하의 징역 또는 1천만 원 이하의 벌금에 처해지게 됩니다.

이상으로, 학교폭력 법률이 왜 제정이 되었고 개정된 방향은 어떠한 지와 함께 주요 내용을 살펴보았습니다. 이미 서술한 바대로 학교폭력 예방 및 대책에 관한 법률에는 분쟁 발생 시 각 당사자의 권리와 의무에 관한 내용이 담겨 있습니다. 그러므로 그 의의와 목적에 대한 이해를 바탕으로 중요한 조항을 이해하고 숙지해야 하지요. 특히 학생들에 대한 보호 또는 선도 조치의 내용이나 그 절차를 정확하게 파악하는 것이 중요합니다.

학교폭력이 복잡한 문제로 확대되는 이유

학교폭력과 관련된 손해배상청구 및 고소, 소년재판 등 법률문제

직업 상 특수한 경험일 수는 있겠지만, 과거보다 훨씬 분쟁이 다양해지고 격화되는 것으로 보입니다. 학생들 간의 사소한 분쟁이 편 가르기가 되어, 다수의 학생이 학교폭력에 가담하고 있지요. 이것은 부모 간의 고소로 이어지기도 합니다. 피해학생이 치료비를 받지 못해 소송을 제기해야 하는 경우도 있습니다. 예상보다 많은 아이들이 학교폭력의 문제로 경찰 조사를 받거나, 소년재판 절차에 회부됩니다.

학교폭력은 물론이고 많은 분쟁에서 법적인 절차를 빼 놓고 설명하기는 어렵습니다. 손해배상문제나 학교에서의 징계(처분)를 다투는 행정쟁송의 문제, 그리고 고소나 소년재판 등의 절차가 학교폭력의 상황에서도 거론될 수 있는 것입니다.

학교폭력 피해를 당한 학생과 보호자는 가해학생에 대한 강력한 처벌과 함께. 치료비나 위자료 청구를 요구할 수 있습니다. 피해를 당한 입장에서 당연하게 보장되어 있는 권리이지요. 그러나 정확한 금액의 산정이나 협의를 하기가 쉽지 않습니다. 또한 상해 등 진단서를 받은 경우, 학생들의 연령에 따라 고소장 제출 및 경찰 조사, 소년재판에 이르는 절차가 진행되기도 합니다. 이러한 고소 등의 절차 또한 피해자의 권리이기 때문에, 제3자나 가해학생 측에서 이를 막는 것은 불가능합니다.

한편 학교폭력 가해학생 측에서는 학교폭력 행위에 해당하지 않거나 처벌이 과하다는 주장, 설사 그 행위를 했다하더라도 상대 학생이 먼저 유발한 것이라는 주장을 펼칩니다. 때문에 학교폭력 조치사항을 두고 재심이나 행정심판은 물론 행정소송을 제기할 수도 있습니다. 이 또한 법률에 규정된 권리이라서, 그 절차를 밟는 것 자체를 두고 평가할 권한이 다른 사람에게 있는 것은 아닙니다. 이러한 사실을 바탕으로 아래에서 좀 더 자세히 살펴보도록 하겠습니다.

— 피해학생 측에서 진행할 수 있는 절차

(1) 학교폭력대책자치위원회의 조치에 대한 재심청구

학교폭력대책자치위원회에서의 심의 후 학교장이 통보한 가해학생에 대한 조치사항이 너무 가볍다고 생각하는 경우, 피해학생 측에서는 가해학생의 조치 사항에 대해 비교적 쉽게 재심신청을 할 수 있습니다. 관련된 법률은 다음과 같습니다.

> ⁺**학교폭력예방 및 대책에 관한 법률**
>
> **제17조의2(재심청구)**
>
> ① 자치위원회 또는 학교의 장이 제16조제1항 및 제17조제1항에 따라 내린 조

치에 대하여 이의가 있는 피해학생 또는 그 보호자는 그 조치를 받은 날부터 15일 이내, 그 조치가 있음을 안 날부터 10일 이내에 지역위원회에 재심을 청구할 수 있다.

③ 지역위원회가 제1항에 따른 재심청구를 받은 때에는 30일 이내에 이를 심사·결정하여 청구인에게 통보해야 한다.

④ 제3항의 결정에 이의가 있는 청구인은 그 통보를 받은 날부터 60일 이내에 행정심판을 제기할 수 있다.

⑤ 제1항에 따른 재심청구, 제3항에 따른 심사 절차 및 결정 통보 등에 필요한 사항은 대통령령으로 정한다.

시행령 제24조(피해학생 재심청구 및 심사 절차 및 결정 통보 등)

① 법 제17조의2제5항에 따라 피해학생 또는 보호자가 지역위원회에 재심을 청구할 때에는 다음 각 호의 사항을 적어 서면으로 해야 한다.

1. 청구인의 이름, 주소 및 연락처

2. 가해학생

3. 청구의 대상이 되는 조치를 받은 날 및 조치가 있음을 안 날

4. 청구의 취지 및 이유

② 지역위원회는 청구인, 가해학생 및 보호자 또는 해당 학교에 심사에 필요한 자료 또는 정보의 제출을 요구할 수 있고, 청구인, 가해학생 또는 해당 학교는 특별한 사유가 없으면 이를 즉시 제출해야 한다.

③ 지역위원회는 직권으로 또는 신청에 따라 청구인, 가해학생 및 보호자 또는 관련 교원 등을 지역위원회에 출석하여 진술하게 할 수 있다.

④ 지역위원회는 필요하다고 인정할 때에는 전문가 등 참고인을 출석하게 하거나 서면으로 의견을 들을 수 있다.

⑤ 지역위원회의 회의는 비공개를 원칙으로 한다.

⑥ 지역위원회는 재심사 결정 시 법 제16조제1항 각 호와 제17조제1항 각 호의 어느 하나에 해당하는 조치(수 개의 조치를 병과하는 경우를 포함한다)를 할 것을 해당 학교의 장에게 요청할 수 있다.

⑦ 지역위원회의 재심 결과는 결정의 취지와 내용을 적어 청구인과 가해학생에게 서면으로 통보한다.

(2) 고소장의 제출 등

형사소송법은 다음과 같이 범죄로 인한 피해자는 고소할 수 있으며, 피해자의 법정대리인은 독립하여 고소할 수 있다고 규정하고 있습니다. 상해 등의 여러 죄를 범한 소년은 소년법상의 절차가 진행될 수 있으므로, 피해학생 측의 고소로 인해 가해학생이 경찰 조사를 받고, 소년재판에 서게 되는 사례도 있습니다. 나아가 보호자들 간의 고소로 이어지는 사례도 있습니다. 보호자들이 서로 폭행에 이르렀거나, 상대방에 대한 모욕이나 명예훼손 등의 사례로 고소장이 제출되기도 합니다.

✢ 형사소송법

제223조(고소권자)

범죄로 인한 피해자는 고소할 수 있다.

제225조(비피해자인 고소권자)

①피해자의 법정대리인은 독립하여 고소할 수 있다.

✢ 소년법

제4조(보호의 대상과 송치 및 통고)

① 다음 각 호의 어느 하나에 해당하는 소년은 소년부의 보호사건으로 심리한다.

　1. 죄를 범한 소년
　2. 형벌 법령에 저촉되는 행위를 한 10세 이상 14세 미만인 소년

(3) 손해배상청구 절차

학교폭력예방 및 대책에 관한 법률에서는 원칙적으로 피해학생의 치료비나 심리상담비용 등 가해학생 보호자가 부담하는 것으로 규정하고 있습니다. 또한 민법에서도 고의 또는 과실로 인한 위법행위로 타인에게 손해를 가한 자는 그 손해를 배상할 책임이 있으며, 정신상 고통을 가한 자는 재산 이외의 손해에 대하여도 배상할 책임이 있다고 규정합니다. 다만, 미성년자의 경우, 감독할 법적 의무가 있는 자가 그 손해를 배상할 책임을 집니다. 학교폭력예방 및 대책에 관한 법률 규정과 같은 취지에서, 가해학생 측 보호자에게 금원을 지급하라는 내용으로 손해배상청구소송을 제기할 수 있는 것이지요.

✛ **학교폭력예방 및 대책에 관한 법률**

제16조(피해학생의 보호)

⑥ 피해학생이 전문단체나 전문가로부터 제1항제1호부터 제3호까지의 규정에 따른 상담 등을 받는 데에 사용되는 비용은 가해학생의 보호자가 부담해야 한다. 다만, 피해학생의 신속한 치료를 위하여 학교의 장 또는 피해학생의 보호자가 원하는 경우에는 「학교안전사고 예방 및 보상에 관한 법률」제15조에 따른 학교안전공제회 또는 시·도교육청이 부담하고 이에 대한 구상권을 행사할 수 있다.

✛ **민법**

제750조(불법행위의 내용)

고의 또는 과실로 인한 위법행위로 타인에게 손해를 가한 자는 그 손해를 배상할 책임이 있다.

제751조(재산 이외의 손해의 배상)

① 타인의 신체, 자유 또는 명예를 해하거나 기타 정신상 고통을 가한 자는 재산 이외의 손해에 대하여도 배상할 책임이 있다.(제2항생략)

제753조(미성년자의 책임능력)

미성년자가 타인에게 손해를 가한 경우에 그 행위의 책임을 변식할 지능이 없는 때에는 배상의 책임이 없다.

제755조(감독자의 책임)

① 다른 자에게 손해를 가한 사람이 제753조 또는 제754조에 따라 책임이 없는 경우에는 그를 감독할 법정의무가 있는 자가 그 손해를 배상할 책임이 있다. 다만, 감독의무를 게을리 하지 않은 경우에는 그러지 않는다.

― 가해학생 측과 관련된 절차

가해학생에 대한 처벌을 그 불이익의 측면에서 살펴보면 학교폭력대책자치위원회의 조치사항과 그에 대한 생활기록부 기재, 그리고 경찰조사-검찰송치 그리고 소년재판, 손해배상 등의 절차로 요약할 수 있습니다. 이에 관해 가해학생 또한 다음의 절차를 진행할 수 있으므로 각 조항과 함께 알아둡시다.

(1) 학교폭력대책자치위원회 조치에 대한 불복 절차

자치위원회에서 조치를 받은 경우 생활기록부에 기재되며 그 유형에 따라 졸업과 동시에, 또는 그 2년 후에야 삭제가 됩니다. 때문에 입시나 여러 불이익을 고려하거나 처분 자체 또는 절차에 하자나 부당함이 있다고 생각하는 학생, 보호자들이 불복절차를 제기할 수 있습니다. 이 또한 법률이 정하고 있는 권리이므로 다른 평가를 할 필요는 없습니다. 오히려 처분을 통지할 때에 다음[1]과 같이 불복절차를 안내하도록 되어 있지요.

구분		내용
재심안내	가해학생	전학 또는 퇴학조치에 대하여 이의가 있는 학생 또는 그 보호자는 그 조치를 받은 날부터 15일 이내, 그 조치가 있음을 안 날로부터 10일 이내에 초중등 교육법 제 18조의 3에 따른 시도 학생징계조정위원회에 재심을 청구할 수 있음(법률 제17조의2, 2항)
	피해학생	조치에 대하여 이의가 있는 피해학생 또는 그 보호자는 그 조치를 받은 날부터 15일 이내, 그 조치가 있음을 안 날부터 10일 이내에 지역위원회에 재심을 청구할 수 있음(법률 제17조의2 제 1항)
불복절차 안내	국공립학교	학교장의 조치에 대하여 이의가 있는 경우에는 처분이 있음을 알게 된 날부터 90일 이내, 처분이 있었던 날부터 180일 이내에 행정심판을 청구하거나(행정심판법 제27조), 처분이 있음을 알게 된 날부터 90일 이내, 처분이 있은 날로부터 1년이내에 행정소송을 청구할수 있음(행정소송법 20조)
	사립학교	학교장의 조치에 대하여 민사소송을 제기할 수 있음

재심과 불복절차

✢ 학교폭력예방 및 대책에 관한 법률

제17조의2(재심청구)

② 자치위원회가 제17조제1항제8호와 제9호에 따라 내린 조치에 대하여 이의가 있는 학생 또는 그 보호자는 그 조치를 받은 날부터 15일 이내, 그 조치가 있음을 안 날로부터 10일 이내에 「초·중등교육법」 제18조의3에 따른 시·도학생징계조정위원회에 재심을 청구할 수 있다.

---

1 학교폭력 사안처리 가이드북 개정판 첨부 양식 3-7, http://www.edunet.net/redu/doran/viewAtclSForm. do?boardNum=14&atcl_num=2345&contents_openapi=totalSearch

(2) 실제 취소 사례 (2014구합10509 판결[2])

'적정한 절차'의 중요성은 여러 번 강조한 적 있습니다. 학부모는 아이들이 어떠한 이유로 학교폭력대책자치위원회 절차를 거치게 되었는지를 알고, 의견을 진술할 수 있지요. 이는 법에 명확히 규정되어 있는 권리입니다. 사회통념상으로도 당연한 일이기도 하고요. 하지만 아래의 사건의 경우, 자치위원회가 열린다는 사실만 통지한 후, 그 이유에 대하여는 미리 알려주지 않은 것이 문제가 되었습니다.

[사건의 경위]

▸ 중학교 1학년 같은 반 학생 간의 언어폭력 사건.

▸ E학생 : ○톡의 본인 상태 메시지에 철수(가명)를 지칭하여 "철수, 싫어"라는 글을 올림. 이를 계기로 ○톡 단체대화방에서 철수와 G학생이 한 편이 되고 E, F학생이 한 편이 되어 상호 욕설을 하며 말싸움을 했다.

▸ 이것을 보게 된 E학생의 부모가 학교로 찾아와 항의를 하자, 담임교사는 철수와 G학생에게 E에게 사과할 것을 지시하여 종례시간에 다른 학생들이 보는 앞에서 사과를 했다.

▸ 하지만 이를 계기로 더욱 사이가 멀어졌으며, 급기야 E학생은 울면서 학교에 안 가겠다고 했다. 이로 인해 다시 E학생의 아버지가 철수와 G학생을 처벌해줄 것을 학교에 요구하게 되었다.

▸ 이후 학교폭력대책자치위원회는 철수에게 서면사과 및 학교에서의 봉사 5일 등의 조치를 할 것을 의결하고, 학교장이 통보했다.

▸ 철수의 부모님은 이에 불복하여 행정소송을 제기했다.

---

2 개인정보보호원칙 및 강의 취지를 고려하여 일부 수정, 재구성

[철수 측 주장]

▶ 학교폭력위원회회의를 주관하고 근거자료를 수집한 교사는 회의가 개최될 때까지 원고와 그 부모에게 철수가 E에게 한 학교폭력의 구체적인 내용과 근거를 전혀 알려주지 않았다. 이로 인해 원고는 위 회의에서 방어권을 박탈당하였으므로, 이 사건 처분은 학폭법상 요구되는 절차 및 행정절차법상의 사전통지의무를 위반했다.

▶ 이 사건 원처분의 처분서에는 처분사유가 전혀 기재되어 있지 않으므로, 행정절차법 제23조 제1항에 규정된 처분의 이유제시의무를 위반했다.

▶ 철수는 E에게 학교폭력에 해당하는 행위를 한 사실이 없다.

[법원의 판단]

▶ 학폭법 제17조 제1항, 제5항에 의하면, 학교폭력대책자치위원회는 피해학생의 보호와 가해학생의 선도·교육을 위하여 가해학생에 대하여 ① 피해학생에 대한 서면사과(제1호), ② 피해학생 및 신고·고발 학생에 대한 접촉, 협박 및 보복행위의 금지(제2호), ③ 학교에서의 봉사(제3호), ④ 사회봉사(제4호), ⑤ 학교내외 전문가에 의한 특별 교육이수 또는 심리치료(제5호), ⑥ 출석정지(제6호), ⑦ 학급교체(제7호), ⑧ 전학(제8호), ⑨퇴학처분(제9호)의 어느 하나에 해당하는 조치(수 개의 조치를 병과하는 경우를 포함한다)를 할 것을 학교의 장에게 요청하여야 하되, 위와 같은 조치를 요청하기 전에 가해학생 및 보호자에게 의견진술의 기회를 부여하는 등 적정한 절차를 거쳐야 한다.

▶ 또한, 행정절차법 제21조 제1항에 의하면 행정청은 당사자에게 의무를 부과하거나 권익을 제한하는 처분을 하는 경우에는 미리 ① 처분의 제목(제1호), ② 당사자의 성명 또는 명칭과 주소(제2호), ③ 처분하려는 원

인이 되는 사실과 처분의 내용 및 법적 근거(제3호), ④ 제3호에 대하여 의견을 제출할 수 있다는 뜻과 의견을 제출하지 아니하는 경우의 처리 방법(제4호), ⑤ 의견제출기관의 명칭과 주소(제5호), ⑥ 의견제출기한(제6호), ⑦ 그 밖에 필요한 사항(제7호)을 당사자 등에게 통지해야 한다.

▶ 자치위원회는 피해학생 또는 그 보호자가 가해학생이라고 주장하는 학생이 학폭법 제2호 제3호에 규정된 '가해학생'에 해당하는지 여부를 판단해야한다. 가해학생에 해당한다면 그 학생에 대하여 학폭법 제17조 제1항 각 호의 조치 중 어느 조치를 할 것인지를 의결해야 한다. 회의를 개최하기 전에 가해학생이라고 주장된 학생에게 처분의 내용 및 법적 근거를 통지할 수는 없다고 하더라도, 행정절차법에 따른 처분의 사전통지나 청문, 학폭법 제17조 제5항에 따른 가해학생 및 보호자에 대한 의견진술의 기회부여는 모두 침익처분을 하기 전에 상대방에게 의견진술의 기회를 부여하는 것이다. 즉 학폭법 제17조 5항은 방어의 기회를 주고 처분과 관련한 문제 상황을 정확히 파악하여 적정한 처분을 하기 위한 취지의 규정이다. 처분상대방의 방어권보장을 고려할 때 학폭법 제17조 제5항에 규정된 '가해학생 및 보호자에게 의견진술의 기회를 부여하는 등 적정한 절차'에는 자치위원회 회의를 개최하기 전에 미리 가해학생 및 보호자에게 처분하려는 원인이 되는 사실(이는 자치위원회 회의 개최의 원인이 된 학교폭력의 일시, 장소, 행위내용 등 구체적 사실을 의미한다)을 통지하는 것이 포함된다고 해석함이 타당하다.

▶ 피고(학교장)가 주장하는 이 사건 처분사유는, 원고(철수)가 G와 함께 E에게 사과를 한 후 E와 사이가 멀어진 후, E를 조롱하거나 욕설 내지 모욕적인 말을 했으며, E의 아버지에 대한 욕설을 하며 괴롭혔다는 것이다. 원고와 G는 E의 자리에 있는 방석을 밟거나 책상서랍을 어지럽히고

E를 부르는 별명으로 수군거리는 등의 행동으로 지속적으로 E를 괴롭혔다는 것이다.

▶ 그런데 ① 이 사건 위원회는 원고에게 언제 회의가 개최된다는 사실을 통지하였을 뿐 원고가 G과 함께 E에게 한 학교폭력의 내용에 관하여는 아무런 통지는 하지 아니한 사실, ② 원고의 아버지 B가 D중학교를 찾아가 교사 I에게 이 사건 진술서를 보여줄 것을 요구하였으나 I는 이를 거절한 사실, ③ I는 개최된 이 사건 위원회 회의 중 원고의 부모에게 이 사건 진술서를 읽어준 사실이 인정된다.

▶ 따라서 이 사건 자치위원회는 회의를 개최하기 전에 미리 원고 및 그 부모에게 처분하려는 원인이 되는 사실을 통지하지 않았으므로, 학폭법 제17조 제 5항에 따른 적정한 절차를 거쳤다고 할 수 없다(이 사건 진술서의 작성자를 특정할 수 있는 사항을 공개하지 않는다고 하더라도 그 내용인 원고의 구체적인 학교폭력 사실을 통지하는 것은 얼마든지 가능하다).

▶ 그러므로 이 사건 처분은 위와 같은 절차적 하자로 인해 나머지 부분을 살필 필요 없이 위법한 것이다.

법원에서는 자치위원회 회의의 일시만 통보한 것은 잘못이라고 하는 것입니다. 미리 가해학생으로 신고된 학생과 그 보호자에게 학교폭력의 일시, 장소, 행위내용 등 구체적 사실을 통보해야 한다는 것이지요. 이는 학생과 보호자에게 방어의 기회를 주는 것은 물론, 자치위원회도 처분과 관련한 문제 상황을 정확히 파악해야 하기 때문입니다.

지금까지 복잡하게 전개될 수 있는 학교폭력의 법률문제에 대하여 알아보았습니다. 학교폭력과 관련하여서도 손해배상문제나 학교에서의 징계(가해학생에 대한 조치)를 다투는 행정쟁송의 문제, 그리고 고소나 소년재판 등의 절차가 진행될 수 있으므로 이에 대한 정확한 사항을 법률조항과 함께 알아두어야 하지요.

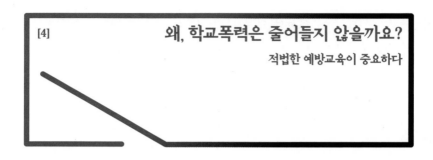

많은 분들이 왜 학교폭력은 줄어들지 않는지 질문을 합니다. 이와 같은 질문에 딱 맞아떨어지는 답변을 하기는 매우 어렵습니다. 우리나라 교육문제, 준법의식의 문제, 사회적인 인식과 관련된 사항, 학생들이 겪는 성장기의 여러 상황, 학교에서의 여러 스트레스 등 고려할 사항이 많기 때문입니다.

학생들 간에 일어나는 대부분의 일은 생각보다 복잡합니다. 누구나 손가락질 할만 한 극단적인 사례만 가지고 학교폭력 예방교육을 하는 것이 큰 도움이 되지 않습니다.

학생들은 학교 생활 속에서 다른 친구들과 예상보다 많은 갈등을 겪게 됩니다. 준법의식을 결여했거나, 폭력을 당하는 고통을 공감하는 능력이 떨어져, 학생들이 잘못된 선택에 이르는 경우가 많지요. 이러한 경우 처벌만으로는 선도가능성이 매우 적습니다. 시간과 공을 들여 기초공사를 하듯이 폭력에 대한 민감성을 키우고 정당한 행위와 적법성

대한 정확한 교육이 필요합니다.

학교폭력을 감소하게 하는 가장 중요한 키워드는 '예방교육'이라는 데에 전문가들도 동의할 것입니다. 물론 형식적인 교육은 큰 의미가 없지요. 교사와 학부모, 학생에 대한 전반적이고 효율적이며 그 취지에 맞는 예방교육이 진행되어야 합니다. 아래에서는 이러한 취지 하에 구체적인 예방교육의 내용과 방법에 대해 알아보도록 하겠습니다.

— 여전한 학생들의 항변, '이게 학교폭력이라고요?'

학교마다 학교폭력예방교육을 진행하고 어떠한 행위가 학교폭력인지 설명을 해주고 있지만 아이들은 여전히 '자신'의 행위는 학교폭력에 해당되지 않는다고 생각하는 경우가 많습니다. 아래는 학교폭력에 대한 학생들의 질문입니다.

A: 제 친구한테 직접 들었는데요. i가 정말 못된 짓을 걔한테 했다고 들었어요. 그래서 조심하라고 다른 애들한테 알려준 것뿐인데 왜 그게 학교폭력인가요?

B: 저번에 ii가 제 책을 빌려가서는 실수로 찢었대요. 하지만 저는 정말 화가 났거든요. 그래서 욕을 좀 해줬더니 적반하장으로 ii가 저희 엄마 욕을 하는 거예요. 참을 수 없이 화가 나서 진짜 어쩔 수 없이 때렸어요. 거기에 같이 있던 애들도 저한테 진짜 화날 것 같다고 할 정도였거든요. 그런데 왜 저만 학교폭력 신고를 당하나요?

C: 저희 학교에 저랑 저보다 한 학년 아래인 여자친구가 같이 다니고 있

어요. 그런데 아무런 상관도 없는 후배 iii가 제 여자친구한테 성적인 험담을 여기저기에 하고 다녔어요. 있지도 않은 일을 퍼뜨려서 여자 친구가 너무 힘들어 했습니다. 그래서 남자친구인 제가 형들과 함께 가서 몇 대 때리고 그러지 말라고 혼내준 건데, 이런 것은 정당방위 아닌가요?

위의 A, B, C 학생들은 모두 자신의 행위가 학교폭력 행위가 아니라고 생각하거나 상대방도 잘못한 것이므로 면책될 수 있다고 여기고 있습니다. TV 속에서 나오는 학교폭력 사례와는 달리, 아이들끼리의 복잡한 사정이 오랜 기간 지속되어 오거나 상호작용 속에서 결국 학교폭력 사건으로 되는 경우도 있습니다.

여기에서 주목할 점은, 학생들이 모두 '학교폭력'이나 '적법 또는 적정한 절차'에 대한 잘못된 인식을 가지고 있다는 것입니다. 우선, A의 경우 친구에게 '들은' 이야기를 그 친구의 말만 믿고 다른 친구들에게 소문을 내어 i에 대한 따돌림의 행위를 한 사례로 볼 수 있습니다. 사실이 아닌 일로 험담하는 것은 피해학생에게는 큰 고통이 될 수 있지요. 그것이 사실이라 할지라도, 고의로 다른 학생들의 사회적 지위를 떨어뜨리는 행위를 하는 것은 명예훼손에 해당합니다. 이는 학교폭력 행위에 해당하지요. 또한 A는 '다른 친구들이 i에게 피해를 당할까 봐 경고를 해준 것뿐'이라는 말을 하고 있습니다. 그러나 이는 학생들이 스스로 그러한 권한이 있다고 믿는 데서 생기는 잘못된 행동입니다. 만약 i가 먼저 잘못된 행동을 했고 이로 인해 자신의 친구가 괴로움을 겪고 있다면, 부모나 교사 등 어른들에게 이야기해 적정한 절차나 보호조치가 되도록 가르치는 것이 옳습니다.

다음으로 B의 경우입니다. ii가 실수로 책을 찢은 데에 대하여 먼저 욕설을 한 행위, ii의 욕설을 듣고 B가 폭행을 한 행위 모두 학교폭력에 해당합니다. 우발적이라고는 하지만 그 자체로 행위의 잘못이 면책되는 것은 아닙니다. 학생들은 간혹 '그 상황에는 너무 화가 났기 때문에' 어쩔 수 없다거나 '상대가 먼저 유발했다'고 이야기합니다. 이러한 상황은 폭력을 정당화할 수 있는 것이 아니라는 점을 명확히 교육할 필요가 있습니다. 나아가, 이 사건에서는 학교폭력 사안조사 단계에서 ii의 가해행위(욕설)도 자치위원회의 심의 대상이 될 수 있지요.

한편 C 의 사례는 요즘 여러 번 접하게 된 유사한 사례 두 가지를 접목한 것입니다. 1) 학생들 간에 성적인 험담을 하는 사례와 2) 선배나 형제 등 다른 친구들과 함께 상대학생의 어떤 잘못을 응징하기 위해 폭행하는 사례를 말합니다. 성적인 험담을 퍼뜨리는 것도 학교폭력 행위인 것이 사실이지만, 학생들이 이를 응징한다고 폭력을 행사하는 것도 당연히 학교폭력에 해당하지요. 특히 폭행으로 인한 상해가 발생할 경우, 고소장이 제출되는 사례가 많습니다. 거들기만 했던 다른 학생들도 '공동폭행'이나 '공동상해'의 범죄 혐의로 조사를 받고 소년재판 등의 절차에 회부될 수도 있어요. 학생들만의 임의적인 기준만 가지고 경고, 응징, 보복의 목적으로 학교폭력 행위를 하는 것은 결코 면책될 수 없습니다.

그런데 이러한 사례를 듣고 있다 보면 성인들 중에서도 위와 비슷한 생각을 갖는 사람들이 있다는 것을 알 수 있을 겁니다. 우리 사회의 전반적인 문제이기 때문에 아이들에게만 잘못했다고 비난하는 것은 권장할 만한 사항이 아닙니다. 이러한 취지에서 학교폭력 예방 및 대책에 관한 법률에서는 학생은 물론 부모와 교사에게도 예방교육을 실시하도록, 그 내용까지 세세하게 규정하고 있습니다.

✛ 학교폭력 예방 및 대책에 관한 법률

제15조(학교폭력 예방교육 등)

① 학교의 장은 학생의 육체적·정신적 보호와 학교폭력의 예방을 위한 학생들에 대한 교육(학교폭력의 개념·실태 및 대처방안 등을 포함하여야 한다)을 학기별로 1회 이상 실시해야 한다.

✛ 학교폭력 예방 및 대책에 관한 법률 시행령

제17조(학교폭력 예방교육)

학교의 장은 법 제15조제5항에 따라 학생과 교직원 및 학부모에 대한 학교폭력 예방교육을 다음 각 호의 기준에 따라 실시한다.

5. 교직원에 대한 학교폭력 예방교육은 학교폭력 관련 법령에 대한 내용, 학교폭력 발생 시 대응요령, 학생 대상 학교폭력예방 프로그램 운영 방법 등을 포함하여야 한다.

6. 학부모에 대한 학교폭력 예방교육은 학교폭력 징후 판별, 학교폭력 발생 시 대응요령, 가정에서의 인성교육에 관한 사항을 포함해야 한다.

― 사례 중심의 학교폭력 예방교육 필요성

앞서 살펴본 바와 같이 매우 다양한 상황에서 학교폭력이 일어나고 있기 때문에, 어떠한 것이 학교폭력에 해당하는 행위인지, 학교폭력 사건이 일어났을 경우 적정한 절차는 무엇인지에 관하여 많이 발생하는 사례를 중심으로 학교폭력 예방교육을 하는 것이 필요합니다. 아래에서는 활용할 만한 몇 가지 실제 사례를 소개하도록 하겠습니다.

(1) 험담, 따돌림 등이 문제가 되는 사례

학생들은 서로 대화를 하고, 놀이를 하고 공부를 하면서 많은 경험을 쌓습니다. 학년이 올라가면서 친구에 대한 평가를 하며 공감대를 바탕으로 작은 집단을 구성하기도 하지요. 이러한 과정에서 한두 명의 학생에 대하여 험담을 하기도 하는데 이것이 심해지면 따돌림이나 명예훼손 등의 문제로 확대되기도 합니다. 다음의 사례[1]는 이와 같은 과정을 여실히 보여주고 있습니다.

[사건의 경위]

▸ 사건의 발단: 학생 9명이 단체 채팅방에서 다른 친구(C)에 대해 "험담"을 했다.

▸ B는 C의 친구로, C에 대한 험담이 가득 담긴 A의 스마트폰 채팅창을 보게 됨. B는 C에게 사실을 말해주었다.

▸ 이로 인해 채팅방에서 험담을 하던 9명의 학생 중 D와 그 험담의 대상이 되었던 C가 서로 다투게 됨. 이후 화가 난 가해학생들은 채팅방에서 C에게 그 내용을 전달한 사람이 누구인지 물으며 그에 대해 욕설을 하였고, 이후 B가 자기라는 것을 밝히자 왜 그랬냐며 B를 추궁했다.

▸ 가해학생들은 이후 B에게 피해학생이 친구들이 같이 있으면 가해학생들이 그 친구들과 같이 있지 못하게 친구들을 데리고 갔다. 이로 인해 같은 반 학생들이 자신에게 인사도 하지 않고 눈도 마주치지 않으려고 했다. 그리고 수업시간에 "왜 사냐. 나가라, 그냥"이라고 욕설을 하면서 투명인간 취급을 했다.

---

1 2015구합50522 판결을 강의 취지에 맞게 재구성함.

▸ 학교폭력 신고로 학교폭력대책자치위원회 개최 후, 서면사과 처분이 통보되었다.
▸ 가해학생 측은 서면사과처분의 취소를 구하는 행정소송을 제기했다.

[가해학생 측의 주장]

▸ 학교폭력 행위를 한 것이 아님에도 이를 전제로 이 사건 처분을 했으므로 위법하다.
▸ 서면사과 처분은 양심의 자유 및 인격권을 침해한 것으로 위법하다.

[법원의 판단]

▸ 위와 같은 사실관계에 의하면 가해학생의 일련의 행위는 모욕·따돌림 등에 해당한다. 그로 인해 피해학생이 상당한 신체적·정신적 피해를 입었을 것으로 보이므로 이는 학교폭력예방법 제2조 제1호가 규정한 학교폭력에 해당한다. 따라서 원고의 주장은 이유가 없다.
▸ 학교폭력예방법은 피해학생에 대한 서면사과를 규정하고 있어 이 사건 처분은 법률에 근거한 처분인 점, 서면의 내용을 강제하고 있는 것이 아니고 상당한 자율성이 인정되는 것으로 보이는 점, 실제 가해학생이 피해학생에게 작성·교부 원고의 서면의 내용으로 보아 그 내용이 양심의 자유 및 인격권을 침해할 정도인 것으로는 보이지 아니하는 점 등을 종합하면, 이 사건 서면사과 처분으로 양심의 자유 및 인격권이 침해되었다는 이 부분 원고의 주장도 이유 없다.

(2) 보복과 관련된 학교폭력 사례[1]

종종 학생들은 다른 학생들의 잘못이 있거나 자신이 어떠한 피해를 입었을 때는 자신이 직접 상대 학생을 혼내 주거나 폭력을 행사해도 괜찮다고 생각합니다. 하지만 이러한 보복성의 행위는 더욱 엄중하게 판단되고 있으므로 유의해야 하지요.

[사건의 경위]

▶ 중학교 축구시합에서 S(피해학생)가 찬 공에 원고가 손을 다쳐 깁스한 적이 있었는데, 그때 이후로 원고는 S 때문에 손을 다쳤다는 이유로 학교 복도 등에서 S을 만나면 때리거나 욕설을 하면서 괴롭혔다.

▶ S(피해학생)은 친구들로부터 원고가 깁스를 풀면 자신을 때릴 것이라는 말을 전해 들었는데, 원고가 S(피해학생)에게 전화를 하여 나오라고 하자 겁을 먹고 자신의 담임교사에게 이를 알렸다. 이를 전해들은 원고의 담임교사인 O가 같은 날 원고를 만나 위와 같은 사정에 관한 상담을 진행했다.

▶ 피고(학교장)는 원고(가해학생)의 학교폭력행위에 관한 조사를 시행했는데, 축구시합 중 자신의 손을 다치게 한 S(피해학생)에게 전화로 욕을 하고, 불러내 3~4대를 때린 사실, 같은 반 친구인 J와 놀다가 팔을 꺾은 적이 있고, 돈을 주고 국어숙제를 시킨 적이 있는 사실 등의 여러 건의 학교폭력행위가 확인되었다.

▶ 이 사건 자치위원회는 원고의 위와 같은 학교폭력행위에 관하여 회의를 개최하여 원고에게 출석정지 10일 등을 명하는 결의를 하였고, 이에 피

---

1 2012구합2738 판결 내용을 강의 취지에 맞게 재구성.

고는 위 결의에 따라 원고에게 같은 내용으로의 학교폭력 가해학생 조치처분(이 사건 선행처분이라 함)을 했다.

▸ 그러나 이후에도 괴롭힘은 계속되었고, 공공화장실에서 S가 술을 샀다는 이유로 주먹으로 S를 때려서 S에게 전치 10일의 상해를 입혔다.

▸ S의 부모는 피고에게 S이 같은 날 원고로부터 폭행을 당했다는 내용의 진정서를 제출하였고, 이에 피고는 가해학생인 원고, 피해학생인 S 및 관련학생들에게 각 사실확인서를 받아 진상을 파악하여 이 사건 학교폭력행위를 확인했다.

▸ 이후 자치위원회는 회의를 개최하여 피해 학생인 S의 부모, 원고와 원고의 어머니 M 등을 출석시킨 가운데 이 사건 학교폭력행위의 사실 여부, 원고 등의 변소, 의견 등을 청취한 다음 원고에게 전학(제8호) 등을 명하는 결의를 했고, 이에 피고는 위 결의에 따라 원고에게 같은 내용의 조치처분을 했다.

[법원의 판단]

▸ 원고(가해학생)는 이 사건 학생폭력행위가 있을 당시 이미 선도위원회 결정에 따른 징계를 받고 있었고, 또한 이 사건 선행처분(출석정지 10일)을 받은 지 채 2개월도 되지 않은 시점에 당시 피해학생 중의 한 명인 S(피해학생)을 대상으로 또다시 이 사건 학교폭력행위를 하였던 점 등을 고려하면, 원고가 반복되는 자신의 그릇된 행동을 진심으로 반성하고 있다고 보기 어렵고, 원고에 의한 학교폭력행위가 재발할 위험성이 높다.

▸ 피해학생인 S(피해학생)와 그 부모는 원고의 장기간에 걸친 지속적이고 반복적인 폭행 때문에 큰 정신적 충격을 받았는데, S(피해학생)의 보호 및 정상적인 학교생활의 보장을 위해서라도 원고의 전학은 필요한 것으

로 보이고, S(피해학생)의 부모도 원고의 전학을 간절히 원하고 있다.

▸ 축구를 하다가 S(피해학생)가 찬 공에 원고가 손을 다쳐 깁스하게 되었고, 그 이후 원고의 폭행에 겁을 먹은 S(피해학생)가 담임교사에게 이를 알리기도 하였던 점 등을 고려할 때, 이 사건 학교폭력행위는 우발적인 폭행이라고 볼 수 없다. 오히려 미운 감정이 있던 S(피해학생)에 대한 보복 폭행의 성격이 강한 것으로 보이는 점 등을 종합하면, 원고가 주장하는 이 사건 학교폭력행위의 경위나 아직 ○○중학교 학생인 원고에게 개전의 여지가 있다는 점을 충분히 고려하더라도 피고의 이 사건 처분이 재량권을 현저히 일탈하였거나 남용한 것이라고 볼 수는 없다.

지금까지 알아본 바처럼, 학생들은 학교생활 속에서 다른 친구들과 예상보다 많은 갈등을 겪게 됩니다. 준법의식의 결여와 폭행 피해자에 대한 공감능력 둔감 등의 이유로 잘못된 선택에 이르는 경우가 많습니다. 교사와 학부모, 학생에 대한 전반적이고 효율적이며 그 취지에 맞는 예방교육이 진행되어야 하는 이유입니다. 따라서 관련된 규정과 함께 실제 사례를 참고하여, 학생들이 학교폭력의 의미와 피해에 대해 제대로 이해하는 게 중요합니다.

[5] 왜, 학교폭력 사안처리가 어려울까

철저한 사안조사와 학생 보호, 적정한 절차 진행의 과정

아이들을 보호하고 교육하면서 결코 맞닥뜨리고 싶지 않은 순간이 바로 '학교폭력 사건'입니다. 그만큼 대처를 하기 힘들고, 학교폭력을 저지른 학생들을 지도하기 쉽지 않습니다. 실제로 학교폭력 관련 사안조사나 자치위원회 관련 절차, 사건 이후의 조치들에 관하여 학교와 담당교사들이 자주 어려움을 호소합니다. 하지만 많은 학교에서 이미 학교폭력 신고를 받거나 학교폭력대책자치위원회 절차가 진행되고 있는 만큼 미리 정확하게 알고 대비하는 것이 좋습니다.

그렇다면, 법적으로는 학교의 학교폭력 처리에 관하여 어떠한 점을 요구되고 있을까요? 이에 대한 법원의 판단이 이미 나와 있습니다. [1]교사의 학생 보호 의무는 사회나 환경, 또는 물리적인 위험에서 신체적인 안전을 보호하는 것뿐만 아니라, 사실과 다른 부당하거나 불리한

---

1 2016가단302294 판결 참조.

처우나 조치를 받지 않도록 보호할 의무도 있다'고 보고 있지요.

또한, '학교에서 일어난 폭행 등에 대해 사실관계 조사나 사후 조치에 대해서, 학생이나 학부모는 교사를 전적으로 신뢰할 수밖에 없으며, 담당 교사의 경우 피해학생과 학부모에게도 사실을 밝혀야 할 책임을 부담한다'고 말했습니다. 결국, 이 판결에서는 담당교사의 '주의의무 위반'을 인정해, 교사에게 위자료를 피해학생에게 지급하라고 결론을 내렸습니다. 학교폭력의 처리에 관하여 우리 사회의 관심이 아주 높습니다. 이를 처리하는 담당교사들 또한 큰 부담을 지고 있지요.

이번에는 반대로 생각해볼게요. 학생과 그 부모님 입장에서는 학교폭력 사건 자체가 주는 중압감이나 고통을 제외하더라도, 진술서를 쓰고 자치위원회 절차에 참여하는 과정에서 겪는 어려움이 매우 큽니다. 학생과 보호자의 권리를 침해할 처분이 이루어질 가능성도 있는 만큼, 철저한 사안조사와 적정한 절차 진행이 중요합니다. 아래서는 사안조사 과정과 자치위원회의 절차에 관해 알아보도록 하겠습니다.

— 학교폭력 사안조사의 주의점

교사의 업무는 학생들을 교육하는 것입니다. 그래서 수사기관에 비하여 어떠한 사건을 조사하거나 수사하는데 높은 수준의 전문성을 기대하기는 어렵습니다. 하지만 학교폭력 사건의 발생 시, 교사들은 해당 학교폭력 사안에 대한 조사를 해야 하지요. 이러한 조사 결과가 학교폭력대책자치위원회에 보고되어 심의에 중요한 자료가 됩니다. 당사자인 학생과 보호자의 의견진술보다 위와 같은 사안조사가 가해학생의 처분 결과에 영향을 많이 미칩니다.

그런데 사안조사는 객관적이고 신빙성이 있는 진술이나 정확한 증거에 의하여 명확하게 진행되어야 함에도 불구하고, 시간적인 한계나 업무의 과중, 학교폭력 사안의 내재적인 특성[1] 등 여러 여건 때문에 본래의 취지대로 진행되지 못하는 경우도 있습니다.

보호자 입장에서는 매우 불안한 마음이 들어 적절하게 의견을 제시하는 것이 쉽지 않기도 합니다. 하지만 아이에게 정확한 사건의 경위를 듣고, 객관적인 진술이나 증거에 관하여 알게 된 것이 있다면, 교사에게 전달을 하는 것이 좋습니다. 구두로만 전달하는 건 한계가 있고, 또 오해가 생길 수도 있어요. 명료하게 서면으로 작성하여 전달하는 것도 하나의 방법입니다.

사안조사에서 핵심이 되는 내용 중의 하나는 '가해학생에 대한 조치(처분) 사유가 있는가' 하는 부분이 될 겁니다. 여기에서 유의할 점은, 처분사유가 존재하지 않은 위법이 있고 그 위법이 중대·명백한 경우에는 그 처분이 무효가 될 수 있다는 겁니다. 아래의 사례[2]를 통해 자세히 살펴보도록 하겠습니다.

[사건의 요약]

▸ 고등학생이 중학교 1학년 여학생을 강제추행하였다는 소문이 났다.

▸ 교사가 이에 대하여 묻자, 가해학생은 강제추행이 내용을 시인하는 확인서를 작성하기도 했다.

---

1 보호자나 교사가 직접 학교폭력 장면을 목격하지 못하는 경우가 많다. 또한 증거가 거의 없고 엇갈리는 진술에 의존해야 할 때도 많다.
2 2015구합52104판결. 개인정보보호 및 강의 취지에 따라 일부 재구성

▸ 피해학생 측은 이러한 사실을 알고 고소장을 제출하였으나, 불기소처분이 됐다.

▸ 학교에서는 자치위원회를 열어 가해학생의 의견을 듣고 퇴학처분을 했다(가해학생은 자치위원회 단계에서는 진술을 번복하여 강제추행을 한 사실이 없다고 진술함).

▸ 가해학생 측에 제기한 행정소송에서 위 퇴학처분은 위법이 중대 명백하여 무효라고 판단했다(강제추행을 인정할 증거가 없다는 이유).

[사건의 경위]

▸ D고등학교의 한 학생은 교사W에게 '교내에 원고(가해학생)가 중학교 1학년 여학생(E)을 강제추행했다는 소문(이하 '이 사건 소문'이라고 한다)이 퍼져있고, 학생들이 원고를 찾아가 위 소문에 대하여 확인하였는데 원고가 사실이라고 시인하였다.'는 내용으로 신고했다.

▸ 교사W는 원고와 원고의 어머니를 만나 위 소문에 대해 확인을 했는데, 원고는 그 당시 교사W로부터 진술서를 작성하라는 요구를 받고 강제추행의 내용을 시인하는 사실확인서(이하 '이 사건 확인서'라고 한다)를 작성했다.

▸ 피해학생 E는 위와 같이 D고등학교에서 강제추행에 관하여 원고를 조사하게 되자, ○○경찰서에 원고를 형사고소했다.

▸ D고등학교 학교폭력대책자치위원회(이하 '자치위원회'라고 한다)는 "원고가 2014. 10.경 당시 중학교 1학년에 재학 중이던 E에게 의사에 반한 성추행을 한 사실(이하 '강제추행'이라고 한다)과 관련하여 회의를 개최하여 학교폭력예방 및 대책에 관한 법률(이하 '학교폭력예방법'이라고 한다) 제17조 제1항 제9호에 따라 원고에 대한 퇴학처분을 의결했다.

▶ 당시 원고는 강제추행을 부인하면서, 이 사건 확인서에 관하여는 "저는 그때 소문대로 쓴 것뿐이고 아이들이 그런 일이 있었냐고 물어봤을 때 아니라고 했는데도 안믿어 주었고 선생님한테도 소문이 들어가서 저는 학교를 안 나온 상태인데 선생님도 안 믿어주고 학교 가기도 싫고 해서 그냥 그런 식으로 쓰면 퇴학시켜줄 거라 해서 소문대로 그냥 썼습니다" 라고 진술했다.

▶ 피고(학교장)는 자치위원회 의결에 따라 원고에게 퇴학처분을 했다(이하 '이 사건 처분'이라고 한다).

▶ 한편, ○○경찰청은 조사 결과 원고에 대한 아동·청소년의 성보호에 관한 법률 위반죄에 관하여 혐의 없음(증거불충분)의 불기소처분을 했다(이하 '관련 형사사건'이라고 한다).

[법원의 판단]

▶ D고등학교 학생들이 원고로부터 이 사건 소문이 사실이라는 취지의 말을 듣고 교사W에게 이에 관하여 신고를 했다. 원고는 강제추행 사실을 인정하는 취지의 사건 확인서를 작성했으며, E는 이 사건 강제추행 등에 관하여 원고를 형사고소한 사실은 앞서 본 바와 같다.

▶ 그런데 원고는 이 사건 확인서 작성 이후, 이 사건 소송에 이르기까지 계속 이 사건 확인서의 내용을 추궁하는 교사W로부터 진술서를 작성하라는 말을 듣고 퇴학을 당하면 사건이 끝날 것 같아서 단지 소문대로 기재한 것이며, 그 사실을 인정한 것은 아니라는 취지로 진술을 했다. 즉 강제추행을 한 사실을 부인하고 있다. 이 사건 확인서 작성 당시의 상황에 비추어 보면 원고가 상당한 심리적 압박을 받아 자포자기의 심정으로 그와 같은 내용으로 기재하였을 것으로 보인다. 때문에 이 사

건 확인서의 내용을 그대로 믿기는 어려우며(원고의 주장과 같이 소문대로 기재하였을 가능성도 없지 않다), D고등학교 학생들이 교사W에게 신고한 내용은 단순히 이 사건 비위행위에 관한 소문이거나 원고로부터 들은 내용에 불과하다.

▸ E가 강제추행이 있었다는 취지의 진술을 했고, 원고에 대해 형사고소도 했지만, 관련 형사사건 절차에서 강제추행의 일시를 번복하는 등 그 진술의 신빙성이 높지 않았다. 나아가 그에 따라 진행된 관련 형사사건에서 원고는 앞서 인정한 바와 같은 이유로 무혐의 처분을 받았다.

▸ 강제추행을 했다는 곳은 골목길과 인접한 빌라 주차장으로, 인적이 드문 외진 장소나 인접한 골목길과는 어떤 차폐물도 없는 장소로, 원고가 E를 공개된 장소에서 강제추행 했다고 보기는 어렵다.

▸ 원고와 E의 관계, 강제추행이 있었다고 주장하는 시점 전·후의 E의 행동, 형사고소의 경위 및 시점 등에 비추어 보면, 설령 원고와 E 사이에 어떠한 행위가 있었다고 하더라도 E가 이를 원하지 않았고, 이로 인하여 상당한 정신적 고통을 겪은 것으로 단정하기는 어렵다.

▸ 이 사건 변론과정에 나타난 제반사정을 모두 종합하면, 위 인정 사실만으로 강제추행이 있었다고 보기는 부족하고, 달리 이를 인정할 만한 증거가 없다. 따라서 이 사건 처분에는 처분사유가 존재하지 아니한 위법이 있고 그 위법이 중대·명백하므로 이 사건 처분은 무효라고 봄이 타당하다.

─ 학교폭력대책자치위원회의 구성과 관련 절차

학교폭력대책자치위원회의 위원을 누구로 할지, 어떤 방식으로 위원회를 구성해야 하며 학생들에 대한 조치를 결정할 때의 유의점 등은 무엇인지, 전반적인 사항을 샅샅이 알아두기는 어렵습니다. 그러나 이와 같은 부분들은 모두 학교폭력예방법과 그 시행령에 규정되어 있지요. 구체적인 상황에서 정확하게 처리해야 할 부분입니다. 특히, 위원회의 구성이 잘못되었거나 보호자와 학생에게 의견진술기회의 부여가 취지대로 주어지지 않은 경우, 학생에게 처분을 할 사유(학교폭력 행위)가 있더라도 법원 판결로 취소될 수 있습니다.

✛ 학교폭력예방 및 대책에 관한 법률

제13조(자치위원회의 구성·운영)

① 자치위원회는 위원장 1인을 포함하여 5인 이상 10인 이하의 위원으로 구성하되, 대통령령으로 정하는 바에 따라 전체위원의 과반수를 학부모전체회의에서 직접 선출된 학부모대표로 위촉하여야 한다. 다만, 학부모전체회의에서 학부모대표를 선출하기 곤란한 사유가 있는 경우에는 학급별 대표로 구성된 학부모대표회의에서 선출된 학부모대표로 위촉할 수 있다.

② 자치위원회는 분기별 1회 이상 회의를 개최하고, 자치위원회의 위원장은 다음 각 호의 어느 하나에 해당하는 경우에 회의를 소집하여야 한다.

1. 자치위원회 재적위원 4분의 1 이상이 요청하는 경우

2. 학교의 장이 요청하는 경우

3. 피해학생 또는 그 보호자가 요청하는 경우

4. 학교폭력이 발생한 사실을 신고받거나 보고받은 경우

5. 가해학생이 협박 또는 보복한 사실을 신고받거나 보고받은 경우

6. 그 밖에 위원장이 필요하다고 인정하는 경우

③ 자치위원회는 회의의 일시, 장소, 출석위원, 토의내용 및 의결사항 등이 기록된 회의록을 작성·보존하여야 한다. (제4항 생략)

시행령 제14조(자치위원회의 구성·운영)

① 법 제13조제1항에 따른 자치위원회의 위원은 다음 각 호의 어느 하나에 해당하는 사람 중에서 해당 학교의 장이 임명하거나 위촉한다.

　　1. 해당 학교의 교감

　　2. 해당 학교의 교사 중 학생생활지도 경력이 있는 교사

　　3. 법 제13조제1항에 따라 선출된 학부모대표

　　4. 판사·검사·변호사

　　5. 해당 학교를 관할하는 경찰서 소속 경찰공무원

　　6. 의사 자격이 있는 사람

　　7. 그 밖에 학교폭력 예방 및 청소년보호에 대한 지식과 경험이 풍부한 사람

② 자치위원회의 위원장은 위원 중에서 호선(互選)하며, 위원장이 부득이한 사유로 직무를 수행할 수 없을 때에는 위원장이 미리 지정하는 위원이 그 직무를 대행한다.(제3,4항생략)

⑤ 자치위원회의 회의는 재적위원 과반수의 출석으로 개의하고, 출석위원 과반수의 찬성으로 의결한다. (제 6,7항 생략)

⑧ 자치위원회의 위원장은 회의 일시를 정할 때에는 일과 후, 주말 등 위원들이 참석하기 편리한 시간으로 정해야 한다.

위 조항에서 유의할 점은, 피해학생 또는 그 보호자가 요청하는 경우, 가해학생이 협박 또는 보복한 사실을 신고 받거나 보고받은 경우 등에 있어서는 회의를 소집하여야 한다고 의무규정을 둔 부분입니다. 위와 같은 요건에 부합할 경우 임의대로 생략할 수 있는 절차가 아니지요.

또한 회의는 비공개로 진행하지만, 필수적으로 회의의 일시, 장소, 출석위원, 토의내용 및 의결사항 등이 기록된 회의록을 작성·보존해야하는 사항이므로 유의해야 합니다. 실제로 '자치위원회 위원이 심의 중

에 가해학생에게 폭언을 하였음에도 회의록에서 기재하지 않고 누락하여 직무를 유기하였다'는 취지로 학생의 부모가 교사를 고소한 사례[1]가 있습니다. 이 사례에서 교사는 혐의 없음(증거불충분) 처분을 받았지만, 경찰 및 검찰에서 조사를 받고 관련 자료를 제출해야 하는 등 여러 어려움을 겪었을 겁니다.

마지막으로 주의할 점은 학부모대표의 선출방법과 그 구성 인원수를 법령에 부합하게 자치위원회 위원으로 위촉해야 한다는 점이지요. 이를 제대로 하지 않을 시 아래[2]와 같이 판결로 처분(가해학생에 대한 조치)이 취소된 바가 있습니다.

[사건의 요약]

▶ 이성교제를 하고 있는 학생들 간의 신체접촉(키스 등)에 관하여, 교사가 이를 부모에게 알려 남학생이 여학생에 대한 학교폭력을 한 것으로 신고가 되었다.

▶ 자치위원회에서는 남학생이 학교폭력 가해를 하였다고 판단하여 접촉금지 등의 처분을 결정하여 학교장이 통보했다.

▶ 남학생 측에서 행정소송을 제기하여 위 처분은 취소가 됐다(자치위원회의 위원 구성 잘못 등을 이유로 취소됨).

[사건의 경위]

▶ 원고는 ○○학교에 재학하던 남학생으로, 같은 반 여학생인 S와 이성교제를 시작했다. 이후 ○○학교 교사는 원고 및 S와의 상담을 통해 원고

---

1 2014구합4313판결의 사실관계 일부 발췌
2 2014구합7133 판결. 강의 취지 및 개인정보보원칙을 고려하여 일부 수정, 재구성

와 S가 포옹과 키스를 했고, 그 외에도 원고와 S 사이에 초등학생으로서 부적절한 신체접촉이 있었다는 사실을 알게 되었다.

▸ ○○학교 측은 이를 원고 및 S의 부모에게 알렸고, 이를 알게 된 S의 부는 학교폭력대책자치위원회(이하 이 사건 자치위원회라고 한다)에 원고를 신고했다.

▸ 이 사건 자치위원회는 회의를 개최하고, 원고와 S 사이에 있었던 신체접촉을 이유로 원고에게 학교폭력예방 및 대책에 관한 법률 제17조 제1항에 규정된 1호(피해학생에 대한 서면사과), 2호(피해학생 및 신고·고발학생에 대한 접촉, 협박 및 보복행위 금지), 5호(학내외 전문가에 의한 특별 교육이수 또는 심리치료 10일)처분을 할 것을 ○○학교 교장인 피고에게 요청하기로 의결했다. 피고(학교장)는 원고 부모에게 이러한 결과를 통지했다.

[법원의 판단]

▸ 앞서 본 바와 같이 자치위원회는 위원장 1인을 포함하여 5인 이상 10인 이하의 위원으로 구성하되 전체위원의 과반수를 학부모전체회의에서 직접 선출된 학부모대표로 위촉해야 한다. 그런데 피고가 이 사건 자치위원회의 위원 명부라고 주장하며 제출한 학교폭력대책자치위원회 등록부에는 이 사건 자치위원회의 위원이 11명으로 기재되어 있어 법에서 정한 인원을 초과했다. 위 학교폭력대책자치위원회 등록부에 학부모대표로 기재되어 있는 M 등이 학부모전체회의에서 직접 선출된 바 없다는 원고의 주장에 대하여 피고는 아무런 주장·입증을 하지 못하고 있는바, 이 사건 자치위원회는 전체위원의 과반수를 학부모전체회의에서 직접 선출된 학부모대표로 위촉하지 않은 것으로 판단된다. 따라서 이 사건 자치위원회는 법 제13조 제1항에 위반하여 구성되었으므로, 위법

하게 구성된 이 사건 자치위원회의 의결은 위법하다.(다른 판단 내용 생략)

▶ 따라서 위법한 이 사건 자치위원회의 의결을 기초로 한 이 사건 각 처분은 그 처분절차가 위법하므로, 모두 취소되어야 한다(절차적 하자만으로도 이 사건 각 처분을 모두 취소하므로, 실체적 하자에 대하여는 따로 판단하지 않는다).

학교폭력 예방법은 명예훼손이나 폭행, 모욕, 따돌림 등을 모두 학교폭력 행위로 규정하고 있습니다. 아이들이 큰 문제없다고 여기는 욕설이나 비방, 밀치는 등의 유형력 행사 등이 모두 학교폭력 신고 대상입니다. 실제로 피해학생의 입장에서 보면 매우 괴로운 일이지요. 기본적으로 그 취지를 존중할 수밖에 없습니다. 다른 한편으로는, 이로 인하여 학교폭력에 대해 보다 원칙적이고 세심한 접근이 중요하게 되었습니다. 즉, 아이들을 교육하면서 학교폭력 사건은 언제라도 접할 수 있는 문제가 되었다는 점을 인정할 필요가 있습니다. 눈앞에 문제가 생기기 전에 학교폭력 사안조사의 주의점, 학교폭력대책자치위원회의 구성과 관련 절차 등의 사항을 정확하게 알아두는 것이 필요하지요.

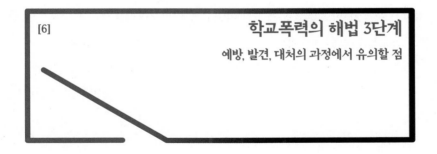

학교에서 아이들을 가르칠 때, 35명의 아이들이 '하나'의 공간에서 '하루 종일' 함께한다는 사실을 관찰한 적이 있습니다. 당시 이러한 생활이 너무 답답하다고 호소하는 학생이 있었기 때문이지요. 학생시절부터 교사로 생활하기까지, 학교라는 울타리에서 생활하는 것에 큰 불편함을 느끼지 못했던 저로서는 다시 고민해볼 만한 문제였습니다.

10대의 학생들이 좁은 공간에서 많은 시간을 함께 보내는 것 자체가 어떤 아이들에게는 큰 스트레스가 될 수 있는 것입니다. 특히 사춘기가 되면서 학생들은 또래집단의 평가에 민감해지고, 친구끼리의 소속감에 특별한 가치를 부여하기 때문에 문제가 생길 경우 더욱 고통스러워했지요. 어른들은 사소하다고 생각하는 문제들도, 아이들에게는 그렇지 않다는 것을 체감했습니다. 여기에 등급으로 매겨지는 성적이나 진학의 문제까지 생각하면 아이들이 즐겁게 학교생활을 하려는 노력이 대견스럽기까지 합니다. 지금까지도 이러한 집단생활이나 경쟁주의적인 풍토가 학교폭력 문제에 기여하고 있다고 생각합니다.

학교폭력에 있어서 가장 중요시되는 것은 당연히 '어떻게 예방하냐'일 겁니다. 모든 학교폭력 사건을 미리 막을 수 있다면 그후의 절차는 문제시 될 일이 없습니다. 나아가 '학교폭력 예방'은 무엇보다 학생들의 피해를 막고 원만한 학교생활과 바른 시민으로의 성장의 전제조건이 됩니다.

하지만 안타깝게도 학교폭력 문제를 완벽히 예방할 대책은 현재까지 제시된 바가 없습니다. 범죄나 분쟁이 적지 않고 경쟁이 치열한 우리나라의 현재를 생각해봅시다. 아이들 또한 그 울타리에 살고 있습니다. 학교 내외에서의 폭력 문제도 안일하게 대처할 가능성이 높습니다.

때문에 학교폭력의 예방과 발견, 그리고 그 이후의 대처에 이르기까지 현명하게 처리하는 것이 교사와 학부모, 학생들에게 모두 절실하게 필요한 과정이 되고 있습니다.

— 학교폭력의 예방과 발견

누구든지 학교폭력 신고를 할 수 있습니다. 이러한 신고나 보고가 있는 경우 사안조사를 상세히 진행하여 학교폭력대책자치위원회 등의 절차를 진행하도록 규정되어 있는 것은 여러 번 강조했습니다.

그러나 학생들 간에 분쟁이 일어나고 그 분쟁이 확대되어 학교폭력 행위에 이르게 되는 일련의 과정은 매우 촉박하게 전개되거나, 반대로 지속적이고 은밀하게 진행되기도 합니다. 교사들은 학생들을 지도하면서 상호 작용이나 관계의 변화, 태도 등을 세세하게 관찰할 필요가 있지요. 또한 취지에 맞는 교육으로 학교폭력을 예방하고 학생들이 사건 발생 시 교사에게 도움을 요청하도록 권하는 것이 필요합니다.

가정에서도 마찬가지로, 학교폭력 피해가 발생한 경우 부모를 믿고 상의하도록 평소에 대화를 세심하게 하는 것이 중요합니다. 아이들은 부모를 믿고, 문제를 해결해 나갈 수 있다는 확신이 필요합니다. 반대로, 아이들이 학교폭력 행위를 하거나 가담하지 않도록 교육을 시켜야 합니다. 다른 사람을 괴롭히는 것, 무시하는 것에 대해 민감하게 대처하고, 사소한 폭력이나 가해행위라도 허용하지 않는 것이 중요합니다. 학교에서 교사가 가르칠 수 있는 것은 한계가 있기 때문에 일반적인 생활과 인성에 관한 부분은 부모의 역할이 중요할 수밖에 없습니다.

한편, 부모의 입장에서 보면 학교에 보낸 아이가 다쳐서 돌아오거나 반대로 가해학생으로 신고를 당한 경우, '멀쩡한 아이가 학교에 가서 이런 문제에 연루되었다'고 여기기 쉽지요. 실제로 학교나 교사의 책임을 묻고자 하는 의도로 여러 법적 절차를 진행하기도 합니다. 감정적인 대처나 폭력적인 대응 방식이 종종 화제가 되는 요즘의 상황을 고려해봅시다. 그렇다면 법적으로 보장된 권리를 '적정하게' 행사하는 것은, 오히려 합리적인 해결 방법이 될 수 있다는 것을 쉽게 이해할 수 있을 겁니다.

앞서 소개한 판례[1] 중에서도, 학교폭력을 담당하는 교사가 학생들에게 폭행행위를 축소시켜 진술하라고 강제한 사건이 있었습니다. 이에 관해 법원은 교사에게 위자료를 지급하라는 판결을 내렸지요.

---

1 2016가단302294 판결. '담당 교사로서 학교폭력 피해사실을 정확하게 파악하여야 할 주의의무가 있음에도 불구하고 오히려 가해학생들에게 피해학생에 대한 폭행이나 성추행 등이 없거나 아주 약한 정도에 불과하였던 것으로 보일 수 있도록 사실과 달리 진술하라고 하였음이 인정된다.'

또한, 가해학생이 학교 일과 중 휴식 시간에 다른 반 학생의 얼굴을 때려 골절상 등을 입힌 사건이 있었습니다. 피해학생의 보호자는 가해학생의 보호자에게 손해배상청구를 하면서 교사들의 책임이 있다는 전제 하에 함께 손해배상청구를 했습니다.

이 사례에서 법원은 가해학생들에 대한 감독의무를 지는 교장과 담임교사에 대해 개학 직후부터 상해 발생 전까지 학생들을 상대로 여러 차례 학교폭력에 대한 예방지도 등을 실시한 점을 주목했습니다. 교장과 담임교사가 상해 발생을 예측하였다거나 예측할 수 있었다고 보기는 어렵다는 전제하에 손해배상책임을 지지 않는다고 판단했지요. 즉, 학교폭력을 예방하고 이를 감독하기 위하여 학교폭력에 대한 예방지도와 상담을 충실히 한 점이 인정되어 손해배상책임이 없다는 판단을 내린 겁니다.

[법원의 판단][1]

▶ 학교의 교장이나 교사는 학생을 보호·감독할 의무를 진다. 그러나 이러한 보호·감독의무는 교육법에 따라 학생들을 친권자 등 법정감독의무자에 대신하여 감독을 하여야 하는 의무이다. 학교 내에서의 학생의 전 생활관계에 미치는 것은 아니고, 학교에서의 교육활동 및 이와 밀접 불가분의 관계에 있는 생활관계에 한하며, 그 의무범위 내의 생활관계라고 하더라도 교육활동의 때, 장소, 가해자의 분별 능력, 가해자의 행실, 가해자와 피해자의 관계, 기타 여러 사정을 고려하여 사고가 학교생활에서 통상 발생할 수 있다고 하는 것이 예측되거나 또는 예측가능성(사

---

1 2013가단9021 판결로, 개인정보보호원칙 및 강의취지를 고려하여 일부 수정또는 재구성함.

고발생의 구체적 위험성)이 있는 경우에 한하여 교장이나 교사는 보호·감독의무 위반에 대한 책임을 진다.

▸ 개학 직후부터 이 사건 상해가 발생하기 이전까지, ○○중학교의 교장은 교직원들과 학생들 및 학부모들을 상대로 여러 차례 학교폭력에 대한 예방지도 등을 실시하였고, 피고1(가해학생)의 담임교사도 학생들을 상대로 여러 차례 학교폭력에 대한 예방지도 등을 실시했다.

▸ ○○중학교의 상담교사M이 사건 상해 발생일 이전에 2회 작성한 원고1(피해학생)에 대한 상담카드에는 피고 1(가해학생)에 대해서는 언급이 전혀 없다.

▸ ○○중학교의 상담교사N이 사건 상해 발생일 이후 작성한 원고 1에 대한 상담카드에서부터 피고 1에 대한 언급이 시작된다.

▸ 사건 상해 발생일 이전에 피고 1이 원고 1을 괴롭혀 왔다는 것에 대한 뚜렷한 증거가 없다.

▸ 피고 1이 이 사건 상해 발생일 이전에 다른 학생들을 폭행한 사건이 있었으나, 사건 경위 등을 보면, 이를 두고 피고 1이 평소 폭력적인 성향을 가졌다고 단정할 수 없다.

▸ 피고 1이 소위 일진이라든가 평소 다른 학생들을 괴롭혀왔다는 것에 대한 뚜렷한 증거가 없다.

▸ 사건 상해는 다음 수업을 준비하기 위한 잠깐의 휴식시간에 교실과 분리된 공간에서 갑자기 일어났다.

▸ 그리고 원고 1과 피고 1의 반이 달랐던 점 등 위 사항을 고려하면, 피고 1(가해학생)의 담임교사와 교장 소외가 이 사건 상해 발생을 예측하였다거나 예측할 수 있었다고 보기는 힘들다. 이를 전제로 한 원고들(피해학생 및 보호자)의 주장은 이유 없다.

— 학교폭력 사건의 대처

아이가 학교폭력 사건에 연루되면, 보호자 입장에서는 아이가 더 큰 피해를 당하지 않도록 보호하는 데 주력합니다. 이러한 과정에서 의도적이지는 않지만, 그 방향이 잘못 설정되기도 하지요. 즉, 문제를 축소하려 하거나, 단순히 회피하는 것, 또는 본질을 왜곡하는 것은 문제해결에 도움이 되지 않습니다. 아이들의 학교폭력 문제는 부모가 이를 직면하여 해결해야 할 과제입니다. 또한, 매순간 교육적인 관점과 적법한 절차를 고려하는 것이 중요합니다. 그러나 학교폭력에 대처할 때, 부모나 보호자는 막중한 책임감은 느끼지만, 무엇부터 해야 할지 몰라 큰 어려움을 겪게 되지요.

우선 아이의 말을 경청하여 사건의 경위를 파악해야 합니다. 동시에 아이의 신체적, 심리적 상태를 살펴 치료 등의 조치를 취해야 하지요. 또한 학교에서의 절차를 정확히 이해하고, 적정한 절차로 부모로서 의견을 제시해야 합니다. 만약, 부모가 판단하고 대처하기 어려운 사항이 있다면, 심리상담과 법률상담 등 전문가의 도움을 받는 것도 도움이 될 것입니다.

그렇다면 학교에서는 어떻게 대처해야 할까요? 학교폭력 사건이 발생하면 교사는 즉시 보고를 하고 학교 내의 학교폭력 전담기구 선생님과도 향후 조치를 논의하여야 합니다. 학교마다 사건의 처리 과정이 다를 수 있지만, 각 법령을 살펴서 정확하고 공정하게 처리해야 하는 것은 똑같습니다.

특히 피해를 당했다고 주장하는 학생의 진술이 전부 믿기 힘들다고 해도, 이를 무시하거나 축소하려고 하는 인상을 보이는 것은 이후에 크게 문제가 될 수 있습니다. 원칙적으로 학교폭력 행위에 해당하는지 여부는 사안조사가 끝난 뒤 학교폭력대책자치위원회 회의에서 심의로 결정합니다.

반대로 가해학생으로 신고된 학생이라 할지라도 무조건 잘못했다는 관점을 가지고 대하기보다는 공정하고 교육적인 태도를 견지하는 것이 중요합니다. 학교폭력 행위를 실제로 했는지도 중요하지만, 학생이 가지고 있는 기본적인 관점과 태도를 점검하고 교육해야 하기 때문이지요.

보호자를 대할 때에도 공정하게 처리될 것이라는 점을 정확히 안내해야 합니다. 보호자나 학생이 의견진술을 할 기회를 부여받는 등 적정한 절차로 진행된다는 점을 설명해야 하지요. 보호자가 교사의 권한 밖의 법률상담을 요청하거나 어떠한 판단을 구하는 부분에 대해서는 그 걱정과 불안을 충분히 헤아려본 본 후 해당 질문(요청)에 대한 답변을 해 줄 수 없는 이유를 친절하게 설명하는 것이 낫습니다.

한편, 학교폭력대책자치위원회 조치사항에 관하여 생활기록부 기재를 하기도 합니다. 가해학생에 대한 조치 중에 가벼운 것은 졸업 시까지 생활기록부에 기재되며, 무거운 처분의 경우 졸업 후 2년이 경과된 뒤에 삭제됩니다.

✛ 초·중등교육법 시행규칙

제21조(학교생활기록의 작성기준)

① 법 제25조제1항에 따라 법 제2조에 따른 학교(이하 "학교"라 한다)의 장은 다음 각 호의 작성기준에 따라 학교생활기록을 작성하여야 한다.

2. 학적사항: 학생의 입학 전 학교의 이름 및 졸업 연월일, 재학 중 학적 변

동이 있는 경우 그 날짜 및 내용 등. 이 경우 학적 변동이 「학교폭력 예방 및 대책에 관한 법률」 제17조[1]의 조치사항에 따른 것인 경우에는 그 내용을 기록하여야 한다.

3. 출결상황: 학생의 학년별 출결상황 등. 이 경우 출결상황이 「학교폭력 예방 및 대책에 관한 법률」 제17조의 조치사항에 따른 것인 경우에는 그 내용을 기록하여야 한다.

6. 행동특성 및 종합의견: 학교교육 이수 중 학생의 행동특성과 학생의 학교교육 이수 상황을 종합적으로 이해할 수 있는 의견 등. 이 경우 해당 학생에 대하여 「학교폭력 예방 및 대책에 관한 법률」 제17조에 따른 조치사항이 있는 경우에는 그 내용을 기록하여야 한다. (제1,4,5호 생략)

제24조(학교생활기록의 보존 등)

② 학교의 장은 학교생활기록의 행동특성으로 기록된 「학교폭력예방 및 대책에 관한 법률」 제17조제1항 제1호·제2호·제3호 및 제7호의 조치사항을 해당 학생의 졸업과 동시에 삭제하여야 한다. (제1항생략)

③ 학교의 장은 학교생활기록의 기록 사항 중 다음 각 호의 사항을 학생이 졸업한 날부터 2년이 지난 후에 지체 없이 삭제하여야 한다. 다만, 교육부장관이 정하는 바에 따라 해당 학생이 졸업하기 직전에 「학교폭력 예방 및 대책에 관한 법률」 제12조제1항에 따른 학교폭력대책자치위원회의 심의를 거쳐 해당 학생의 졸업과 동시에 삭제할 수 있다.

1. 학적사항으로 기록된 「학교폭력예방 및 대책에 관한 법률」 제17조 제1항 제8호의 조치사항

2. 출결상황으로 기록된 「학교폭력예방 및 대책에 관한 법률」 제17조 제1항 제4호·제5호 및 제6호의 조치사항

---

1 제17조(가해학생에 대한 조치) ① 자치위원회는 피해학생의 보호와 가해학생의 선도·교육을 위하여 가해학생에 대하여 다음 각 호의 어느 하나에 해당하는 조치(수 개의 조치를 병과하는 경우를 포함한다)를 할 것을 학교의 장에게 요청하여야 하며, 각 조치별 적용 기준은 대통령령으로 정한다. 다만, 퇴학처분은 의무교육과정에 있는 가해학생에 대하여는 적용하지 아니한다. 1. 피해학생에 대한 서면사과2. 피해학생 및 신고·고발 학생에 대한 접촉, 협박 및 보복행위의 금지3. 학교에서의 봉사4. 사회봉사5. 학내외 전문가에 의한 특별 교육이수 또는 심리치료6. 출석정지7. 학급교체8. 전학9. 퇴학처분

이렇게 생활기록부 기재 외에도 조치 결정 시 가해학생 측에는 여러 불이익이 있습니다. 학교폭력대책자치위원회의 가해학생 조치 결정 및 그에 대한 학교장의 통보에 대하여 법원에 그 취소를 구하는 사례도 많습니다.

이러한 사례 중에서는 학교폭력 행위에 해당하지 않기 때문에 취소가 되기도 하지만, 학교폭력대책자치위원회 심의 후 그 조치사항에 대한 통지 절차상의 위법으로도 취소사유가 되기도 합니다.

다음의 사례 또한 학교폭력대책자치위원회 의결로 결정된 가해학생에 대한 처분통보서에 '가해학생이 어떠한 사실로 학교폭력예방법을 위반하였는지'에 대한 기재가 없어, 위법하다고 판단되어 처분이 취소 대상이라는 판단이 내려졌습니다.[2]

[사건의 요약]

▶ 6명의 같은 반 중학생이 연루된 학교폭력 사건 (따돌림)피해학생은 전학생으로, 다른 학생들에게 괴롭힘을 당하고 있다는 내용으로 학교폭력 신고를 했다. 자치위원회에서는 매우 많은 신고 내용에 관하여 어떠한 행위가 증거들에 의하여 학교폭력 행위인지를 개별적으로 판단하지 않고, 학생들에 대한 처분을 결정했다. 처분결과를 통지할 때에도, 어떠한 사실로 학교폭력예방법을 위반하였는지에 대한 적시가 전혀 되어 있지 않았다. 가해학생 측에서 제기한 행정소송에서 법원은 처분사유가 특정되지 않은 채 이루어진 처분은 실체적으로 위법하며, 절차적으로도 위법하다는 판결을 했다.(가해학생 처분 취소 판결)

---

2 개인정보보호원칙 및 강의취지를 고려하여 일부 수정 또는 재구성함.

[사건의 경위]

▶ 원고 A, D, I, J, K는 G중학교에 재학하였는데, H는 같은 반에 전학을 왔다.

▶ H의 부(父) L은 위 G중학교에 H가 원고 D를 비롯한 여러 명의 학생들로부터 집단적으로 괴롭힘을 당하고 있으니 학교에서 적절한 조치를 취하여 달라는 내용의 탄원서를 제출했다.

▶ 이에 G중학교는 원고 D, M, I, 원고 A, N, O, K, J로부터 사실확인서를 받은 다음, 위 학생들과 H 학생 측과의 화해를 주선하였으나, H 학생 측의 거부로 위 화해가 성립되지 않았다. 그 후 G중학교는 위 학생들로부터 사실확인서를 다시 받았다.

▶ 한편, 원고 D와 A도 H으로부터 폭행을 당하였다는 내용으로 자치위원회에 피해신고를 했다.

▶ 이에 자치위원회는 1차 회의를 개최하여 기피신청, 사안 내용의 공개여부, 병합심의 여부 등에 대하여 심의·의결했다.

▶ 자치위원회는 다시 2차 회의를 개최하여 피해신고 학생인 H와 학부모의 의견진술을 들은 다음, 가해학생으로 신고 된 K, J, I, O, 원고 D, 원고 A 및 그 학부모 순으로 의견진술을 들은 후, 자치위원회 위원들의 표결을 통해 가해학생으로 신고 된 학생들의 학교폭력예방법 제17조 제1항 소정의 가해학생에 대한 조치가 결정되었다.

▶ 그런데 자치위원회는 심의 및 표결과정에서 H의 피해신고 내용 중 인정되는 사실과 인정되지 않는 사실을 구체적으로 특정하지 않은 상태에서 가해학생 별로 그 조치 내용을 결정했다.

▶ 자치위원회의 표결결과 학교폭력예방법 제17조 제1항 소정의 가해학생에 대한 조치로, J와 K에게는 '학교에서의 봉사 5일(제3호), 특별교육 4시간 및 학부모 특별교육 4시간 병과', I과 원고 A에게는 '피해학생에 대한

서면사과(제1호)', 원고 D에게는 '피해학생 및 신고·고발 학생에 대한 접촉, 협박 및 보복행위의 금지(제2호), 특별교육 4시간 및 학부모 특별교육 4시간 병과', O에게는 '조치없음'이 내려졌다. 자치위원회의 의결에 따라 피고(학교장)는 원고들에게 이 사건 처분을 했다.

[법원의 판단]

▶ 행정처분의 취소를 구하는 항고소송에서는 당해 처분의 적법을 주장하는 처분청인 피고에게 그 적법 여부에 대한 입증책임이 있다. 학교폭력예방법 제17조 제1항에 따라 이루어진 이 사건 처분의 취소를 구하는 이 사건 소송에서 이 사건 처분의 처분청인 피고는 가해학생으로 신고된 원고들이 학교폭력예방법에서 정한 학교폭력을 행사했다는 사실을 입증해야 한다.

▶ 위 인정사실에 의하면, H 측이 학교폭력이라고 신고한 내용이 매우 많을 뿐만 아니라, 가해학생으로 신고 된 학생들의 수도 많으며, 원고들을 비롯한 가해학생으로 신고된 학생들 및 그 학부모들이 H 측의 신고내용에 대하여 구체적으로 다투고 있다. 그럼에도 불구하고, 자치위원회는 2차 회의의 심의 및 표결 과정에서 H의 피해신고 내용 중 원고들의 어떠한 행위가 증거들에 의하여 인정되고, 어떠한 행위가 인정되지 않는지 및 원고들의 인정된 행위가 학교폭력예방법에서 정하고 있는 학교폭력에 해당되는지 여부 등에 대하여 전혀 판단하지 않은 채 원고들에 대하여 이 사건 처분을 했다.

▶ 이에 의하면, 원고들이 학교폭력예방법에서 정한 학교폭력을 행사하였다는 사실이 피고에 의하여 입증되었다고 볼 수 없다. 또한 이 사건 처분은 처분의 적법성을 뒷받침하는 근거, 즉 처분사유가 특정되지도 아

니한 채 이루어졌으므로 실체적으로 위법하다.

▸ 행정절차법 제23조 제1항은 행정청이 처분을 하는 때에는 당사자에게 그 근거와 이유를 제시하도록 규정하고 있는 바, 이는 행정청의 자의적 결정을 배제하고 당사자로 하여금 행정구제절차에서 적절히 대처할 수 있도록 하는데 그 취지가 있는 것이다. 처분서에 기재된 내용과 관계법령 및 당해 처분에 이르기까지의 전체적인 과정 등을 종합적으로 고려하여, 처분 당시 당사자가 어떠한 근거와 이유로 처분이 이루어진 것인지를 충분히 알 수 있어서 그에 불복하여 행정구제절차로 나아가는 데에 별다른 지장이 없었던 것으로 인정되는 경우에는 처분서에 처분의 근거와 이유가 구체적으로 명시되어 있지 않았다 하더라도, 그 처분이 위법한 것으로 된다고 할 수는 없다.

▸ 이 사건의 경우 이 사건 처분서에는 학교폭력예방법에 따른 조치결과와 근거 법조문만이 기재되어 있을 뿐 원고들이 어떠한 사실로 학교폭력예방법을 위반하였는지에 대한 적시가 전혀 되어 있지 않아 원고들로서는 어떠한 위반사실에 대하여 이 사건 처분이 있었는지를 전혀 알 수 없다. 그렇다면 이 사건 처분은 처분서에 기재된 내용과 관계 법령 및 당해 처분에 이르기까지의 전체적인 과정 등을 종합적으로 고려하여 보아도, 처분 당시 당사자가 어떠한 근거와 이유로 처분이 이루어진 것인지를 충분히 알 수 없다. 이에 불복하여 행정구제절차로 나아가는 데에 큰 지장이 있었던 것으로 판단되므로, 이 사건 처분은 행정절차법 제23조 제1항을 위반했다.

▸ 결국 이 사건 처분은 위에서 본 바와 같이 절차적으로나 실체적으로 위법하므로 원고가 주장하는 다른 위법사유에 대하여 살펴볼 필요 없이 위법하다.

학교폭력을 예방하고 나아가 폭력 사태를 발견할 시 유의할 점을 실제 사례를 통해 확인하고, 그 취지를 이해하는 것이 중요합니다. 나아가 학교폭력에 관한 대처 방법을 이해하여 현명하게 처리하는 것이 교사와 학부모, 학생들 모두에게 모두 절실하게 필요한 과정입니다.

학생들이 폭력의 '가해자'가 되는 사례들

소년범죄의 모습은 어떨까

여성가족부는 매년 청소년의 교육과 복지 안전, 비행 등에 대한 통계[1]를 조사, 연구하여 발간하고 있습니다. 여기에서 보면 소년범죄인원의 구성이나 연령, 범죄 유형을 살펴볼 수 있지요.

우선 첫 번째로 소년범죄(만 19세 미만) 인원은 각 해마다 7만 명에서 10만 명에 이릅니다. 전체 범죄자 수에서 3.5-5.1%의 비율을 차지하지요. 즉, 해마다 많게는 10만 명에 이르는 학생들이 범죄혐의로 조사를 받고 여러 절차에 연루된다는 것입니다.

두 번째로, 소년범죄의 연령별 현황을 살펴보면 18세의 청소년들이 20.9-29.2%의 많은 비중을 차지하고 있지만 15세의 경우 18.1-21.5%의 비중을 차지하는 것으로 조사되었습니다. 이러한 측면을 고려할 때, 나이가 어린 학생들에 대한 초기 대처 및 선도가 중요하다는 것을 알 수 있지요.

---

1 여성가족부, 2016청소년백서, http://www.mogef.go.kr/mp/pcd/mp_pcd_s001do?mid=plc502&bbtSn=704728.

마지막으로, 소년범죄의 유형별 현황을 분석해보면 성폭력이 해마다 1,686~2,564 건이 일어나고 있고 살인, 강도, 방화 등도 786~1,268 건이 발생하고 있습니다. 또한, 폭행 및 상해 등은 16,186~29,947 건이 발생하고 있지요.

이는 고소 고발 또는 인지가 되어 수사가 된 사건을 대상으로 한 통계이므로 실제의 발생 건수보다 적을 수 있다는 점을 고려하면, 소년범죄의 발생 건수나 연령, 그 유형의 측면에서 모두 사회적 관심을 기울여야 한다는 결론에 다다릅니다. 아래에서는 청소년 범죄의 양상에 대하여 조금 더 자세히 살펴보지요.

— 청소년이 가해자인 성범죄 사례 (2011고합116 판결[2])

18세의 남학생인 피고인은 인터넷 포털 사이트에 개설된 카페에 가입하여 10대 여성 청소년들이 게시판에 자신들의 프로필과 사진을 올려놓고 문자메시지를 주고받을 친구를 구한다는 내용을 게재한 것을 보게 되었습니다. 피고인은 10대 여학생들이 당시 소위 '얼짱'에 관심이 많고 폭력에 취약한 점에 착안하여, 성범죄를 저질렀지요. 마치 피고인이 '얼짱'인 것처럼 가명으로 접근하여 여자 청소년들을 유인한 다음 그들의 사진 배포를 통해 수치심을 유발하거나 성폭력행사 등을 고지하는 방법을 이용한 것입니다. 이로 인해 여성 청소년들을 겁먹게 했고, 여학생들에게 영상통화를 걸어 알몸을 보여주거나 수치심을 유발

---

2 개인정보보호 및 저술의 취지를 고려하여 발췌, 수정함.

하는 행위를 시켰습니다.

만18세에 불과한 피고인이 또래의 여학생들을 협박하고, 성범죄를 저질렀습니다. 여러 피해자에게 행한 범죄행위가 모두 그 죄질이 매우 좋지 않습니다. 이 사건에서 피고인에게 적용된 죄명은 무엇인지, 그리고 사건발생과 판결의 양상이 어떻게 되는지 함께 살펴보지요.

[사건의 경위]

▸ 아동·청소년의 성보호에 관한 법률 위반(강간 등)

피고인(당시 18세)은 카페의 게시판에 접속하여 피해자 S(여, 16세)가 게재한 사진과 휴대폰 번호를 확인한 후 인터넷상의 얼짱 사진 2장과 함께 피고인을 ○○라고 소개하는 내용의 문자메시지를 전송하여 피해자 S에게 접근했다. 그 후 피고인은 자신의 집 방 안에서 피해자 S에게 "친구들을 데려가서 성범죄를 저지르겠다"는 등의 문자메시지를 약 44회에 걸쳐 보내 겁을 먹게 하여 반항을 억압한 다음 피해자 S로 하여금 휴대폰의 카메라를 통하여 촬영되는 영상이 전송되는 영상통화를 피고인에게 걸게 한 후 가슴을 보여주고 수치심을 유발하는 행위를 하게 하는 등 청소년인 피해자 S를 강제로 추행했다. 이후에도 약 20회에 걸쳐 영상통화를 통해 청소년인 피해자 S을 강제로 추행했다.

그리고 피고인은 주거지에서 피해자 K(여, 13세)에게 "너를 찾을 수 있겠다" 등의 문자메시지를 보내고, 계속 협박을 하는 문자를 순차적으로 보내 겁을 먹게 하여 피해자 K의 반항을 억압한 다음 피해자 K로 하여금 휴대폰의 카메라를 통하여 촬영되는 영상이 전송되는 영상통화를 피고인에게 걸게 한 후 수치심을 유발하는 행위를 하게 하는 등 청소년인 피해자 K를 강제로 추행했다.

▸ 아동·청소년의 성보호에 관한 법률 위반(음란물제작·배포등)

피고인은 자신의 주거지에서 청소년인 H(여, 13세)에게 겁을 주어 휴대폰의 카메라를 통하여 촬영되는 영상이 전송되는 영상통화를 피고인에게 걸게 한 후 피해자의 남동생까지 수치스러운 행위를 하는 장면을 촬영하게 했다. 그리고 피고인의 휴대폰으로 전송되어온 영상통화 영상을 저장하는 방법으로 청소년이 등장해 신체의 일부를 접촉·노출하여 일반인의 성적 수치심이나 혐오감을 일으키는 행위를 하는 내용을 표현한 영상인 청소년 이용 음란물을 제작했다.

[법원의 판단]

▸ 피고인을 징역 장기 2년, 단기 1년 6월에 처한다(소년법 적용됨).

▸ 피고인에게 성폭력 치료 프로그램 80시간의 이수를 명한다.

▸ 압수된 휴대폰 1개를 몰수한다.

▸ 피고인에 대한 정보를 3년간 공개하고, 고지한다[1].

▸ 피고인은 문자친구를 구하기 위해 카페 게시판에 휴대폰 번호를 올려둔 피해자들에게 소위 '얼짱'인 것처럼 접근하여 피해자의 이름, 나이, 학교 등 신상정보를 알아낸 다음, 피해자들에게 아는 친구들을 동원하여 성범죄를 저지를 수 있다는 취지의 문자메시지를 수차례 보내는 방법으로 피해자들을 협박했다. 피해자들은 겁을 먹고 문자메시지 교환을 그

---

1 아동·청소년의 성보호에 관한 법률 제38조 제1항 단서 , 제38조의2 제1항 단서 는 '아동·청소년대상 성범죄 사건에 대하여 벌금형을 선고하거나 피고인이 아동·청소년인 경우, 그 밖에 신상정보를 공개하여서는 아니 될 특별한 사정이 있다고 판단되는 경우'를 공개명령 또는 고지명령 선고에 관한 예외사유로 규정하고 있는데, 공개명령 및 고지명령의 성격과 본질, 관련 법률의 내용과 취지 등에 비추어 공개명령 등의 예외사유로 규정되어 있는 위 '피고인이 아동·청소년인 경우'에 해당하는지는 사실심 판결의 선고시를 기준으로 판단하여야 한다. (2012도2763 판결) 피고인은 1심판결 선고 당시에는 아동·청소년의 성보호에 관한 법률 제2조 제1호 소정의 아동·청소년으로서 공개명령 및 고지명령의 대상에 해당되지 않았으나 2심에 이르러 만 19세에 도달하는 20○○년의 1월 1일을 경과하여 같은 호 단서에 따라 아동·청소년에서 제외됨으로써 신상정보의 공개명령 및 고지명령의 대상이 되었다. (2011노3355 판결)

만두려고 하자, 피고인은 피해자들을 찾는 것이 쉽다는 취지의 문자를 보내 피해자들의 외포 상태가 지속되도록 했다. 피해자들은 폭력 등에 취약한 10대 여자 청소년이며, 피해자들은 피고인의 협박을 이기지 못하고 피고인의 요구에 따라 행위를 했다. 이 모든 것을 종합해보면, 피고인이 피해자들에게 한 협박이 항거를 현저히 곤란하게 할 정도에 이르렀다고 봄이 상당하다.

▸ 강제추행죄에 있어서의 '추행'이란 '객관적으로 상대방과 같은 처지에 있는 일반적·평균적 사람으로 하여금 성적 수치심이나 혐오감을 일으키게 하고 선량한 성적 도덕관념에 반하는 행위로서 피해자의 성적 자유를 침해하는 것'이다. 이에 해당하는지 여부는 피해자의 의사, 성별, 연령, 행위자와 피해자의 관계, 그 행위에 이르게 된 경위, 구체적 행위 태양, 주위의 객관적 상황과 그 시대의 성적 도덕관념 등을 종합적으로 고려하여 신중히 결정하여야 한다(대법원 2009. 9. 24. 선고 2009도2576 판결). 법원이 적법하게 채택하여 조사한 증거에 의하여 인정되는 다음과 같은 사정, 즉 ① 피해자들은 피고인의 협박을 이기지 못하고 피고인의 요구에 따라 피고인에게 영상통화를 건 다음 피고인이 자신들의 행동을 모두 보고 있다는 것을 인식하고 있는 상황에서 의사에 반하여 수치심을 유발하는 행위를 하였던 점, ② 피해자들은 성적 감수성이 예민한 16세, 13세의 여자 청소년으로서, 폭력이나 성폭력에 취약한 대상인 점, ③ 피해자들이 의사에 반하여 한 행위 자체가 피해자들의 성적 수치심이나 혐오감을 중대하기 일으키는 행위인 점 등을 종합하면, 피고인이 피해자들을 협박해 피해자들로 하여금 피고인에게 영상통화를 걸게 한 후 스스로 수치심을 유발하는 행위를 하게 한 행위가 전체적으로 피고인에 의한 추행행위에 해당한다.

▶ 아동·청소년의 성보호에 관한 법률 제2조 제5호는 '아동·청소년 이용 음란물'은 아동·청소년이 등장하여 제4호의 어느 하나에 해당하는 행위를 하거나 그 밖의 성적 행위를 하는 내용을 표현하는 것으로서, 필름·비디오물·게임물 또는 컴퓨터나 그 밖의 통신매체를 통한 화상·영상 등의 형태로 된 것을 말한다"고 규정하여 '컴퓨터나 그 밖의 통신매체'를 통한 화상·영상도 청소년 이용 음란물임을 분명히 하고 있다. 또한 '제작'의 사전적 의미는 '재료를 가지고 기능과 내용을 가진 새로운 물건이나 예술 작품을 만드는 것'이기는 하지만, 그 방법에 어떠한 제한을 두는 것은 아니다. 피고인이 H를 협박하여 피고인에게 영상통화를 걸게 한 후 피해자의 수치스러운 행위를 하는 장면을 촬영하게 한 다음 피고인의 휴대폰으로 전송되어온 영상통화 영상을 별도로 저장하는 방법으로 추후 재생·배포 및 소지가 가능한 동영상을 생성한 이상, 이는 '청소년 이용 음란물 제작'에 해당한다.

▶ 이 사건 각 범행은 피고인이 여성 청소년인 피해자들을 협박하여 피고인에게 영상통화를 걸도록 한 후 의사에 반하여 성적인 행동을 하게 하거나 성적 수치심을 일으키는 행위를 하도록 하는 등 그 죄질이 무겁다. 피해자들은 성장기에 있는 여성 청소년으로서 이 사건 각 범행으로 인하여 큰 정신적 충격을 받았을 것으로 보인다. 피고인의 이 사건 각 범행이 피해자들의 심리적 성장 및 성적 정체성의 형성에 부정적 영향을 미쳤을 것이다. 그럼에도 피해자들과 합의가 이루어지지 않아 피해자들에 대한 피해회복이 전혀 이루어지지 않은 점 등 불리한 정상이 오히려 크다.

— 학교폭력 가해학생의 경우

학교폭력에 대한 경각심은 높아지는 중입니다. 그래서 처리 절차 또한 적극적으로 진행하려는 노력이 있습니다. 실제로, 학교폭력대책자치위원회의 심의 건수는 2014년에는 19,521건이었던 것이, 2015년에는 19,968건, 2016년에는 23,673건으로 증가했지요[1]. 아래에서는 심각한 학교폭력 행위로 인하여 퇴학 처분을 받은 사례를 살펴보도록 하겠습니다(2015구합1917판결).[2]

[사건의 경위]

▶ 원고(가해학생)는 B고등학교에 입학하여 현재 ○○고등학교 3학년 학생이다.

▶ 원고는 종전에도 하급생들을 괴롭혔다는 등의 이유로 교내봉사 10시간의 징계를 받은 바 있고, 당시 피해학생이 다른 학교로 전학을 가기도 했다.

▶ 이후에도 장기간 동안 다음과 같이 후배들에게 가해행위를 했다. 지나가다가 후배들을 수시로 주먹이나 손바닥으로 때리거나 발로 걸어찼다. 그리고 칫솔로 얼굴을 여러 번 때린 후 꼬집고 잡아당겼다. 뺨을 때려 청각 신경손상(6주 약물치료를 요하는 상해)을 가했다. 급소를 때리기도 했고, 물구나무서기를 시킨 후 사진을 찍었다. 상습적인 폭행을 하고 외모를 비하하는 말을 했으며, 매일 마사지를 시켰다. 상처치료를 부탁하고는 아프다고 주먹으로 머리를 계속 때리기도 했다. 따가운 연고 등을 특정 신체 부위에 바르는 등의 성추행을 했다.

---

1 KBS뉴스, http://news.kbs.co.kr/news/view.do?ncd=3512978
2 개인정보보호 및 강의 취지를 고려하여 발췌, 수정함.

▶ 피고(학교장)는 '원고가 여러 차례에 걸쳐 같은 위와 같이 학교 후배인 학생인 피해자들 여러 명에게 폭력을 행사하고, 피해자들을 성추행을 했다'(이하 '이 사건 가해행위'라 한다)는 이유로 학교폭력대책자치위원회 회의를 거쳐, 같은 날 원고에게 퇴학처분을 통보(이하 '이 사건 처분'이라 한다)했다.

[가해학생 측의판단]

▶ 피고(학교장)는 원고(가해학생)의 이 사건 가해행위에 대하여 형사절차의 진행 상황을 기다려 형사처분 결과를 토대로 징계를 하였어야 함에도, 이러한 절차를 거치지 않고 곧바로 이 사건 처분을 하였으므로, 이 사건 처분에는 중대한 절차상 하자가 있다.

▶ 원고가 이 사건 가해행위를 깊이 반성하고 있는 점, 일부 피해학생과 합의한 점, 원고는 우수한 인재로 학교 발전에 기여해왔고 장래가 촉망되는 학생인 점 등에 비추어보면, 이 사건 퇴학처분은 원고에게 지나치게 가혹하여 재량권을 현저히 일탈, 남용한 것으로 위법하다.

[법원의 판단]

▶ 가해학생 측 청구 기각.

▶ 증거와 변론의 전 취지를 살펴보면 원고(가해학생)가 이 사건 가해행위를 저지른 사실을 충분히 인정할 수 있다. 어떠한 행위가 형사처벌조항의 구성요건을 충족하는지 여부 및 그에 대한 처벌 수위를 결정하기 위한 형사절차와 학교장이 가해행위를 저지른 학생을 징계하기 위하여 행하는 학교징계절차는 목적, 방법, 절차 등이 다른 별개의 절차이다. 이 사건 가해 행위가 인정되는 이상 피고가 형사처분 결과를 기다리지 않

고 곧바로 이 사건 처분을 하였다고 하더라도 어떠한 절차상 잘못이 있다고 할 수 없다. 원고의 이 부분 주장은 이유 없다.

▶ 피징계자(학생)에게 징계사유가 있어 징계처분을 하는 경우, 어떠한 처분을 할 것인지는 징계권자(학교장)의 재량에 맡겨진 것이고, 다만 징계권자가 그 재량권의 행사로서 한 징계 처분이 사회통념상 현저하게 타당성을 잃어 징계권자에게 맡겨진 재량권을 남용한 것이라고 인정되는 경우에 한하여 그 처분을 위법한 것이라 할 것이다. 징계처분이 사회 통념상 현저하게 타당성을 잃어 재량권의 범위를 벗어난 위법한 처분이라고 할 수 있으려면 구체적인 사례에 따라 징계의 원인이 된 비위사실의 내용과 성질, 징계에 의하여 달성하려는 행정목적, 징계양정의 기준 등 여러 요소를 종합하여 판단할 때에 그 징계 내용이 객관적으로 명백히 부당하다고 인정할 수 있는 경우라야 한다(대법원 2002. 9. 24. 선고 2002두6620 판결 등 참조).

▶ 그런데 이 사건 가해행위는 ○○고등학교 상급생인 원고가 하급생들을 상대로 폭력을 행사하거나 성추행을 한 것으로, 그 행위양태가 피해자들로 하여금 심각한 성적 수치심이 들게 하는 것이어서 가해행위의 정도가 매우 중요하다. 그리고 원고는 군기를 잡는다거나 장난을 친다는 등의 명목으로 장기간 여러 차례에 걸쳐 다수의 피해자들에게 이 사건 가해행위를 저질렀다. 또한, 원고는 종전에도 하급생들을 괴롭혔다는 등의 이유로 교내봉사 10시간의 징계를 받은 바 있고, 당시 피해학생이 다른 학교로 전학을 가는 상황에 이르렀음에도, 원고는 반성하지 않고 이 사건 가해행위를 계속하여 저질렀다. 초중등교육법 제18조 제1항, 같은 법 시행령 제31조 제1항 제5호, 제5항 제1호 에 의하면, '품행이 불량하여 개전의 가망이 없다고 인정된 자'에 대하여는 퇴학처분을 할 수 있다.

이로써 원고가 주장하는 모든 사정들을 감안하더라도, 이 사건 처분이 사회통념상 현저하게 타당성을 잃어 징계권자에게 맡겨진 재량권을 남용한 것이라고 할 수 없다. 원고의 이 부분 주장도 이유 없다. 그렇다면 원고의 청구는 이유 없으므로 이를 기각하기로 하여 주문과 같이 판결한다.

해마다 7만 명에서 10만 명 학생들이 범죄 혐의에 연루되어 조사를 받고 관련 절차에 회부되고 있습니다. 청소년들이 폭력의 가해자가 된 사례와 그 양상을 파악해두는 것은 어떻게 지도를 하고 사전에 잘못을 하지 않도록 예방을 해야 할지에 관한 중요한 관점과 기준을 제공할 것입니다.

폭력으로 소년범이 되는 경우 어떻게 처리될까

소년범 처리절차에 관한 주요 내용

학생들이 폭행, 성폭력 또는 학교폭력 등의 가해자가 되어 경찰서에서 조사를 받고 검찰로 송치되거나 소년재판을 받게 되는 사례가 있습니다. 또한, 연령과 사건의 경위 등에 따라서는 형사절차로 진행되어 공판을 받을 수 있습니다.

한 사례[1]로, 피해학생이 지속적인 괴롭힘을 당하여 자퇴의사를 밝히면서 학교폭력 신고와 함께 형사고소를 한 사건이 있었습니다. 이 사건의 가해학생인 A학생과 피해학생인 E학생은 고등학교 같은 반에 재학 중이었습니다. 그러던 어느 날 E학생은 학교폭력으로 인하여 학교를 다닐 수 없다며 자퇴의사를 밝혔습니다.

A학생이 욕을 하고, 배를 때리고 목을 조르는 등의 행위로 큰 고통을 입었다는 것이었습니다. 학교에서는 사안조사 후 A학생이 E학생을

---

1 2013구합20685 판결 참조. 개인정보보호 및 본 책의 취지를 고려하여 재구성함.

지속적으로 괴롭혀왔다는 사안으로 회의를 개최하여 특별교육이수 조치를 의결했지요. 그러나 피해학생의 부모는 자치위원회 결정에 대하여 ○○도학교폭력대책지역위원회에 재심을 청구했고, 위 지역위원회는 출석정지 20일과 사회봉사 10일 처분을 추가하는 처분을 내렸습니다.

그리고 피해학생의 보호자는 A학생을 폭행, 모욕 혐의로 형사고소를 했지요. 경찰조사 과정에서 A학생은 어깨를 밀치거나 손으로 밀쳐낸 사실이 있고, 8개월 동안 외모를 비하하거나 욕설을 해왔다고 진술했습니다. 조사를 마치고 가해학생은 피해학생을 때리거나 모욕을 했다는 비행사실로 송치되어 소년재판을 받고, 소년보호처분을 받았습니다.

이렇게 아이들이 가해자가 되었을 때는 이들을 교정할 특별한 절차가 필요합니다. 앞서 말했지만, 준법의식이 결여되어 있거나 공감능력에 문제가 있는 경우 아이들이 자주 범행을 저지르지요. 아이들에게 적용되는 소년법의 주요내용을 살펴보는 것은 여러모로 도움이 될 것입니다.

— **소년법의 의의와 목적**

소년법은 반사회성이 있는 소년의 환경 조정과 품행 교정을 위한 보호처분 등의 필요한 조치를 하고, 형사처분에 관한 특별조치를 함으로써 소년이 건전하게 성장하도록 돕는 것을 목적으로 합니다(제1조). 즉, 소년(남녀불문)들을 처벌하고 격리하는 것이 목적이 아니라 '건전하게 성장하도록 돕는 것'이 목적임을 명시해두고 있습니다.

소년법은 1958년 7월 24일에 제정되었으며, 제정 당시에는 적용대상을 20세 미만으로 했습니다. 법관 또는 검사로부터 송치된 소년, 형벌법령에 저촉되는 행위를 한 12세 이상 14세 미만의 소년으로 경찰서장 등으로부터 송치된 아이들을 소년부의 보호사건으로 심리하도록 했지요. 이후 여러 차례 개정을 거쳤으나 1988년 12월 및 2007년 12월 21일 개정 절차를 주목해 볼 필요가 있습니다.

첫 번째로, 1988년 12월에 전부 개정된 소년법에서는 비행소년에 대한 효율적 교화를 위하여 보호처분을 다양화했습니다. 또한 보호관찰 제도를 활성화하며, 소년심판절차에 진술거부권의 고지 등 적법절차를 보장하도록 개정이 되었지요. 현행규정의 운영상 나타난 소년사건 처리절차상의 미비점을 정비·보완하려는 취지가 잘 나타나 있습니다.

두 번째로, 2007년 12월 21일 개정 절차에서는 청소년 인구의 감소에 따라 소년사건 수가 감소하고 있음에도 불구하고 소년범의 재범률은 높은 수준을 유지하고 있다는 점에 주목했습니다. 나아가 범죄가 흉포화되고 있다는 점에 주목하여 처벌 위주에서 교화·선도 중심으로 소년사법 체계를 개선했지요. 이때 이 법의 적용 연령을 20세 미만에서 19세 미만으로 낮추고, 촉법소년 및 우범소년의 연령을 12세 이상에서 10세 이상으로 낮추었습니다.

— 소년보호사건의 대상과 절차

아이들이 폭력 등의 사건으로 조사를 받게 되는 경우 각 사건이나 학생들의 연령에 따라 다양하게 진행이 될 수 있지만, 일반적으로 많이 목격되는 것은 소년보호사건으로 진행되는 절차입니다. 다음에서는 관련 조항을 통하여 전반적인 내용을 살펴보도록 하겠습니다.

✢ 소년법

제4조(보호의 대상과 송치 및 통고)

① 다음 각 호의 어느 하나에 해당하는 소년은 소년부의 보호사건으로 심리한다.

1. 죄를 범한 소년

2. 형벌 법령에 저촉되는 행위를 한 10세 이상 14세 미만인 소년

3. 다음 각 목에 해당하는 사유가 있고 그의 성격이나 환경에 비추어 앞으로 형벌 법령에 저촉되는 행위를 할 우려가 있는 10세 이상인 소년

   가. 집단적으로 몰려다니며 주위 사람들에게 불안감을 조성하는 성벽 (性癖)이 있는 것

   나. 정당한 이유 없이 가출하는 것

   다. 술을 마시고 소란을 피우거나 유해환경에 접하는 성벽이 있는 것

② 제1항 제2호 및 제3호에 해당하는 소년이 있을 때에는 경찰서장은 직접 관할 소년부에 송치(送致)해야 한다.

③ 제1항 각 호의 어느 하나에 해당하는 소년을 발견한 보호자 또는 학교·사회복리시설·보호관찰소(보호관찰지소를 포함한다. 이하 같다)의 장은 이를 관할 소년부에 통고할 수 있다.

소년법에서는 죄를 범한 소년뿐 아니라 '형벌 법령에 저촉되는 행위를 할 우려가 있는 10세 이상인 소년' 또한 소년보호사건으로 심리(소년재판)하도록 규정하고 있습니다. 이러한 절차는 경찰서장이 직접 소년부로 송치하는 경우도 있지만 학교장 또한 일정 요건 하에 소년부에 통고할 수 있습니다.

제9조(조사 방침)

조사는 의학·심리학·교육학·사회학이나 그 밖의 전문적인 지식을 활용하여 소년과 보호자 또는 참고인의 품행, 경력, 가정 상황, 그 밖의 환경 등을 밝히도록 노력해야 한다.

제11조(조사명령)

① 소년부 판사는 조사관에게 사건 본인, 보호자 또는 참고인의 심문이나 그 밖에 필요한 사항을 조사하도록 명할 수 있다.

② 소년부는 제4조제3항에 따라 통고된 소년을 심리할 필요가 있다고 인정하면 그 사건을 조사해야 한다.

제13조(소환 및 동행영장)

① 소년부 판사는 사건의 조사 또는 심리에 필요하다고 인정하면 기일을 지정하여 사건 본인이나 보호자 또는 참고인을 소환할 수 있다.

② 사건 본인이나 보호자가 정당한 이유 없이 소환에 응하지 아니하면 소년부 판사는 동행영장을 발부할 수 있다.

소년에 대한 조사를 할 때에는 소년과 보호자의 품행, 경력, 가정 상황, 그 밖의 환경 등을 밝히도록 해야 하지요. 소년부 판사는 이를 보호처분 결정 시에 참고하게 됩니다. 소년 보호사건의 심리와 처분 결정은 소년부 단독판사가 합니다(제3조 제3항).

제17조(보조인 선임)

① 사건 본인이나 보호자는 소년부 판사의 허가를 받아 보조인을 선임할 수 있다.

② 보호자나 변호사를 보조인으로 선임하는 경우에는 제1항의 허가를 받지 않아도 된다.(제3~5항 생략)

⑥「형사소송법」중 변호인의 권리의무에 관한 규정은 소년 보호사건의 성질에 위배되지 않는 한 보조인에 대해 준용한다.

소년보호사건에서는 변호사 등을 보조인으로 선임할 수 있습니다. 일반적으로 소년 보호사건의 성질에 위배되지 않는 한, 형사소송법 상 변호인의 역할에 준하여 조력을 받을 수 있지요.

제18조(임시조치)

① 소년부 판사는 사건을 조사 또는 심리하는 데에 필요하다고 인정하면 소년의 감호에 관하여 결정으로써 다음 각 호의 어느 하나에 해당하는 조치를 할 수 있다.

　1. 보호자, 소년을 보호할 수 있는 적당한 자 또는 시설에 위탁

　2. 병원이나 그 밖의 요양소에 위탁

　3. 소년분류심사원에 위탁

③ 제1항제1호 및 제2호의 위탁기간은 3개월을, 제1항제3호의 위탁기간은 1개월을 초과하지 못한다. 다만, 특별히 계속 조치할 필요가 있을 때에는 한 번에 한하여 결정으로써 연장할 수 있다(제2,4,5항 생략).

⑥ 제1항의 조치는 언제든지 결정으로써 취소하거나 변경할 수 있다.

소년부 판사는 해당 소년을 조사하거나 심리하기 위해 필요하다는 판단을 하게 되면 소년보호처분을 결정하기 이전에도 2-3주 간 소년분류심사원에 위탁하는 조치를 할 수 있습니다. 최종적인 소년보호처분의 결과가 소년원에 송치되는 것이 아니라도 그 이전에 임시위탁되어 학교에 나오지 못할 수 있으므로 알아 둘 필요가 있지요.

제25조의2(피해자 등의 진술권)

소년부 판사는 피해자 또는 그 법정대리인·변호인·배우자·직계친족·형제자매 (이하 이 조에서 "대리인등"이라 한다)가 의견진술을 신청할 때에는 피해자나 그 대리인등에게 심리 기일에 의견을 진술할 기회를 주어야 한다. 다만, 다음 각 호의 어느 하나에 해당하는 경우에는 그러지 않는다.

1. 신청인이 이미 심리절차에서 충분히 진술하여 다시 진술할 필요가 없다고 인정되는 경우

2. 신청인의 진술로 심리절차가 현저하게 지연될 우려가 있는 경우

소년의 잘못된 행위로 인해 피해를 본 피해자들은 의견진술 기회를 부여받습니다. 실무상으로, 성폭력 피해자(그 대리인)의 경우 피해자 진술권에 의하여 재판정에서 의견을 진술하기도 하고 이와 같은 취지의 서면을 제출하기도 합니다.

제32조(보호처분의 결정)

① 소년부 판사는 심리 결과 보호처분을 할 필요가 있다고 인정하면 결정으로써 다음 각 호의 어느 하나에 해당하는 처분을 해야 한다.

   1. 보호자 또는 보호자를 대신하여 소년을 보호할 수 있는 자에게 감호 위탁

   2. 수강명령

   3. 사회봉사명령

   4. 보호관찰관의 단기(短期) 보호관찰

   5. 보호관찰관의 장기(長期) 보호관찰

   6. 「아동복지법」에 따른 아동복지시설이나 그 밖의 소년보호시설에 감호 위탁

   7. 병원, 요양소 또는 「보호소년 등의 처우에 관한 법률」에 따른 소년의료보호시설에 위탁

   8. 1개월 이내의 소년원 송치

   9. 단기 소년원 송치

10. 장기 소년원 송치

소년의 범죄혐의가 중하지 않고, 반복되는 비행행위가 아닐 때, 그리고 재비행의 위험성이 적고, 보호자의 보호능력이 양호한 경우, 1,2,4호 등의 처분을 하여 보호자의 감독 하에 수강명령과 보호관찰을 받는 사례가 많습니다. 그러나 여러 번 잘못을 하거나 보호관찰 등의 처분을 받고도 이를 이행하지 않은 경우, 중한 피해가 있는 경우 등에 있어서는 소년원 송치 등의 무거운 처분이 되기도 합니다.

제32조의2(보호관찰처분에 따른 부가처분 등)

① 제32조제1항제4호 또는 제5호의 처분을 할 때에 3개월 이내의 기간을 정하여 「보호소년 등의 처우에 관한 법률」에 따른 대안교육 또는 소년의 상담·선도·교화와 관련된 단체나 시설에서의 상담·교육을 받을 것을 동시에 명할 수 있다.

② 제32조제1항제4호 또는 제5호의 처분을 할 때에 1년 이내의 기간을 정하여 야간 등 특정 시간대의 외출을 제한하는 명령을 보호관찰대상자의 준수사항으로 부과할 수 있다.

③ 소년부 판사는 가정상황 등을 고려하여 필요하다고 판단되면 보호자에게 소년원·소년분류심사원 또는 보호관찰소 등에서 실시하는 소년의 보호를 위한 특별교육을 받을 것을 명할 수 있다.

소년들에게 보호관찰 처분이 되는 경우가 상당히 많은데, 이때는 야간외출제한 등의 준수사항을 부과할 수 있습니다. 보호자에게 특별교육을 받도록 할 수도 있지요. 단순한 권장 사항이 아니라 특별교육명령에 정당한 이유 없이 응하지 아니한 자에게는 300만 원 이하의 과태료를 부과합니다(제71조).

─ 형사사건으로 진행되는 경우

소년법에서는 형사처분에 관한 특별조치를 규정해두고 있으며 이로 인해 많은 사회적 논의가 있어 왔습니다. 현행 법률을 통하여 그 의미를 살펴보고 보다 소년법이 그 목적에 부합하게 작동할 수 있도록 하는 방향으로의 검토가 필요할 것입니다.

✢ 소년법

제49조의3(조건부 기소유예)

검사는 피의자에 대하여 다음 각 호에 해당하는 선도(善導) 등을 받게 하고, 피의사건에 대한 공소를 제기하지 아니할 수 있다. 이 경우 소년과 소년의 친권자·후견인 등 법정대리인의 동의를 받아야 한다.

1. 범죄예방자원봉사위원의 선도
2. 소년의 선도·교육과 관련된 단체·시설에서의 상담·교육·활동 등

검사는 소년과 그 보호자의 동의를 받아서 선도와 교육을 조건으로 한 기소유예처분을 할 수 있습니다.

제7조(형사처분 등을 위한 관할 검찰청으로의 송치)

① 소년부는 조사 또는 심리한 결과 금고 이상의 형에 해당하는 범죄 사실이 발견된 경우 그 동기와 죄질이 형사처분을 할 필요가 있다고 인정하면 결정으로써 사건을 관할 지방법원에 대응한 검찰청 검사에게 송치하여야 한다. (제2항 생략)

제49조(검사의 송치)

② 소년부는 제1항에 따라 송치된 사건을 조사 또는 심리한 결과 그 동기와 죄

질이 금고 이상의 형사처분을 할 필요가 있다고 인정할 때에는 결정으로써 해당 검찰청 검사에게 송치할 수 있다.

③ 제2항에 따라 송치한 사건은 다시 소년부에 송치할 수 없다. (제1항 생략)

제48조(준거법례)

소년에 대한 형사사건에 관하여는 이 법에 특별한 규정이 없으면 일반 형사사건의 예에 따른다.

금고 이상의 형에 해당하는 범죄 사실이 발견된 경우 그 동기와 죄질이 형사처분을 할 필요가 있다고 인정하는 경우 소년부 판사는 검사에게 송치하여야 하며, 소년에 대한 형사사건에 관하여는 이 법에 특별한 규정이 없으면 일반 형사사건과 마찬가지로 진행하게 됩니다.

제55조(구속영장의 제한)

① 소년에 대한 구속영장은 부득이한 경우가 아니면 발부하지 못한다.

② 소년을 구속하는 경우에는 특별한 사정이 없으면 다른 피의자나 피고인과 분리하여 수용해야 한다.

제59조(사형 및 무기형의 완화)

죄를 범할 당시 18세 미만인 소년에 대하여 사형 또는 무기형(無期刑)으로 처할 경우에는 15년의 유기징역으로 한다.

제60조(부정기형)

① 소년이 법정형으로 장기 2년 이상의 유기형(有期刑)에 해당하는 죄를 범한 경우에는 그 형의 범위에서 장기와 단기를 정하여 선고한다. 다만, 장기는 10년, 단기는 5년을 초과하지 못한다.

② 소년의 특성에 비추어 상당하다고 인정되는 때에는 그 형을 감경할 수 있다.

③ 형의 집행유예나 선고유예를 선고할 때에는 제1항을 적용하지 아니한다.

④ 소년에 대한 부정기형을 집행하는 기관의 장은 형의 단기가 지난 소년범의 행형(行刑) 성적이 양호하고 교정의 목적을 달성하였다고 인정되는 경우에는 관할 검찰청 검사의 지휘에 따라 그 형의 집행을 종료시킬 수 있다.

소년에 대한 구속영장을 발부하는 것에는 제한을 두고 있으며 죄를 범할 당시의 연령을 기준으로 하여 19세 미만이 아닌 18세 미만의 소년에 한하여 사형 및 무기형의 완화 규정을 두고 있습니다. 또한 소년의 특성에 비추어 상당하다고 인정되는 때에는 그 형을 감경할 수 있습니다.

제63조(징역·금고의 집행)

징역 또는 금고를 선고받은 소년에 대하여는 특별히 설치된 교도소 또는 일반 교도소 안에 특별히 분리된 장소에서 그 형을 집행한다. 다만, 소년이 형의 집행 중에 23세가 되면 일반 교도소에서 집행할 수 있다.

제65조(가석방)

징역 또는 금고를 선고받은 소년에 대하여는 다음 각 호의 기간이 지나면 가석 방(假釋放)을 허가할 수 있다.

1. 무기형의 경우에는 5년

2. 15년 유기형의 경우에는 3년

3. 부정기형의 경우에는 단기의 3분의 1

징역 또는 금고를 선고받은 소년의 경우 특별히 설치된 교도소 또는 일반 교도소 안에 특별히 분리된 장소에서 그 형을 집행하게 되며, 일정한 기간이 지나면 가석방을 허가할 수 있습니다.

소년법에는 학생들이 가해자가 되었을 때 처리되는 절차에 관한 내용이 담겨 있으므로 그 의의와 목적에 대한 이해를 바탕으로 중요한 조항을 이해하고 숙지하면 도움이 될 것입니다. 특히 소년보호사건 및 형사사건의 경우 어떻게 진행될지에 관하여 그 절차를 정확하게 파악하고 있는 것이 중요합니다.

가해학생에게 꼭 교육해야 할 사항들

복잡한 폭력의 사례와 재발방지를 위한 노력

학생들 간에 일어난 폭력 사건의 경우 당사자가 많고 그 해결이 복잡한 사례가 많습니다. 또한 복잡한 사건일수록 가해학생들을 제대로 교육하기 위한 시간을 충분히 갖지 못하는 듯합니다.

다음의 사례[1]를 보지요. A학생은 ○중학교로 전학을 왔습니다. 적응을 위해 노력했지만 다른 학생들의 괴롭힘 때문에 쉽지 않았습니다. 그러던 중, 작은 오해에서 시작된 다툼이 A에게 씻을 수 없는 상처를 남겼습니다. 약 두 달 동안 학생들 10여 명으로부터 수회에 걸쳐 폭행, 상해를 당했습니다. 하지 말라고 여러 번 요청했지만 오히려 가해학생들은 강제추행을 하거나, 다른 친구들과 싸우도록 강요를 하기까지 했지요. 결국 A학생은 안면부, 입술, 구강부 열상 및 근육 파열 등 3주의 치료를 요하는 상해를 입었고, 6주간 치료를 필요로 하는 급성 스트레스

---

1 2016가단302294 판결,개인정보보호 및 본 책의 취지를 고려하여 발췌, 수정함.

장애를 진단받고 학교를 휴학하게 되었습니다.

이 사건은 A학생의 부모님이 신고하여 학교에서는 학교폭력 대책자치위원회가 열려 가해학생들에 대하여 서면 사과, 특별교육이수, 봉사활동 등을 명하는 조치가 취해졌습니다. 또한, A학생 측은 가해학생들을 고소했는데, 조사 결과 폭력의 정도가 심각했던 10명은 ○○법원의 소년재판으로 심리 받았고, 소년보호처분을 받게 되었습니다. 이 과정에서 가해학생 측 부모님들은 A학생 부모님에게 손해배상금을 지급하기도 했습니다.

한편, 이 사건에서는 중학교의 교장, 교감, 생활지도부장, 담임교사도 모두 손해배상청구소송의 피고가 되었습니다. A학생 부모님이 정신적 고통에 따른 위자료 등을 학교 측에 청구한 것입니다. 법원은 학교 측이 진술을 축소·은폐하도록 강요한 부분을 인정하여, 학생과 보호자에 대한 위자료 지급의무가 있다고 판단했습니다.

위와 같은 사례에서 가해학생들은 자신의 잘못이 얼마나 큰 것인지 알지 못했거나, 알았더라도 스스로 교정을 하기가 어려웠을 것입니다. 때문에 사전예방은 물론, 사후의 교육도 매우 중요합니다. 제때에 올바른 관점을 교육하지 않는다면, 폭력의 가해자가 되는 학생들은 증가할 수밖에 없을 겁니다.

— 복잡한 폭력의 사례들

학생들이 폭력의 가해자가 되고 처벌을 받는 과정들은 일반의 예상과 달리 복잡하게 진행될 수 있습니다. 이와 관련된 사례를 통해 시사점을 찾아보고 재발방지를 위한 교육에 어떻게 적용할지 살펴보도록 하겠습니다.

(1) 분쟁이 격화되어 복잡한 학교폭력 사례[1]

이 사건은 같은 반에 재학 중인 학생들 간의 일로, 피해학생이 다른 학생들을 수차례 신고하고 고소를 진행했던 사례입니다. 학교폭력대책자치위원회에서 학급교체 등의 처분이 있었고 그 이후에도 성폭력 등 다양한 행위가 쟁점이 되었습니다.

결국 관련 학생들 중 여럿은 전학을 가게 되었고, 가해학생 한 명은 명예훼손으로 벌금 및 위자료 지급의무를 부담하게 되었습니다. 이는 학교폭력의 상황에서 점점 분쟁이 격화되는 측면을 확인할 수 있는 사례라 할 것입니다. 또한 학생들에게 적법하며 적정한 절차의 중요성을 어떻게 교육할지에 대한 시사점을 던져줍니다.

[사건의 경위]

▶ 원고 C, 피고 F는 ○○중학교 ○학년 ○반에 함께 재학 중이던 학생들이고, 원고 A, B는 원고 C의 부모, 피고 D, E는 피고 F의 부모이다. 원고 C는 이후 I중학교로 전학했다.

▶ 교장은 원고 C가 재학 중 원고 C와 관련된 폭력행위와 관련하여 아래와 같이 두 차례 학교폭력대책자치위원회를 개최했고, 그 결과는 아래와 같다.

▶ 1차 학교폭력대책자치위원회 사안 및 결과, 같은 반 학생 J가 원고 C을 학기 초부터 괴롭힌다는 사안에 대하여 논의했고, 그 결과 J에게 학급

---

1 2012가단233408 판결,상동

교체(○학년 ○반으로 전반됨) 및 교내외 상담치료를 처벌로 결정하였으나, 원고들의 계속되는 요구 및 다른 사안이 결부됨에 따라 J는 전학했다.

▸ 2차 학교폭력대책자치위원회 사안 및 결과, 피고 F가 수련회 과정 중 성폭행을 했다는 사안에 대하여 논의했으나, 관련 학생들의 진술과 당시 정황으로 보아 원고 C에게 직접적인 성희롱 및 성폭력을 행사한 것이 아니라 몇몇 학생이 야한 동영상을 시청하고 장난으로 모방 행위를 했다는 점이 인정되었다. 그 후 선도위원회에서는 피고 F에 대한 처벌은 교내 학생선도규정에 의거하여 교내봉사 일주일로 결정했다.

▸ 원고들은 피고 F를 원고 C에 대한 폭행 및 아동·청소년의 성보호에 관한 법률위반(강간등) 혐의로 고소했다. 검찰은 피고 F는 일반 학교 폭력 사건과 달리 학교생활을 하면서 학생들 간 일어날 수 있는 사소한 것에 대한 다툼이거나 감정적인 갈등이 있었던 것은 인정했다. 그러나 피고 F가 원고 C를 폭행한 혐의를 입증한 단서나 증거를 발견하지 못했다. 성추행에 관해서도 피고 F는 같은 반 학생들과 음란 동영상을 시청한 사실은 있으나, 원고 C가 보는 앞에서 다른 학생들과 성행위를 하는 행동과 원고 C의 바지와 팬티를 내린 사실이 없다며 관련 사실을 부인했다. 당시 관련 학생들이 작성하여 제출한 진술서, K가 직접 원고 C와 면담하면서 작성한 피해 진술서 등으로 보아 성추행 혐의를 입증할 단서나 증거를 발견하지 못했다. 피고 F는 형사 미성년자이므로, '불기소(죄가 안됨)' 처분을 내렸다.

▸ 그 밖에 원고들은 같은 반 학생들이었던 J, L, M, N, O, P, Q, R, S, T를 폭력행위 등 처벌에 관한 법률위반(공동폭행) 혐의로 고소했다. 그러나 피해를 당할 때마다 C는 수시로 학생부에 신고를 하여 학생부에서 관련 학생들을 조사한 후 적절한 조치를 했다. 신고를 하지 않은 피해사

항에 대해서는 원고 C의 주장과 가해학생들의 주장이 상반되고, 가해학생들의 진술보다 더 신빙성이 있다고 보이지도 않는 바, 위와 같은 이유로 위 학생들에 대해 혐의사실을 인정하기로 어렵고 각 형사 미성년자라는 사유로 불기소 처분을 내렸다.

▶ 한편, 피고 E는 인터넷 기사 아래에 '원고 C가 피해망상에 빠져 살았고, 담임교사를 함정에 빠뜨리고 억울하게 처벌대상 아닌 친구를 괴롭혀 전학시킨 사람'이라며 허위사실을 게시하여 비방하였고, 이에 피고 E는 정보통신망이용촉진 및 정보 보호 등에 관한 법률위반(명예훼손)죄로 벌금 300,000원의 약식명령을 받아 확정되었다.

즉, 위와 같이 11명의 가해학생을 고소하였으나 모두 폭행이나 성희롱 등의 학교폭력 행위에 대해서는 피해학생 진술의 신빙성 문제나 다른 증거가 없다는 이유로 처벌되지 않았고, E학생이 이후에 C학생을 비방한 부분만 벌금을 받게 된 사례입니다.

하지만 C학생과 그 보호자는 가해학생 측을 상대로 위자료의 지급을 청구하는 소송을 제기했습니다. 이에 대하여, 법원은 E 학생 외의 다른 학생들은 집단 괴롭힘 등의 학교폭력을 행사하였다는 증거가 없거나 피해학생 본인 또는 그 부모가 작성한 것으로서 신빙성이 없다고 판단하여 청구를 기각했지요.

[법원의 판단]

▶ 원고들은 피고 E의 이 사건 댓글로 인하여 명예가 훼손됨으로써 상당한 정신적 고통을 받았을 것임은 경험칙상 명백하므로, 피고 E은 원고들이 입은 손해를 금전적으로나마 위자할 의무가 있다. 나아가 위 위자

료 액수에 관하여 보건대, 피고 E가 이 사건 댓글을 게시하게 된 경위 및 그 결과, 그로 인하여 원고들이 입은 정신적 고통의 정도, 기타 이 사건 변론에 나타난 여러 사정을 참작하여 원고들에 대한 위자료를 각 500,000원으로 정함이 상당하다.

▸ 단, 집단 괴롭힘이란 학교 또는 학급 등 집단에서 복수의 학생들이 한 명 또는 소수의 학생들을 대상으로 의도와 적극성을 가지고, 지속적이면서도 반복적으로 관계에서 소외시키거나 괴롭히는 현상을 의미한다고 할 것이다(대법원 2007. 11. 15. 선고 2005다16034 판결 참조). 위 법리에 비추어 피고 F가 같은 반 친구들과 함께 원고 C를 지속적으로 폭행하거나 괴롭힌 사실이 있는지 살피건대, 이에 부합하는 증거가 있으나, 위 증거들은 원고 C와 B(C의 부모)가 작성한 문서로, 위 인정사실 및 다른 관련 증거들에 비추어 믿기 어렵다. 달리 이를 인정할 아무런 증거도 없다. 피고 F의 불법행위를 전제로 한 원고들의 주장은 더 나아가 살펴볼 필요 없이 이유 없다.

(2) 성범죄 사례[1]를 통해 알 수 있는 재발방지 교육의 중요성

이 사례는 이미 소년보호처분을 받은 바 있는 청소년이 단지 친구가 '험담을 하고 다닌다'는 이유로 자신의 남자친구에게 성범죄를 교사한 사건입니다. 이 남자친구 또한 청소년시절부터 소년재판을 받고 소년보호처분을 받는 등 전력이 있습니다. 이러한 점을 고려할 때, 폭력의 가해행위를 하는 청소년들에게 그 재발방지와 건전한 시민으로 성장할 수 있게끔 하는 선도와 교육과정의 검토가 필요합니다.

---

1 2014고합354 판결. 개인정보보호 및 강의취지를 고려하여 발췌, 수정함.

[사건의 경위]

▶ 피고인 M(청소년, 소년보호처분을 받아 그 기간 중에 있음)은 피해자 구○○
(여, 16세)이 피고인에 대해 험담을 하고 다닌다는 이유로 손바닥으로 피
해자의 뺨을 수회 때리고, 피고인 M이 같이 데려갔던 피고인 3명도 손
바닥으로 피해자의 뺨을 수회 때렸다. 그로부터 며칠 후 피고인 M은 피
해자가 또 피고인에 대해 험담을 하고 다닌다는 이유로 손바닥으로 피
해자의 얼굴을 때리고, 발로 피해자의 배와 종아리를 찼고, 동행했던
3명의 친구들도 같이 피해자의 뺨을 수회 때렸다.

▶ 피고인 M은 이후 피해자에게 옷을 벗으라고 했고, 피해자가 옷을 벗자
남자친구인 피고인 S에게 "너가 해"라고 하며 피해자와 성관계를 하지
않으면 헤어지겠다고 말하여 그에게 피해자를 강간할 것을 마음먹게 했
다. 이로써 피고인은 S로 하여금 이미 피고인 등으로부터 폭행을 당해
항거불능상태에 있는 아동·청소년인 피해자를 1회 간음하여 강간할 것
을 교사했다.

▶ 피고인 S(성인, 집행유예기간 중)는 위 나항의 일시, 장소에서 위 피고인 M
의 교사에 따라 이미 M 등으로부터 폭행을 당해 항거불능 상태에 있는
아동·청소년인 피해자를 1회 간음하여 강간했다.

[법원의 판단]

▶ 피고인 M(소년범)을 징역 장기 3년 단기 2년 6월에, 피고인 S를 징역 4년
에 각 처한다.

▶ 피고인들에게 각 80시간의 성폭력 치료프로그램의 이수를 명한다.

▶ 피고인 S에 대한 정보를 5년간 정보통신망을 이용하여 공개하고, 고지
한다.

▶ 청소년인 피고인 M은 여러 차례 소년보호처분을 받은 전력이 있을 뿐만 아니라 자숙하지 아니하고 이 사건 각 범행을 저질렀다. 이 사건 각 범행은 피고인 M이 다른 3명과 공동하여 2회에 걸쳐 피해자를 폭행하고, 남자친구인 피고인 S로 하여금 폭행으로 인하여 항거불능 상태에 있는 피해자를 강간하게 교사한 것으로 그 죄질이 매우 불량하다. 피해자와 합의하지 않았고 피해회복을 위한 아무런 노력을 기울이지 않았고, 이 사건 각 범행으로 인하여 16세에 불과한 피해자가 정신적으로 큰 충격을 받았을 것으로 보인다. 다만 피고인은 형사처벌을 받은 전력이 없고, 이 사건 각 범행을 모두 자백하고 반성하는 태도를 보이고 있다. 그 밖에 피고인의 연령, 성행, 환경, 이 사건 범행의 동기, 수단과 결과, 범행 후의 정황 등이 사건 기록에 나타난 모든 양형조건을 참작하여 주문과 같이 형을 정한다.

▶ 피고인 S는 다른 범죄로 수회의 소년보호처분, 벌금형, 집행유예의 처벌을 받은 전력이 있을 뿐만 아니라 그 집행유예기간 중 자숙하지 아니하고 이 사건 범행을 저질렀다. 이 사건 범행은, 피고인 S의 폭행으로 인하여 항거불능 상태에 있던 16세의 피해자를 강간한 것으로 그 죄질이 매우 불량하다. 또한, 피해자와 합의하지 않았고 피해회복을 위한 아무런 노력을 기울이지 않았다. 이 사건 범행으로 인하여 피해자가 입었을 정신적 고통이 상당할 것으로 보이기도 한다. 다만 피고인 S는 이 사건 범행을 자백하고 자신의 잘못을 뉘우치고 있으며, 여자 친구인 피고인 M의 교사로 인하여 우발적으로 이 사건 범행을 저지르게 된 것으로 보인다. 그 밖에 피고인의 연령, 성행, 환경, 이 사건 범행의 동기, 수단과 결과, 범행 후의 정황 등 이 사건 기록에 나타난 모든 양형조건을 참작하여 주문과 같이 형을 정한다.

— 재발방지를 위한 교육 방향은?

한 연구자료[1]에 의하면, 보호관찰대상인 청소년의 재범률은 평균 10.9%로, 성인의 재범률(평균 4.5%)보다 2배 이상 높은 것으로 나타났습니다. 즉 청소년들이 다시 잘못을 하게 되는 일이 성인의 경우보다 많다는 점에서 나이가 어린 청소년들에 대한 재범방지 교육과 선도가 절실하다고 볼 수 있습니다.

학교폭력이나 성폭력 등 학생들이 폭력의 가해자가 되는 것은 어느 날 갑자기 한순간에 이루어지는 일은 아닙니다. 상대방에게 경미한 폭력을 저지르면서 타인의 고동에 무감해지다가, 점차 중상해에 이르는 폭력까지 일삼게 되는 사례가 목격되기 때문입니다.

우선 학교폭력의 가해학생의 경우 학교 내에서 심의, 조치할 수 있고 조치를 진행하고 추후의 지도를 하는 과정에서 정확하게 폭력의 문제점이나 경각심을 일깨울 수 있도록 해야 합니다. 또한 가해학생의 심리상태나 환경, 성장 발달의 저해요인이 되는 요소들을 살펴서 그것을 조정하거나 제거하기 위한 과정도 진행해야 하지요. 이때 교사는 전문 분야가 아닌 심리상담이나 치료 등에 대하여는 관련기관에 문의하여 적정하게 조치될 수 있도록 하는 것이 중요합니다.

또한 폭력예방 교육은 기본적으로 인권교육이나 준법교육의 취지가 포함되는 것이 그 내재적인 특성이라고 할 수 있습니다. 즉 다른 사람에게 상해를 입힐 수 있는 권리는 누구에게도 없으며 보편적인 인권은 어떠한 상황에서도 인정되는 권리임을 교육해야 하지요. 또한 우리 사

---

1 이정민,조윤오(2017), '소년보호관찰 대상자의 재범 위험 요인에 대한 연구', 한국보호관찰협회, http://www.kapps.kr/html/sub3_01.html?journal=2

회는 장점만큼 단점도 많은 다양한 사람들이 어울려 살아가는 것이므로 '사람' 그 자체를 존중하는 것이 당연하다는 인식을 학생들이 가지도록 해야 합니다. 나아가 어떤 친구가 마음에 들지 않거나 그 잘못이 명확하다고 할지라도 같은 학생이 나서서 응징이나 폭행을 하거나 다른 사람들의 비난을 듣도록 과장된 소문을 퍼뜨리는 것 또한 잘못된 행위라는 점도 명확하게 알려줘야 합니다.

한편 학생들이 범죄 행위를 한 경우, 수사기관에서 조사를 받고 소년재판을 받습니다. 이때 보호관찰 등의 처분을 받기도 하지만 교정과 선도의 필요성이 큰 학생들은 소년원 송치 처분을 받습니다. 이러한 상황에서의 '교정교육'에 적용되는 법률은 가해자 또는 소년범이 된 학생들을 위한 어떻게 교육해야 할지에 대한 단서 또는 방향을 제시해줄 수 있습니다. 중요한 내용을 정리해 보면 다음과 같습니다.

- 이미 잘못을 범한 학생이라 할지라도 그들의 인권을 무시하는 것은 금지되어야 할 사항이다. 낙인을 찍어 처벌하는 것보다는 심신 발달 과정에 알맞은 환경을 조성하고 성장 가능성을 최대한으로 신장시킴으로써 사회적응력을 길러주는 것이 올바른 교육방향이라 하겠다. 학교에서도 이와 같은 취지를 고려하여 가해학생을 지도하는 것이 필요하다.
- 폭력을 행사하는 등 범죄를 저지른 경력이 있는 학생들의 경우 그 개선이나 교육을 위하여는 보호자의 의지가 필수적이다. 그렇기 때문에 보호자가 자녀의 일탈행동에 대한 원인을 분석하고 그에 대한 이해를 하는 것이 필요하며, 자녀의 훈육지도 및 효과적인 대화기법 등의 실제적인 보호자 교육도 필요하다.

다만, 학교에서는 보호자 교육을 모두 담당하기 어려울 수 있으므로 보호자 교육 기회를 얻지 못한 학부모들을 위하여 관련 기관과 연계하여 진행하는 것도 도움이 됩니다. 이와 같은 취지에서 학교폭력과 관련해서는 학생들에 대한 특별교육 조치 시에 그 보호자도 함께 교육을 이수하도록 규정하고 있습니다. 참고로, 시행되고 있는 법률 중에는 '보호소년 등의 처우에 관한 법률'이라는 것이 있지요. 주로 소년원이나 소년분류심사원에 위탁 또는 유치된 아이들을 처우하는 데에 관한 법률입니다. 하지만 가해학생들을 교육하고 지도하는 데에 도움이 될 만한 취지의 조항들이 있으므로 참고할 만합니다.

✢ 보호소년 등의 처우에 관한 법률

제5조(처우의 기본원칙)

① 소년원장 또는 소년분류심사원장(이하 "원장"이라 한다)은 보호소년, 위탁소년 또는 유치소년(이하 "보호소년등"이라 한다)을 처우할 때에 인권보호를 우선적으로 고려하여야 하며, 그들의 심신 발달 과정에 알맞은 환경을 조성하고 안정되고 규율있는 생활 속에서 보호소년등의 성장 가능성을 최대한으로 신장시킴으로써 사회적응력을 길러 건전한 청소년으로서 사회에 복귀할 수 있도록 해야 한다.

② 보호소년에게는 품행의 개선과 진보의 정도에 따라 점차 향상된 처우를 해야 한다.

이미 잘못을 범한 학생이라 할지라도 그들의 인권을 무시하는 것은 금지되어야 할 사항입니다. 낙인을 찍어 처벌하는 것보다는 심신 발달 과정에 알맞은 환경을 조성하고 성장 가능성을 최대한으로 신장시킴으로써 사회적응력을 길러주는 것이 올바른 교육방향이라 하겠습니다.

제42조의3(보호자교육)

① 소년원과 소년분류심사원은 「소년법」 제32조의2제3항에 따라 교육명령을 받은 보호자 또는 보호소년등의 보호자를 대상으로 역할개선 중심의 보호자교육과정을 운영한다.

② 제1항에 따른 보호자교육의 절차 및 방법 등에 관하여 필요한 사항은 대통령령으로 정한다.

✢ 보호소년 등의 처우에 관한 법률 시행령

제86조(보호자교육)

① 원장은 법 제42조의3에 따라 보호자교육이 필요하다고 인정되면 교육목적과 대상, 시간 및 장소, 프로그램 등의 내용이 포함되는 교육계획을 수립·시행해야 한다.

② 제1항에 따른 교육 프로그램에는 다음 각 호의 내용을 포함해야 한다.

    1. 가족기능 회복 및 문제해결 능력 함양

    2. 자녀의 일탈행동에 대한 원인 분석 및 이해 증진

    3. 양성평등의식 및 민주적 양육태도 함양

    4. 자녀의 훈육지도 및 효과적인 대화기법

    5. 자녀의 학습동기 유발과 진로지도 방법

폭력을 행사하는 등 범죄를 저지른 경력이 있는 학생들의 경우, 그 개선이나 교육을 위하여 보호자의 의지가 필수적입니다. 때문에 보호자가 자녀의 일탈행동에 대한 원인을 분석하고 그에 대한 이해를 하는 것이 필요합니다. 자녀의 훈육지도 및 효과적인 대화기법 등의 실제적인 보호자 교육도 필요하지요. 폭력예방 교육은 기본적으로 인권교육이나 준법교육의 취지가 포함되는 것이 그 내재적인 특성입니다. 폭력 등의 가해자가 된 학생들이 이를 잘 이해하고 실제적인 변화를 이끌어 낼 수 있도록 지도해야 해요. 또한 학생들의 사회적응력을 길러주도록 노력하며 그와 함께 보호자에 대한 교육을 관련기관과 연계해서 진행해야 합니다.